雅学堂丛书

刘进宝 主编

刘进宝 著

Cong Longshang
Dao
Wuyue

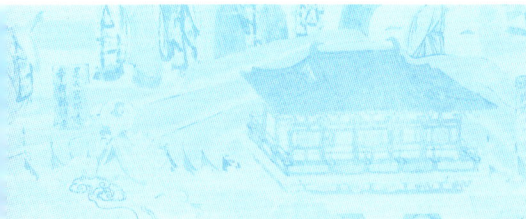

从陇上到吴越

读者出版传媒股份有限公司

甘肃文化出版社

图书在版编目（ＣＩＰ）数据

从陇上到吴越 / 刘进宝著 . -- 兰州 ： 甘肃文化出
版社，2023.7
　　（雅学堂丛书 / 刘进宝主编）
　　ISBN 978-7-5490-2738-5

　　Ⅰ. ①从… Ⅱ. ①刘… Ⅲ. ①敦煌学－文集 Ⅳ.
①K870.6-53

中国国家版本馆CIP数据核字(2023)第100397号

从陇上到吴越
CONG LONGSHANG DAO WUYUE

刘进宝 | 著

策　　　划 | 郧军涛　周乾隆　贾　莉
项 目 负 责 | 鲁小娜
责 任 编 辑 | 周乾隆
装 帧 设 计 | 石　璞

出 版 发 行 | 甘肃文化出版社
网　　　址 | http://www.gswenhua.cn
投 稿 邮 箱 | gswenhuapress@163.com
地　　　址 | 兰州市城关区曹家巷1号/730030(邮编)

营 销 中 心 | 贾　莉　　王　俊
电　　　话 | 0931-2131306

印　　　刷 | 广西昭泰子隆彩印有限责任公司
开　　　本 | 880毫米×1250毫米　1/32
字　　　数 | 220千
印　　　张 | 10.125
版　　　次 | 2023年7月第1版
印　　　次 | 2023年7月第1次
书　　　号 | ISBN 978-7-5490-2738-5
定　　　价 | 88.00元

这一代学人的使命与担当（代序）

一

"这一代学人"是指以新三级学人（77、78、79级大学生和78、79级研究生）为代表的跨越时代和年龄的学人群。他们的年龄可能相差比较大，有的出生于20世纪40年代中后期，有的出生于60年代初，中间相差十几年——如果从年龄看，可说是两代人。从社会阅历看，有的插过队，有的当过兵，有的是工人，有的是农民，还有的是刚刚毕业或在校的中学生，可以说是40后、50后和60后在一起上课、讨论。正因为差别很大，他们对社会的感受和认识不一致，对未来的期待也有异，各种不同的思想碰撞交流，有时在某些问题上争论很激烈。那时还有许多自办的刊物，虽然是学生们自掏腰包，印制也比较粗糙，但包含许多真知灼见。"这一代学人"就是在这样的时代环境下成长起来的。

这代学人学术养成期的社会氛围，诚如中华书局原总编辑傅璇琮先生所说："'文革'结束后最初几年，我们这些学者都有一种兴奋的心情，觉得一场噩梦已成过去，我们已经失去得太多，我们要用自己的努力追回失去的一切。而我们又相信，只要靠勤奋，我们肯定会重新获得。"由此可知，虽然他们的年龄和社会阅历不同，但从他们成长的环境来看，又属于同一代学人。

"雅学堂丛书"的10位作者，年龄最大的方志远、王子今教授，是1950年出生，已经73岁了；孙继民、王学典教授出生于1955、1956年，也都超过了65周岁；中间年龄的荣新江、卜宪群、李红岩，都出生于60年代初；年龄最小的鲁西奇、林文勋教授，出生于1965、1966年，将近60岁。年龄最大和最小的相差十五六岁，但大都是"文革"后恢复高考的本科生和研究生，是"科学的春天"到来后，步入学术殿堂的新一代学人。

这些学人，都学有所成，甚至是某一方面的杰出代表。按照常人的眼光来看，他们已功成名就，根本不需要再追求名誉和地位，应该颐养天年，享受生活了。但为何还非常用功？还在夜以继日地不断探索，不断产出新成果，辛勤耕耘在学术前沿？有次和朋友们聊到学界和学人时，说到王子今、荣新江等人，我表达了这种看法，当时有人就问我，他们为什么还如此用功呢？这是什么原因？我突然冒出了一个词——"使命"，即他们不是为了名和利，而是有一种使命意识。

这一代学人将学术视为生命，甚至可以说就是为学术而生的。当他们把学问当成毕生奋斗的事业时，就会时时意气风发、孜孜以求，不再考虑是否退休，更不会为了金钱、名誉和地位，而是为了做这一代学人应该做的事。

时代在他们身上打下了深深的烙印。这一代学人的学术养成期是在20世纪70年代末80年代初，那是一个充满希望的时代，当时的青年学子都怀有远大的志向，将个人的追求与国家的需要紧密结合。在强烈的爱国主义感召下，他们不仅要将失去的时间夺回来，还要将个人的命运与国家的前途紧密结合在一起，要"团结起来，振兴中华"，就要"从自己做起，从小事做起，从现在做起"，力争为国家的发展贡献自己一份微薄之力。正如荣新江在追念邓广铭先生时说："北大往年的辉煌，并不能映照今日的校园；邓先生等一代鸿儒带走的不仅仅是他们个人的学问，而是北大在学林的许多'第一'……追念往哲，痛定思痛，微薄小子，岂可闲哉！"

二

"雅学堂丛书"的作者，都是很有成就的专家，他们的学术论著，我基本上都阅读过一些，有的读了还不止一遍。他们在从事高深学问研究的同时，还撰写了一些面向大众的学术短文、书序、书评和纪念文章等。数学家华罗庚在西南联大授课时，曾说过这样的话：高水平的教师总能把复杂的东西讲简单，把难的东西讲容易。反之，如果把简单的东西讲复杂了，把容易的东西讲难了，那就是低水平的表现。从"雅学堂丛书"的内容可知，这些文章没有太多的史料引文，语言通俗易懂，适合大众阅读。即这些作者是真正把所关注或研究的问题搞懂弄通了，并咀嚼消化为自己知识的一部分，从而才能化难为易化繁为简，用浅显易懂的语言将高深的理论和丰富的内容表达出来。

各位作者拟定的书名，本身就是学术史的一部分，也可感受到这些学者的意志、视野和思想。王学典先生的书名是本套丛书中最为宏大的——《当代中国学术走向观察》，因为王老师的学术兴趣是"追踪当代学术的演变，探索其间的起伏之迹，解释每次变动由以发生的原因或背景"。从1988年的《新时期十年的历史学评估》开始，几乎每隔十年，有时更短，他"都要总结归纳一番，回顾展望一番。起初是个人兴趣使然，后来则是几家报刊在特定时间节点的约稿"。方志远先生的书名是《坐井观天》。他说："这个集子之所以取名为《坐井观天》，是因为迄今为止，除了一年半载的短期外出求学及讲学，我的一生都是在江西度过的……从这个角度说，我的一生都是在江西这口'井'中。但是，虽说是'坐井'，却时时想着要'观天'。""我想，这些无目的、非功利的阅读，某种意义上奠定了我后来'观天'的基础。""这个集子收录的30篇文章，几乎都想'坐井观天'。"荣新江先生的是《三升斋三笔》，荣老师在读大学时，听到老师讲《汉书·食货志》，其中有"治田勤谨，则亩益三升；不勤，损亦如之"，认为用以比拟治学，也十分合适，便根据古代文人学士起斋名的习惯，将自己的斋号取名为"三升斋"。此前，他已将自己学术论文之外的学术短文、会议发言和书评等汇集为《三升斋随笔》（"凤凰枝文丛"，凤凰出版社，2020年）、《三升斋续笔》（"问学丛书"，浙江古籍出版社，2021年）。荣先生的这两本随笔集出版后，"颇受读者欢迎"，"今择取三四年来所写综述、感言、书评等杂文，以及若干讲演稿，辑为《三笔》"。收入本书的文章，"代表了我近年来对相关学科发展的看法，也有一些自己研究成果的表述和经验之谈，还有一些学术史或学林掌故的记录"。这样的学术随笔，既有可读性，又有学术性，肯定能受到读者的喜欢。

有些书名则是作者生活轨迹的反映，如孙继民先生的是《邯郸学步辑存》。"《庄子·秋水》的'邯郸学步'是知名度和使用率极高的成语典故，其中有云寿陵余子'学行于邯郸，未得国能而失其故行'。笔者生在邯郸长在邯郸，1955年出生，1963年上小学，1971年初中毕业，入职邯郸肥皂厂务工，因为比一般工友多读了几本书，曾有师傅戏称'孙教授'。"1977年恢复高考后才离开邯郸。他的人生起点是从邯郸开始的，而又有著名的成语"邯郸学步"，就将书名定为《邯郸学步辑存》。林文勋先生的书名是《东陆琐谈》，这是因为"云南大学最早名东陆大学，这些文章是我在云大读书求学的点滴记录，故名《东陆琐谈》"。笔者的书名是《从陇上到吴越》，这是因为笔者出生并长期生活在甘肃，1983年大学毕业后即留校工作。甘肃简称"陇"，由于受雄厚的陇文化熏陶，在甘肃（陇上）学习、工作期间，选择以敦煌学、隋唐史和西北史地为研究和教学的重点。在兰州学习、工作了23年后，于2002年调入南京师范大学，2013年又从南京师大调入浙江大学。江苏、浙江原为吴、越之地，文化底蕴非常深厚，从宋代以来，经济发展也一直走在前列。从西北到了东南，从陇上到了吴越，虽然自然环境和文化截然不同，但仍然坚守当年的选择，即教学、研究的重点还是敦煌学、隋唐史、丝绸之路与西北史地。

有的则是自己感情的真实流露，如王子今先生的书名是《天马来：早期丝路交通》，为什么是"天马来"？我去年11月向子今先生约稿时，他正在成都，其间恰好生病，"相继在成都经历了两次心血管手术"，回到北京休养期间整理的书稿，2022年12月9日交稿。去年恰是子今先生的本命年，所以他才写道："今晚交稿。希望'天马来'这一体现积极意义的象征，也可以给执笔的已届衰年的老人提供某种激励。"卜宪群先生为何将书名定为《悦己集》？他认为，自己"所撰写的文章，无论水平高低，都是内心世界的真实表达，集子取名'悦己'，就是认为几十年所从事的史学工作，是自己最热爱最喜欢的一项工作，是取悦于己的工作，没有后悔，至今依然"。

　　虽然这些作者成果丰硕，成就突出，但又非常谦虚，如李红岩先生解释自己的书名《史学的光与影》时说，"收在这里的文章，大部分是我年轻时撰写的。浮光掠影，波影光阴，不堪拂拭，但大体以史学为核心"，故定为《史学的光与影》。鲁西奇先生将书名定为《拾草》，更是让我们看到了一位学人的坦诚和谦虚："我出生在苏北农村。20世纪六七十年代，农村里缺少柴薪。冬天天冷，烧饭烤火都需要柴草。孩子们下午放学后，就会带着搂草的耙和筐，到田旁路边和荒地上去捡拾枯草或树叶，叫作'拾草'。虽然河岸渠道上也有一些灌木，但那是'公家'的，不可以砍。《诗·小雅·车辖》云：'陟彼高冈，析其柞薪。析其柞薪，其叶湑兮。'我既无高冈可陟，亦无柞木可析作薪，连枯叶都不多，更无以蔽山冈。只有一些散乱的杂草。那就收拾一下吧。烧了，也许可以给自己取一会儿暖。故题为《拾草》。"

地处西北的甘肃文化出版社，近年来在西夏学、丝绸之路、简牍和西北地方文献等方面的学术著作出版中成绩卓著，多次获得国家出版基金资助，取得了社会效益和经济效益的双丰收。在此基础上，他们又计划出版面向大众的高品位、高质量普及著作。郧军涛社长多次与我联系，希望组织一套著名学者的学术随笔，我被军涛社长的执着而感动，于是商量编辑一套"雅学堂丛书"，并从2022年11月19日开始陆续向各位先生约稿。虽然中间遇上新冠感染潮，我本人也因感染病毒而一个月未能工作，但各位专家还是非常认真并及时地编妥了书稿。

在此，我非常感谢方志远、王子今、孙继民、王学典、荣新江、卜宪群、李红岩、鲁西奇、林文勋等诸位先生的信任，同意将他们的大作纳入"雅学堂丛书"；感谢甘肃文化出版社郧军涛社长的信任与支持，感谢甘肃文化出版社副社长周乾隆和编辑部主任鲁小娜领导的编辑团队认真、负责、高效的工作。希望读者朋友能够喜欢这套书。

刘进宝

2023年5月11日

目　录

中华传统文化是敦煌文化的根和魂

敦煌学的研究对象是敦煌文献、敦煌石窟艺术、敦煌史地和敦煌学理论。敦煌文化，是中国传统文化在敦煌这个特殊的地域，吸收了东传的佛教等外来文化后而产生的地域文化。因此，敦煌文化的特点，就在于其地理条件的特殊。研究敦煌文化，不仅要聚焦敦煌在丝绸之路上的"咽喉"地位，还要关注敦煌文化的基础与背景——河西史地、五凉文化。

一

古代敦煌被称为"华戎所交一都会"，是中西文化交流的"咽喉"之地。作为古代中外文化交流、融合、汇聚窗口的敦煌，其本身就是中外文明交流的产物。

研究敦煌学，就要将其放在河西乃至西北史地的大视野中，如我们在讨论敦煌名称的含义时，一直在争论敦煌是汉族名称，还是少数民族语。敦煌的名称最早出现在《史记》《汉书》中，是汉武帝设置的河西四郡之一，如果将敦煌名称的出现与武威、张掖、酒泉合并考虑，可能会有新的启发。

敦煌文化是各种文明长期交流融汇的结晶。由于敦煌处于丝绸之路的要冲，长期持续的多元文化的交融荟萃，吸纳了不同地区、不同国家的文明精华，催生了敦煌莫高窟和丰富多彩的敦煌文化，从而丰富了中华文化的内涵。

从敦煌的历史可知，敦煌文化并不是西来的，而是在河西文化的基础上，吸收了东西不同文化而形成的一种新的文化。据敦煌遗书 P.3720《莫高窟记》载：莫高窟"右在州东南廿五里三危山上。秦建元中，有沙门乐僔，仗锡西游至此，遥礼其山，见金光如千佛之状，遂架空镌岩，大造龛

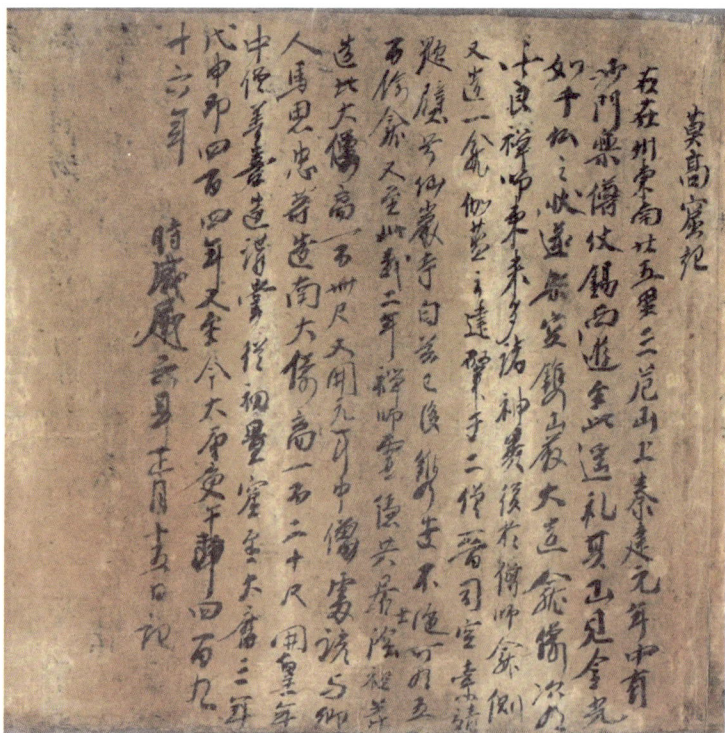

敦煌遗书《莫高窟记》

像。次有法良禅师东来，多诸神异，复于傅师龛侧又造一龛。伽蓝之建，肇于二僧……"，末署"时咸通六年（865年）正月十五日记"。从这段关于莫高窟创建的材料可知，莫高窟的第一个开凿者乐僔是"西游至此（敦煌）"。所谓"西游"，就是从东到西。乐僔是"西游"到敦煌的，即从敦煌的东面来的。敦煌之东是酒泉、张掖、武威、兰州、天水、长安……也就是说，乐僔是从东（中原）"西游"到达敦煌的。到了敦煌后未再继续"西游"的原因，是看到了三危山的佛光，即"见金光如千佛之状"，所以就留下来开凿了莫高窟的第一个石窟。

从科学的角度看，乐僔当时所见的金光千佛，自然是一种幻觉，但这种奇景，我们今天在莫高窟仍可看到。因为莫高窟对面的三危山，是剥蚀残山，山上无草木，岩石为黯红色，其中含有石英、云母等矿物质。夕阳反射，常灿烂若金光。电影《海市蜃楼》的开头，就采用了这种原理。当然，乐僔对这奇妙的自然景象无法理解，就完全归之于"佛"了。

乐僔以后，《莫高窟记》说"次有法良禅师东来"，《李克让修莫高窟佛龛碑》更明确记载："次有法良禅师，从东届此。"即法良也是从东面来到敦煌的。法良到敦煌后，"又于傅师龛侧，更即营建"，继续了莫高窟的开窟造像活动。

由此可知，莫高窟最早的开凿者乐僔和法良，都是从敦煌的东面来的。这也说明，敦煌文化并非是西来的，而是中国传统文化吸收了包括印度的佛教文化在内的其他文化后，在敦煌这个特殊的地域生根开花而产生的地域文化。从缘起来看，敦煌文化的根和魂无疑是中华传统文化。在历史的长河中，敦煌始终以中华传统文化为根基，并不断吸纳、接受其他地域和民族的文明成果。

不仅莫高窟的创建者是从东面来的，就是凉州番禾县（今甘肃金昌市永昌县）的瑞相寺，其最早的"瑞像"故事，也是北魏太武帝拓跋焘太延元年（435年）丹阳僧刘萨诃"将往天竺观佛遗迹，行至于此（番禾县北御山）"后，预言在"东北御谷山"崖"挺出石像"。敦煌文书P.2680《刘萨诃因缘记》对刘萨诃预言凉州瑞像的描述，与P.3720《莫高窟记》乐僔创建莫高窟的记载非常相似，即"魏时刘萨诃杖锡西游至番禾，望御谷山遥礼"后，便预言"此山当有像现"。从这些材料我们可以看出，如果说莫高窟的创建者乐僔是从敦煌的东面来的，关于他的其他信息暂不清楚，而预言凉州瑞像的刘萨诃则明确是中原人，而且还曾在建康（南京）活动，无疑更增添了敦煌文化与传统文化之间密切联系的证据。

谈到敦煌的历史文化，无法绕开早期生活在河西地区的各个民族。河西地区早期的先民有月氏、乌孙和匈奴。匈奴强大以后，赶走了月氏和乌孙，匈奴成了河西走廊的霸主。汉武帝时，汉匈之间展开了多次战争，尤其公元前121年霍去病领导的河西之战，给匈奴以沉重的打击。汉朝获胜后，匈奴民众部分西迁，大部分逐渐融入我国统一的多民族大家庭之中。张骞两次出使西域，其目的就是联络被匈奴赶走的大月氏和乌孙，共同攻打匈奴。

匈奴原为中国的一个民族，自殷周以来就见于汉文史料，其最初居住在今天山西的北部。公元前5到前4世纪，迁到今内蒙古草原，在那里组成了一个强大的部落联盟。关于匈奴的种族，现今体质人类学通过多处匈奴墓葬人骨测量，明确指出匈奴为东亚蒙古人种，是地道的中国北方草原游牧民族。

另如月氏，在我国先秦典籍《穆天子传》《逸周书》《管子》等书中就有零星记载，作禺知、禺氏、牛氏等。月氏人的居地在今山西平鲁、井坪一带，属内蒙古草原的南缘地带。后来月氏人迁徙到河西走廊的"敦煌、祁连间"，并经营由西域输往中原的玉石生意。匈奴崛起后，与月氏争夺河西。约公元前176年，月氏被匈奴冒顿单于击破后，从甘肃河西走廊西迁到中亚伊犁河流域。其余"小众不能去者，保南山羌，号为小月氏"。迁徙到伊犁河流域的大月氏，后来在乌孙的打击追赶下，再次往西南迁，到达阿姆河上游的大夏。张骞第一次出使西域，就是为了邀请大月氏重回河西故地，共同夹击匈奴。大月氏占据大夏后，采取分部统治的方式，即在原大夏设置了五个翕侯。公元前后，五翕侯之一的贵霜翕侯强大起来。1世纪上半叶，贵霜翕侯丘就却开始兼并其他翕侯，统一了大月氏国，建立了贵霜王朝。到丘就却之子阎膏珍时，贵霜王国积极向南扩张，至公元2世纪上半叶征服印度北方。阎膏珍之后，贵霜王国的统治权转到迦腻色迦家族，可见，月氏人原是生活于我国北方草原的一个游牧部族。

再如"吐火罗"，本是民族名，中世纪转为地名，玄奘在《大唐西域记》中作"睹货逻"，并记述了其经历的吐火罗故国领域：东起帕米尔，西接波斯，北据铁门关（今乌兹别克斯坦南部布兹嘎拉山口），南至大雪山（今阿富汗兴都库什山），南北千余里，东西三千里，相当于今阿富汗北部地区。玄奘所记述的"睹货逻国故地"正是现在所说的"吐火罗斯坦"，即吐火罗的地域范围，与后世所说的"吐火罗语"的地理概念是不一致的。

西方学者所谓的吐火罗语，是指在我国新疆库车（汉代的龟兹）、焉耆、吐鲁番等地流行的一种语言。因这种语言文字发现时不知其名，西方学者草率地将一件文献中出现的Toxari比附为"吐火罗"，便将其命名为"吐火罗语"。由于发现的地点不同，又称吐火罗语A方言、吐火罗语B方言，还有所谓吐火罗语C方言。

玄奘所记述的"睹货逻国故地"是今阿富汗北部地区，所谓"吐火罗语"则是在我国新疆南部、东部流行的民族语言。在东西方的各种文献中并没有明确指称我国新疆的龟兹、焉耆地区的古代居民是吐火罗人，将这里发现的语言命名为"吐火罗语"，也没有任何可靠的根据。这种情况实际上就是当时中国落后，一些文化现象由西方学者命名的一个反映。

学术界部分学者目前倾向于将吐火罗人比定为大月氏人，但黄盛璋先生认为："大月氏人来自东部，吐火罗人来自西部。"从文献记载而言，根本无法肯定大月氏与吐火罗为同一民族。

由此可知，关于大月氏人建立吐火罗，目前都是推论，并没有直接史料予以证明。由于西方学者将公元6—8世纪流行于天山南麓龟兹、焉耆一带的民族语言称为吐火罗语（实际上是龟兹、焉耆语），而在天山以南孔雀河流域发现了距今4000年属于青铜时代的小河墓地，其居民具有白种人特征。有些学者就将其类比等同起来，认为小河墓地居民讲的就是原始的吐火罗语，他们是原始吐火罗人。这些学者进一步推论，既然月氏人就是吐火罗人，那么秦汉之际生活在我国北方的月氏民族是从西方来的。有的学者在探讨敦煌名称的含义时，也提出敦煌是吐火罗的译音，由此认为敦煌是外来的词汇，并将此作为敦煌文化西来说的证据，实际上是立不住的。

正由于敦煌处于丝绸之路的要冲，长期持续的多元文化的交融荟萃，吸纳了不同地区、不同国家的文明精华，从而催生了敦煌莫高窟和丰富多彩的敦煌文化，丰富了中华文化的内涵。在历史的长河中，敦煌始终以中华传统文化为根基，并不断吸纳、接受其他地域和民族的文明成果。也就是说，敦煌文化既传承着中华传统文化的精华，同时还吸收了古代印度文明、波斯文明、希腊文明的优秀成果，从而成为举世瞩目、特色鲜明的地域文化。

二

谈到敦煌文化的根和魂，就离不开敦煌所处的河西走廊。据《后汉书·孔奋传》载：东汉初期，"天下扰乱，唯河西独安，而姑臧（今武威）称为富邑"。《后汉书·窦融传》也载："天下安危未可知，河西殷富……足以自守，此遗种处也。"魏晋时期，中原战乱，河西地区则秩序安定，经济不仅没有受到破坏，而且还有所发展，从而成了中原人士的避难之地。"天下方乱，避难之国唯凉土耳"；"其众散奔凉州者万余人"；"中州避难来者日月相继"。从史籍文献的这些记载可知，当时的河西各地，尤其是凉州（今武威）政治稳定，经济丰饶，文化比较发达。正如胡三省所说："永嘉之乱，中州之人士避地河西，张氏礼而用之，子孙相承，衣冠不坠，故凉州号为多士。"从而形成了"渐具地域性质"的河西文化。

敦煌文化正是在河西地域文化的基础上形成和发展的，或者说就是河西地域文化的组成部分。敦煌学的主体是敦煌文献，其中就有一些反映河西地域的社会经济材料，如西凉建都于敦煌，敦煌文献S.0113号《西凉敦煌郡敦煌县西宕乡高昌里建初十二年（416年）正月籍》，就是西凉政权在敦煌所实施经济政策和制度的反映。如果将其保留的赋役记载与同时期中原的赋役政策进行比较，可知它基本上是西晋户调式的延续，但在丁、次的年龄上又与《晋书·食货志》所记载的标准略有不同，即成丁年龄略大一些。这既反映了敦煌的地域特色，既与当时敦煌社会稳定、人口较多有关，又与中原王朝的政策有一定的关联，说明中华文化与政策有一定的普遍性。

北魏孝明帝时将敦煌改为瓜州。北魏分裂后，河西属西魏管辖。敦煌文献S.0613号《西魏大统十三年（547年）瓜州效谷郡计帐》，就是西魏统治敦煌时期的计帐资料，它对当时敦煌所实施的受田标准、丁中年限、赋税数额等都有比较详细的记载，如田制就有应受田、已受田、未受田、足、未足、麻田、园、课田、不课田等；丁户有老、丁、女、贱、婢等；纳税量词有石、升、斗、斤、两、匹、丈、尺、围等，比较清晰地反映了当时敦煌的人口、土地、赋税等情况，对了解敦煌乃至河西的地域经济有很大的作用。同时，本件还是目前所知反映北朝均田赋役制度的唯一出土文书，而历史文献中对北朝实施均田制的记载比较简略，许多具体的细节无法获知，而通过对本件文书的研究，可以从一个侧面了解北朝田制及赋税制度的相关情况，解决一些长期悬而未解的问题。

这些有明显河西地域特色的敦煌文献，既是研究河西地域经济和文化的重要材料，又可以与史籍文献的记载进行对比分析，探讨全国政策的一致性。

与敦煌文书相似的材料，有2010年在甘肃省张掖市临泽县城西南的黄家湾滩墓葬中发现的西晋木简，其中有西晋建兴元年（313年）临泽县廷对孙氏兄弟争讼田坞案的审理记录，被定名为《西晋建兴元年（313年）临泽县廷决断孙氏田坞案》。简文中出现的"旧坞""田坞""旧田坞""坞""居城北"等，与敦煌文书《西凉敦煌郡敦煌县西宕乡高昌里建初十二年（416年）正月籍》中的"居赵羽坞"等有相似之处，可以结合起来共同研究。

另外，在吐鲁番洋海出土的《前秦建元二十年（384年）三月高昌郡高宁县都乡安邑里籍》中出现的"息男""息女"，又与《西魏大统十三年（547年）瓜州效谷郡计帐》中的记载一致。还有吐鲁番出土的北凉赀簿，按照资产多寡划分等第、征发赋役的文书。朱雷先生通过对北凉赀簿文书的整理研究，指出"可以看到当时实行着一套严密的计赀制度，它上承汉晋，而与南朝又有相异之处"。

敦煌文献除了反映河西地域的生活外，还保留有较多反映全国情况的材料。如对敦煌文献中所保存的儒家典籍进行分析、探讨，可知敦煌文献中的儒家典籍，既反映了南朝的主流文化，又反映了隋唐的主流文化。自东晋南渡以后，北朝都是少数民族建立的政权，南朝自认是华夏文化的正统。所谓南朝文化，就是代表当时中国的主流文化。王素先生指出："敦煌文化远与南朝主流文化衔接，近与隋唐主流文化接轨，既代表华夏文明，也反映了隋唐主流文化的'南朝化'。"由此可知，敦煌文化并没有因地处西北边陲而与中华主流文化隔离。敦煌文献中的世俗文献，既有河西地域文献，也有反映中国传统文化的典制文献和儒家经典，说明地处西北边陲的敦煌，一直与中华主流文化有着密切的联系。

综上所论，从莫高窟的创建、敦煌文献反映的河西地域文化和隋唐的主流文化、敦煌的历史发展演变，尤其是匈奴、月氏的人种，原始居住地和西迁背景，所谓"吐火罗语"的来源，等等，说明敦煌文化并不是西来的，而是中华传统文化在敦煌这个中西交流的"咽喉"之地，吸收了印度的佛教文化和中亚、西亚的文化后所产生的地域文化，即中华传统文化是敦煌文化的根和魂。

（原载《光明日报》2023年1月16日）

继承传统，努力提升敦煌研究院的地位

——在"文化遗产保护管理与传承创新研讨会"上的发言

为进一步学习并贯彻落实习近平总书记2019年8月19日在敦煌研究院座谈时的重要讲话精神，由甘肃省委宣传部主办，甘肃省文化和旅游厅、甘肃省文物局、敦煌研究院承办的"文化遗产保护管理与传承创新研讨会"于2020年8月19日在莫高窟举行。本人应邀参会，这是在大会上的发言稿。

尊敬的樊院长、各位同仁：大家好！

非常感谢敦煌研究院及赵声良院长邀请我参加本次研讨会。我看到会议邀请函中说："大力弘扬敦煌文化，讲好敦煌故事，努力把敦煌研究院建设成为世界文化遗产保护的典范和敦煌学研究的高地。"由于我近年主要从事敦煌学学术史的研究，也阅读了一些国立敦煌艺术研究所的材料。我就围绕这一问题，以国立敦煌艺术研究所为例，谈谈自己的想法，不当之处，请批评指正。

一、敦煌一直走在学术与管理的前沿

敦煌研究院在中国文化遗产传承保护和国际敦煌学界有着无可替代的地位和作用。为大力弘扬敦煌文化，讲好敦煌故事，努力把敦煌研究院建设成为世界文化遗产保护的典范和敦煌学研究的高地，需要从历史上吸取经验。

人文学科与自然科学一样，也需要创新与发展。但人文学科的创新与发展主要立足于继承，即在继承的基础上创新。所谓继承，主要是将前人的成果（包括原典和前人的论著）读懂读透，在认真阅读、学习前人成果的过程中，可能会闪出一点思想的火花，会有一些发现，从而推动了学术的向前发展。但这肯定是非常稀少的，如国家提出"一带一路"的倡议后，国内许多单位都成立了相关的研究机构，以前从来没有从事过此类研究的人员也投入其中，出版、发表了大量的论著，但真正有创造、有新见的成果并不多，因为一些作者连最基本的史料都没有读，或者没有读懂。

除了学术研究方面需要继承外，我们在体制、机制方面也需要继承前人的优秀成果，抛弃过时，吸取精华，为今所用。

敦煌是世界文化遗产，是我们的国宝；敦煌研究院既是莫高窟的管理和保护机构，又是国际敦煌学研究的重镇。要将敦煌研究院打造成世界文化遗产保护和国际敦煌学的科研高地，就需要借鉴历史的经验，从国家、甘肃省、酒泉市各方面给予重视和支持。

习近平总书记在敦煌研究院座谈时的讲话和国家"一带

一路"倡议的提出，为敦煌研究院的发展提供了不可多得的机遇。一个地区、一个单位和一个人一样，有的可能永远遇不到机遇，有的可能遇到了机遇而没有抓住机遇，既能遇到机遇又能抓住机遇的毕竟是少之又少的。

20世纪40年代初，抗战进入关键时期，当重庆变成陪都时，西南成了文化的基地，西北成了经济建设的后方。在这种背景下，国民政府监察院长于右任在1941年10月敦煌考察时，就提出了成立敦煌艺术学院的计划，年底即向政府提交了议案。1942年1月12日，国民政府批准了于右任的提议，决定由教育部负责，成立敦煌艺术研究所。经过各方面的积极努力，1944年1月1日，国立敦煌艺术研究所在莫高窟正式成立，常书鸿先生被任命为所长。

敦煌艺术研究所属于国字号，由教育部主管，成立之初的定位就很高。我们看看敦煌艺术研究所从筹备到成立后的档案，就知道虽然地处西北边陲，交通落后，经费困难，但其办所理念绝对是一流的，与内地大城市的研究机构相比绝不逊色，甚至还要好。

1943年8月11日，在教育部任命常书鸿为国立敦煌艺术研究所所长的同时，常书鸿就考虑到"本所以地处边陲，专家学者均不易一一罗致，但千佛洞艺术保藏丰富，研究工作决非一机关之能力所能胜任，为集思广益之计，拟在本所正式成立以后，由本部组织敦煌艺术研究所设计委员会，广征国内外专家，为敦煌艺术研究之咨询机关"。常书鸿在重庆向教育部申报了拟成立敦煌艺术研究所设计委员会章程草案，同时提交了58人的专家名单。

这58人的国立敦煌艺术研究所设计委员会委员名单，范围非常广泛，如政府部门：高一涵、张道藩、张庚由、罗家伦、汪日章、卫聚贤、傅斯年、黄仲翔等；甘肃地方士绅：张鸿汀、郑西谷、慕少堂、吕少卿等；学术界：向达、王逊、李济、姜亮夫、陈万里、徐旭生、黄文弼、贺昌群、董彦堂、郭沫若、张晓峰、顾颉刚、吕澄、马叔平等；艺术界：王子云、吕斯百、沈尹默、宗白华、林风眠、徐悲鸿、张大千、谢稚柳、梁思成、刘开渠、傅抱石、常任侠等。

从专家名单可知，委员会委员包含了全国各部门、各行业的一流专家。

另外，位于莫高窟的敦煌艺术研究所，其物质、交通、生活各方面的条件比内地城市要差，为了能够留住人才，研究所就提出了招收研究生、就地培养的方案。在筹备阶段的1943年4月1日，敦煌艺术研究所第三次会议决定："关于招收研究生事，千佛洞与城市隔绝，生活供应困难，俟本所正式成立，设备较完善时，再行呈准教育部实行。"由于各方面因素的制约，研究所未能招收研究生，但其计划和理念还是比较先进的。

再如研究所成立后，为了出版本所研究人员的科研成果，研究所曾向教育部申报，拟出版研究所的学报——《敦煌艺术》，并计划在此基础上组建敦煌出版社。由于各方面条件的限制，建立出版社的设想未能实现。

还有向国家提出外汇申请，购买国外出版的书刊；为便于公文收发、采办生活用品等，在敦煌县城设立办事处；由于冬天寒冷，提出按学校规定办法，每年元月10日到2月10

日研究人员放寒假一个月。

在20世纪40年代，位于西北边陲的国立敦煌艺术研究所，提出建立设计委员会的章程和人选名单、招收研究生和建立出版社的计划与设想，不仅在当时，就是从今天看来，也是非常超前的。

二、既要事业留人、感情留人，还要待遇留人

敦煌地处西北边陲，交通相对落后，生活环境也不如大城市。老一辈学人在极其艰苦的物质生活条件下，取得了巨大的成绩。为了敦煌事业的发展，他们既献了青春又献了子女。今天，我们在提倡"坚守大漠、甘于奉献、勇于担当、开拓进取"的莫高精神时，既要用事业留人、感情留人，还要从现实出发，考虑用待遇留人。国立敦煌艺术研究所与教育部的往来函件中，许多都是谈经费问题的，也多次要求政府提高研究所职工的待遇，由于当时边疆有关机构享有"边疆津贴"，所以在敦煌艺术研究所筹备阶段，筹备委员会向教育部呈文，认为莫高窟离城市较远，生活艰苦，物资昂贵，致使"在职者因生活压迫，将相率离去。应聘者更将闻之裹足，迟不到职"，要求给予敦煌艺术研究所人员边疆待遇。教育部批准了这一请求，1943年研究所的经费预算就分为俸给费、办公费、购置费、学术研究和特别费五项。另外，敦煌虽然不在抗战前线，但在某些时候仍然享受了"战时生活补助费"。

1981年8月，邓小平同志参观莫高窟时，曾问段文杰先

生有什么困难。段先生提出需要修建经费，邓小平同志就问需要多少，段先生提出了300万元的要求。在当时国家经济还十分困难的情况下，中央政府满足了这一要求。在"十一月全国计划会议期间，经国务院批准，国家计委、建委在'部商项目'中同意给敦煌拨给三百万元的基建费，主要用于改善敦煌文研所工作条件和生活条件方面"。由此可见中央政府对研究院的重视和支持。去年，习近平总书记在研究院的讲话中指出："要关心爱护我们的科研工作者，完善人才激励机制，支持和鼓励更多优秀专业人才从事这项工作。""要持续加大投入"，"为科研工作者开展研究、学习深造、研修交流搭建更好平台"。我们要以此为契机，努力提升敦煌研究院的地位，加大对研究院的投入，提高研究院职工的生活待遇，解决他们的后顾之忧。

几年前，笔者与前任院长王旭东聊天时曾说过：敦煌和故宫在文化部的地位，相当于北大和清华在教育部的地位。在加强莫高窟保护和敦煌学研究的同时，政府还要为研究院的发展和职工的生活着想，通过省委、省政府向中央提出建议：取得中央政府的支持，将敦煌研究院职工按"985"高校给予津贴；在敦煌市内建设"敦煌家园"（家属楼和家属活动中心），解决年轻职工的住房；扩建兰州院部，将其建成世界敦煌学研修中心、展览中心。

三、要处理好敦煌研究院与地方政府的关系

我国宝贵的文化遗产莫高窟位于甘肃省酒泉市。如何处

理研究院与国家、甘肃省、酒泉市、敦煌市的关系，是敦煌研究院发展中不可回避的问题。

在敦煌艺术研究所时期，甘肃及驻甘单位，都对研究所给予了很多帮助。如当时敦煌周边的交通极不方便，研究所职工及来敦煌考察的学者，常常顺路乘坐玉门油矿的运油车，因为艺术所与玉门油矿有着比较密切的联系。虽然敦煌艺术研究所是国民政府驻甘单位，经费和人事也由教育部负责和主管，但甘肃省给予了大力支持。如在研究所筹备时期，经费比较紧张，甘肃省政府于1943年4月6日会议决定：敦煌艺术研究所所缺款项，由省政府"在本年度省第一预备金项下开支。至下半年度应需薪津，拟列入敦煌县地方预算内"支付。

当然在遇到利益之争时，可能会产生误会甚至矛盾。如1944年8月国立敦煌艺术研究所为修建职工宿舍，在中寺后院的土地庙残塑中发现了一批文献（即土地庙文书）。1944年11月1日，当时的国立北平图书馆馆长袁同礼即致函教育部，恳请将土地庙文书移交北平图书馆保存，其理由是：敦煌艺术研究所"为专门研究艺术之机关"，而土地庙文书"并无艺术价值"，因此研究所没有保存的必要。而北平图书馆"三十余年以来，已为国内敦煌写本专门保藏之唯一机关。为谋此项文献之集中保藏及研究利用计，拟恳钧部令饬国立敦煌艺术研究所将该所发现之写本，悉数拨归职馆永远保藏"。教育部并未同意北平图书馆的请求。

1945年4月30日，国立西北图书馆代理馆长刘国钧也向教育部呈文请求将土地庙文书移交该馆保管。因为该馆设立了西北文物研究室，竭力搜寻西北地区的古物文献。收藏保存西北地区的出土文献是其职责所在。教育部以敦煌艺术研究所正在改隶主管单位为由，也未批准其要求。

由于甘肃省筹划在兰州设立博物馆，正在征集陈列物品，土地庙文书作为西北地区发现的重要文献资料，自然被列入考虑范围。1946年1月，甘肃省政府向教育部呈文，要求将此项文献划拨博物馆陈列。经过教育部、中央研究院、敦煌艺术研究所和甘肃省之间多次函件往来和商讨，最终以文书仍在研究整理中为由，未同意甘肃省政府的请求，决定将新发现的土地庙文书由敦煌艺术研究所保存。

另如敦煌艺术研究所保管的元至正八年的莫高窟六字真言碣，由于具有较高的艺术价值，都在拓印送人乃至出售。由于"该碣体积单薄，石质松脆，久经拓印，毁损已多"，敦煌艺术研究所就将其收藏在陈列室，"限制拓印"，以"每月五十张为限"，这样就引起了敦煌地方政府的不满。1948年12月1日，敦煌县参议会向敦煌县政府呈送了要求收回莫高窟故物的提案，认为莫高窟六字真言碣"为本县文献上之故物"，"其保管机构应属地方"，所以该碣"应由本县文献会收回保管"。随后，敦煌县长鲁玲以敦煌县政府名义向敦煌艺术研究所发出了"代电"：要求按参议会的提案办理，即将莫高窟六字真言碣交由敦煌县地方保管。敦煌艺术研究所向敦煌县政府回复了"代电"，认为保管敦煌文物，是"本所责任所在，歉难照办"。由于敦煌艺术研究所是教育部的直属单位，为了慎重起见，在回复敦煌县政府后，敦煌艺术研究所还向教育部做了专题报告，并表明了自己的态度，即由本所保管。教育部完全赞成研究所的意见，便决定：
"查莫高窟六字真言碣，系国家有历史价值之重要文物，不
应移交地方保管，仍仰该所妥为保管。"

以上仅仅从历史的角度，以国立敦煌艺术研究所的筹备
和成立为例，简单谈了其重要的地位和前瞻的国际视野，以
及国家和省上的重视和支持。

实际上，在敦煌文物研究所和敦煌研究院时期，国家和
省上的支持更多。如1979年9月20日，甘肃省委常委会专门
讨论了敦煌文物研究所的有关问题，尤其是职工生活方面的
问题。1980年，甘肃省文化局给敦煌文物研究所拨基建费30
万元，"这是省文化系统粉碎'四人帮'以来列入国家计划
修建宿舍的第一家，拨款也是最多的一家"。1981年，全省
"文化系统基建费共一百三十多万元，其中有部列项目建设
省图书馆大楼一百万。省里投资三十四万，全部给了敦
煌"。

尤其是1984年初，甘肃省委决定，将敦煌文物研究所升
格为敦煌研究院（从县级到地级），在兰州选址建房，这是
非常值得记载的重大事件，也反映了省领导的独到眼光和宽
广的胸怀、高瞻远瞩的视野，必将在历史上留下浓墨重彩的
一页。

2020年8月19日

（载《敦煌研究》2020年第6期）

敦煌学术史研究的新使命

——在"新时代·新使命——敦煌学研究高地建设专题研讨会"上的发言

2022 年 8 月 19 日，敦煌研究院和中国敦煌吐鲁番学会共同在敦煌莫高窟举办了"新时代·新使命——敦煌学研究高地建设专题研讨会"。会议旨在凝聚学界力量，共同探讨新的时代机遇、新的战略使命下，全行业如何团结一心、紧抓机遇，共促敦煌学研究持续繁荣，共建敦煌学研究高地，推动敦煌学研究为助力"一带一路"建设、推动文化强国建设、提升中华文明影响力作出贡献。本人应邀参会，这是在大会上的发言稿。

传统的敦煌学史，基本上都是敦煌文献和敦煌石窟艺术的研究史，如归义军、变文、西夏石窟等专门研究的学术史考察，主要是将已经出版和发表论文中相关的研究做学术史的梳理。如林家平等人的《中国敦煌学史》①、郝春文等人

---

①林家平、宁强、罗华庆著：《中国敦煌学史》，北京语言学院出版社，1992年。

的《当代中国敦煌学研究》^①等，主要就是各阶段敦煌学研究的历史。《当代中国敦煌学研究（1949—2019）》分为三个阶段，全面阐述了中国敦煌学研究所取得的成绩，如将1978—2000年定为新时期，分为"新时期的敦煌学理论与概说""新时期关于历史文书与敦煌历史的研究""新时期的敦煌语言文学艺术研究""新时期关于敦煌宗教文献、古籍及科技文献的整理和研究"四章。朱凤玉《百年来敦煌文学研究之考察》（民族出版社，2012年）分为"从文学本位论变文研究之发展与趋势""敦煌诗歌研究的反思与展望""王梵志诗之整理与研究""敦煌曲子词研究述评与研究方法之考察""敦煌赋的范畴与研究发展"等部分进行探讨。

我们认为，所谓敦煌学学术史，是敦煌学本身的学术史，即敦煌学产生、发展中的重大事件、重要机构和重要人物等，在敦煌学发展中的地位、作用与贡献，如敦煌艺术研究所的成立，常书鸿、段文杰、樊锦诗等对敦煌的贡献，向达的敦煌考察、张大千是否破坏敦煌壁画，"敦煌在中国，敦煌学在日本"这一说法的来龙去脉，中国敦煌吐鲁番学会的成立等。即除了学科的研究史外，还有事件、人物、机构等，即敦煌学本身的发展史。

敦煌文献涵盖的范围非常广泛，包括史学、文学、民族、宗教、科技，等等。仅从史学文献来看，敦煌文献唐五代时期的内容最多，最初研究者也基本上是唐史学者。敦煌

①郝春文、宋雪春、武绍卫著：《当代中国敦煌学研究（1949—2019）》，中国社会科学出版社，2020年。

石窟保存的也主要是4—11世纪的壁画、塑像和建筑，因此，敦煌学的研究也主要以从事中古历史、文学、语言、宗教的学者为主。由于受教育的背景和学科的壁垒、分工，大多数以古代文化为主要研究对象的敦煌学者，对近现代史较少涉及，也很少关注近现代文献中的敦煌学学术史资料，或认为这属于近现代史的领域而不予涉足。而研究近现代历史文化的学者，一般缺乏唐史和敦煌文献方面的学术训练，普遍认为敦煌学为古代学术的范畴，对其学术史也较少关注和研究，即便看到近现代文献中的敦煌学学术史资料也少有研究，从而使敦煌学的学术史研究显得相对薄弱，有些问题甚至以讹传讹，影响了敦煌学的健康发展。

我们所从事的敦煌学学术史研究，在传统的史学研究方法之外，主要利用档案、近代报刊报道、回忆录、书信、日记等资料。除了非常个别的材料，由于客观条件限制，未能见到原件，以转引的方式使用外，所有的资料基本上都是第一手的原始材料，从而保证了史料的真实、可靠。

从我个人近年从事敦煌学学术史的研究来说，有几点体会：

一、如何利用史料

敦煌学学术史研究，除传统的史料外，主要是档案、回忆录、日记、书信、新闻报道等。传统的史学研究，需要全面的史料支撑，即"孤证不立"。一般情况下，史书的撰写比回忆录、日记、书信、新闻报道等要严谨。但有的时候，书信、日记相比于正式的官方史书、档案能提供更丰富的细节。因此，多元材料互相印证、互相发明是敦煌学术史研究的必要手段。如我们聊天，甚至开会发言时，可能相对比较松散，乃至随意。当将其整理成文字公开发表时，就要字斟句酌。书信除了叙说友情外，一般都是为某件事专门而写，对其他的可能会一笔带过。如1982年3月，国务院在京西宾馆召开古籍整理规划会议，会议期间的3月23日上午，教育部领导周林邀请相关专家座谈加强敦煌学研究和建立学会的设想。受邀参加此次座谈的杨廷福教授当晚给吴泽先生的信中说："今日上午周林副部长特邀晚及唐长孺、王仲荦、张政烺、常任侠、夏鼐、冀淑英、周绍良诸同志座（谈）敦煌学与教学改革等问题。"（《杨廷福致吴泽一通》）①由于杨廷福教授不研究敦煌学，他只是在写信向吴泽先生汇报其他工作时，顺便告知将受邀参加了这样一个重要的活动，所以没有具体的内容。

日记主要是记述个人的活动，有的是纯客观记述，有的则有评述。如夏鼐先生参加了1982年3月的古籍整理规划会议，在其日记中还提到了唐长孺、季羡林、谭其骧、杨廷福、周祖谟、田余庆、史念海等。夏鼐与敦煌学关系密切，也是当时正在编辑出版的《中国石窟·敦煌莫高窟》五卷本的中方四位编委之一（另三位是常书鸿、宿白、金维诺。日方三位编委是长广敏雄、冈崎敬、邓健吾）。从杨廷福教授的信中可知，23日上午的座谈，周林也邀请了夏鼐，据《夏

---

①华东师范大学历史系：《吴泽先生百年诞辰纪念》。

鼐日记》：23 日"上午赴丰台的京丰宾馆，参加中国博物馆学会的成立大会……散会后我便返回京西宾馆"[①]，对讨论敦煌学事则只字未提。也可能名单上有夏鼐，但他参加博物馆学会成立大会返回京西宾馆时，座谈已经或即将结束，他没有参加讨论，或者根本没有到会场。

1981 年 5 月和 7 月，陈云同志先后两次对古籍整理出版工作作出重要指示，要求把古籍整理出版工作抓紧抓好。1981 年 9 月 17 日，中共中央发布《关于整理我国古籍的指示》。1981 年 12 月 10 日，国务院发布《关于恢复古籍整理出版规划小组的通知》，决定恢复古籍整理出版规划小组，李一氓同志任组长，教育部的周林和出版局的王子野为副组长。规划小组共有成员 53 人，另聘请顾问 34 人。杨廷福和他信中提到的唐长孺、王仲荦、张政烺、夏鼐、冀淑英是委员，常任侠和周绍良是顾问。1982 年 3 月召开的全国第二次古籍整理出版规划会议，制订了 1982—1990 年的古籍整理出版规划，其中历史部分就有"敦煌吐鲁番文书资料汇编"。

由此可知，在 1982 年 3 月的古籍整理出版规划会议上，周林曾邀请有关专家讨论过加强敦煌学研究的问题，在讨论中也拟议成立相关学术组织。后来参与学会筹备工作的教育部高教一司科研处章学新处长的回忆出现了错误："1983年，在国务院古籍整理出版规划会议上，许多学者呼吁推进敦煌吐鲁番学的研究。""就在这次国务院古籍出版规划会

---

①夏鼐:《夏鼐日记》(卷九)，华东师范大学出版社，2011 年，第 119—120 页。

上，周林同志以国务院古籍出版规划组副组长名义（组长是李一氓同志），召集有关专家共同磋商，公推北京大学季羡林教授主持筹备，具体工作由教育部高教一司协助落实。"①显然是将1983年的学会筹备会议与1982年的古籍整理出版规划会议混淆了。周林子女的记述却是准确的："在国务院古籍整理出版规划会议上，学者们提出了有关敦煌学研究的问题。周林有鉴于此，花费了大力气，协调多方关系，大力支持成立了一个全国性的组织——中国敦煌吐鲁番学会。"②

回忆录是当代学术史重要史料之一，但也往往有不客观、不准确之处，一方面人的记忆是有选择性的，对某些事记忆深刻，而对另外的事可能记忆模糊，对自己感兴趣，或对自己有重要影响的事情记忆深刻。另一方面每个人所接触的工作都是具体的、某一方面的，再加上人的认识、见解都有局限，如果不是刻意地提前准备，就不可能知道某件事情的全部。如1943年的国立敦煌艺术研究所筹备委员，当事人常书鸿在1946年记述："三十一年（1942）秋，教育部聘请高一涵、张庚由、张维．张大千、王子云、郑通和、窦寿吾、常书鸿等八人为国立敦煌艺术研究所筹备委员会委员，并指定高一涵为主任委员，常书鸿为副主任委员，王子云为

①章学新：《伏枥老骥志千里——缅怀周林同志》，载中共仁怀市委员会、仁怀市人民政府编：《周林纪念文集》，贵州人民出版社，1999年，第124页。

②芳草后：《打开尘封的记忆：忆我的父亲周林》，南京大学出版社，2012年，第274页。

秘书。"①1948年的文章所述与1946年的回忆相同。②20世纪80年代初，常书鸿的回忆又略有不同，8人变成了7人，即高一涵、常书鸿、王子云、张庚由、郑通和、张大千、窦景椿。③

实际上，常书鸿先生的回忆不准确，通过对档案文献的梳理，我们可以明白委员会前后变化的过程。1943年1月18日公布的名单是7人，即高一涵、常书鸿、王子云、张大千、张庚由、窦景椿、张维，并指定高一涵、常书鸿为正副主任委员，王子云兼秘书。筹备委员公布不久，王子云就提出辞职，由李赞亭接任。到了兰州后，为了工作的便利，提出增加了甘肃省教育厅厅长郑通和。经过这样的变更，筹备委员就成了高一涵、常书鸿、张大千、张庚由、窦景椿、张维、李赞亭、郑通和8人。

另如1983年中国敦煌吐鲁番学会成立大会是8月15—22日在兰州举行的，当时教育部高教一司科研处处长章学新是会议的主要参与者之一，但他在回忆中则将开会的时间误为10月："1983年10月金秋，中国敦煌吐鲁番学会在兰州召开成立大会，并进行学术讨论。"（《伏枥老骥志千里——缅怀周林同志》）《周林传略》可能也据此出现了失误，"1983年

---

① 常书鸿：《国立敦煌艺术研究所三年来经过概述》，见常书鸿著，刘进宝、宋翔编：《敦煌石窟艺术》，浙江大学出版社，2022年，第180页。

② 常书鸿：《从敦煌近事说到千佛洞的危机（一）》，载1948年12月10日上海《大公报》。

③ 常书鸿著：《九十春秋——敦煌五十年》，浙江大学出版社，1994年，第37页。

10月，敦煌吐鲁番会在兰州召开成立大会，并进行学术讨论"。①

由此可知，我们在利用回忆录、日记、书信时，不能不信，又不能全信，要注意多元材料的使用，与其他的文献资料相互印证。

二、要尽可能掌握第一手材料

从事任何学术研究，都需要掌握第一手材料，因为资料越近越真实，评价越远越客观。如我们进行唐史研究，除了常用的五代、宋人编著的《旧唐书》《新唐书》《资治通鉴》外，首先是尽可能使用唐人的文集，一般不会用清代人编的《全唐文》。如果唐人文集中没有，再用宋人编著的《册府元龟》《文苑英华》《太平御览》等。如果宋人编著的类书等资料中没有，才可以使用清人编的《全唐文》。

从事敦煌学学术史研究，也要尽可能使用最早的材料。如果当事人还健在，他又增订、修正了自己的论著，其结论就要以最新的修订为据，但讨论学术史问题时，还是要区分哪些是原有的，哪些是后来有意修订的。如常书鸿先生的《从敦煌近事说到千佛洞的危机》一文，分5次连载于上海《大公报》（1948年12月10—14日）。常先生去世后，敦煌研究院编《常书鸿文集》（以下简称《文集》，甘肃民族出版社，2004年）收有此文，编者可能没有查阅《大公报》原

① 箴元：《周林传略》，载《周林纪念文集》第84页。

文，所据版本是其他的来源，将刊发日期写错了，误为"原载上海《大公报》1948年9月10日"。《陇上学人文存·常书鸿卷》(甘肃人民出版社，2019年，以下简称《陇上学人文存》)也收有此文，时间与《文集》一样，文后注明"原载上海1948年9月10日《大公报》"。文中还有个别的笔误，如原文"在三十年十二月二十七日重庆大公报上发表了……文章"(应该是三十一年，常书鸿的文章写错或印错了)。这里的"三十年"是民国三十年，即1941年。《文集》记作"1943年"。《陇上学人文存》记为"1930年"；"由高主任委员率领筹备委员会工作人员，于三十二年三月二十七日抵达千佛洞，就地设立办事处，开始筹备工作。"《文集》将"三十二年三月二十七日"误为"1943年3月24日"，《陇上学人文存》也一样；"我们随着高一涵先生于三十二年三月二十六日抵达千佛洞的时候"，《文集》将"二十六日"记作"24日"；《陇上学人文存》则为"我们随着高一涵先生于1933年3月24日抵达千佛洞的时候"。可能是由于时代的原因或出版的要求、规定，《文集》有部分删节，如"三十二年敦煌驻军郏团长国宣以及直接负责指挥工作的乔连长得丰及其士兵"一句，《文集》和《陇上学人文存》直接记作"敦煌驻军"；"与乔连长等率领士兵"一句，《文集》和《陇上学人文存》直接记作"士兵"。由此可知，《陇上学人文存》并没有查阅《大公报》原文，应该是从《常书鸿文集》转录的，同时将民国年号完全等同于公元纪年，如"三十年"为"1930年"，"三十三年"为"1933年"。

另外，向达的《西征小记》是敦煌学史上名篇，现在一般阅读的是 1957 年三联书店出版的《唐代长安与西域文明》，在该文后有一段说明：

> 三十二年一月十六日至二十一日写初稿于莫高窟，三十三年重来敦煌，九月十七日至三十三日在鸣沙山下重写一过。一九五〇年春以此稿付《国学季刊》，仍旧稿不加更改，存其真也。向达谨记。[1]

这里的"三十三日"肯定是笔误，但不知正确的日期，我们曾猜测过二十三日、三十日。

台湾明文书局 1982 年的《唐代长安与西域文明》，实际上就是三联书店 1957 年本的影印本，其说明和三联书店 1957 年版完全一致，也是"三十三日"。重庆出版社 2009 年版也和三联书店本一致，作"三十三日"。

河北教育出版社将其收入"二十世纪中国史学名著"，在 2001 年出版时，将"三十三日"改为"三十日"，但没有任何说明，也不知其修改的依据是什么。

可能是河北教育出版社"二十世纪中国史学名著"的编辑阵容强大，其学术顾问、学术委员和编纂工作委员会都是学术名流，有一定的权威性。此后，湖南教育出版社于 2010 年将《唐代长安与西域文明》收入《湖湘文库》出版，也作"三十日"。学林出版社 2017 年以《唐代长安与西域文明》为书名出版，但并不是全书，而是选录了书中的部分论文，其

---

[1] 向达：《唐代长安与西域文明》，三联书店，1957 年，第 372 页。

中有《西征小记》，也作"三十日"。2017年，商务印书馆为庆祝建馆120年，将《唐代长安与西域文明》收入"中国现代学术名著丛书"出版，也作"三十日"。以上各版只将三联版的"三十三日"改为"三十日"，但都没有其他的任何说明，应该是沿用了河北教育出版社的改动。

经查，向达的《西征小记》一文，先在天津《大公报·图书周刊》连载，具体日期为1947年1月4日第1期、3月8日第10期、3月15日第11期、3月22日第12期、3月29日第13期、4月5日14期。最后一段作："三十二年一月十六日至廿一日写初稿于莫高窟，三十三年重来敦煌，九月十七日至二十三日在鸣沙山下重写一过。"这里明确是"二十三日"。

随后，该文又刊载于1950年7月出版的《国立北京大学国学季刊》第7卷第1号，其最后一段是："卅二年一月十六日至廿一日写初稿于莫高窟，卅三年重来敦煌，九月十七日至廿三日在鸣沙山下重写一过。一九五〇年春以此稿付《国学季刊》，仍旧稿不加更改，存其真也。向达谨记。"

由此可知，"三十三日"应该是"二十三日"。天津《大公报·图书周刊》的"二十三日"、《国学季刊》的"廿三日"是正确的。在三联书店1957年4月出版的《唐代长安与西域文明》中，误为"三十三日"。以上出版《唐代长安与西域文明》的出版社和编辑，没有去查阅一下1950年的《国学季刊》。

又如，向达的《玉门关阳关杂考》最早发表于《真理杂志》一卷四期，该文在讨论阳关故城位置时说："夏君作铭曰：畿辅丛书本元和志云：魏尝于此置阳关县，周废。疑称为阳关故城者，谓阳关县之故城也。"①这篇文章后来以《两关杂考》为题收入《唐代长安与西域文明》时，该句中"周废"二字作"因废"，且与下句连读，语义难解。②该句是引用《元和郡县图志》卷四〇《陇右道下》中的"后魏尝于此置阳关县，周废。"因此，当以《真理杂志》所刊文为是。

向达的《唐代长安与西域文明》是1956年4月编定的，他在4月7日所写"作者致辞"中说："这些论文，都是发表过的，此次重印，大体上保持原样，只在有大错误处略加些许改正，或加几条补注。"可见向达基本上是以原来的论文交稿的。向达的论文集《唐代长安与西域文明》编定后，其主要精力转向土家族历史的考察与研究，5月下旬即与潘光旦先生前往湘西土家族进行视察，向先生于6月29日写出了《视察湖南省工作的报告》。③1957年初"大鸣大放时，他正在外地考察"。④1957年4月《唐代长安与西域文明》已经出版，其间可能实在没有时间和精力认真校对书稿，从而出现了个别的失误。紧接着，向达被划为"右派"，至于原因，"重要的罪名之一竟是他反对共产党的领导，赞成湘西土家

---

①方回：《玉门关阳关杂考》，《真理杂志》一卷四期，1944年9月，第390页。

②向达：《唐代长安与西域文明》，三联书店，1957年，第375页。

③潘乃穆：《向达、潘光旦和土家族调查》，载沙知编：《向达学记》，生活·读书·新知三联书店，2010年，第295页。

④陈玉龙：《向达先生近世二十周年祭》，原载《人民政协报》1986年11月25日，此据《向达学记》第33页。

族成立自治州，并有任州长的野心。"[1]"当时通行的说法是，中央准备成立湘西土家族苗族自治州，土家族有些人不想与苗族合作自治，策划单建，并请向先生出任州长，向先生没有明确反对，于是被指为默认。"[2]向达的《唐代长安与西域文明》在1957年出版时，由于校对不认真而出现讹误，后来的三联重印本和其他出版社出版的多种《唐代长安与西域文明》，都因袭了1957年三联版的失误，就连"三十三日"这样明显的失误都没有查阅原文而给予更正，这的确是不应该的。

三、探索是不断的，真相是逐渐清晰的

从1981年开始，随着日本学者藤枝晃在南开大学和西北师范学院的演讲，国内开始流传"敦煌在中国，敦煌学在日本"的说法。

我的博士生导师朱雷先生曾奉学校之派到南开大学听藤枝晃的讲座，并协助南开大学历史系整理了藤枝晃的讲座稿《敦煌学导论》。我曾经几次听朱雷老师说，"敦煌在中国，敦煌学在日本"并不是藤枝晃说的，而是邀请藤枝晃讲座的吴廷璆先生说的，南开大学的杨志玖先生也说过类似的话。

我根据自己掌握的材料，于2006年撰写了《敦煌学史上的一段学术公案》（《历史研究》2007年第3期）一文，对此

---

[1] 贺龄华：《向达先生与我的父亲》，载《向达学记》第273页。
[2] 贺龄修：《有关向觉明（达）师二三事》，载《向达学记》第224—225页。

进行过辨析。同时引用了在藤枝晃讲座前，吴廷璆先生接受《外国史知识》记者专访时的一段话：

> 吴先生还讲了日本史学界近来发生的一件事情：日本有一部很有名的《三经义疏》，历来公认为是公元六、七世纪间日本圣德太子所写。有一位名叫藤枝晃的京都大学老教授在研究我国敦煌写经钞本中发现这三部佛经中的《胜鬘经》义疏原来是魏晋时代中国人所写，因此证明《三经义疏》根本不是圣德太子的著作。藤枝晃教授这种实事求是的学风引起了日本学术界的震动。说到这里，吴先生深有感触地说，我们的年轻人一定要有志气参与改变"敦煌在中国，敦煌学在外国"的不正常状态，要有志气改变史学研究的落后状况。[1]

由此可见，吴先生对敦煌学还是比较了解的，对其老同学藤枝晃的研究也是熟悉的，只不过在这里讲的是"敦煌在中国，敦煌学在外国"。当4月8日主持藤枝晃的讲座，介绍敦煌学和藤枝晃时，为了突出藤枝晃和日本，就改为"敦煌在中国，敦煌学在日本"了。

虽然我在《历史研究》发文进行了辨析，但没有看到吴廷璆先生讲此话的第一手材料，朱雷老师也是口头说的，并没有形成文字。所以我一直在关注这一问题，后来看到了1979年历史学规划会议的报道，得知在1979年3月23日至4

---

①本刊专访《诲人不倦的吴廷璆教授》，载《外国史知识》1981年第4期。

月2日，中国社会科学院在四川省成都市召开了中国历史学规划会议。会议讨论了中国历史学发展规划草案。其中"西北史地综合考察组着重讨论了西北史地考察的重要意义。代表们说，目前国外研究我西北地区的人很多。'敦煌学'在国外已成热门。'敦煌在中国，研究中心在日本'，这种状况不能再继续下去了。大家谈到，西北史地考察对于我们反对苏联社会帝国主义的侵略扩张，对于发展我国和第三世界各国的友好关系，对于我国的社会主义建设，都有着重要的意义。与会者认为，对西北进行综合考察，重点地区应在新疆"。①由此可知，"敦煌在中国，敦煌学在日本"之说，首先是我国学者在正式场合提出来的，只不过当时说的是"敦煌在中国，研究中心在日本"，其目的就是说"敦煌学"在国外已成了热门，我们应该加强敦煌学的研究。也就是在这次的历史学规划会议上，"敦煌吐鲁番文书"整理与研究被列入规划项目。

根据新发现的材料，我又撰写文章对此进行了进一步的讨论。②

2021年暑假，我在阅读吴廷璆先生的《吴廷璆史学论集》（人民出版社，1997年）和《吴廷璆先生百年诞辰纪念文集》（南开大学出版社，2010年）时，得知吴先生在1936年发表的《"中国学"之世界的兴趣》一文中，就使用了

---

①周自强：《我国历史学界的一次盛会——记中国历史学规划会议》，载《中国史研究动态》1979年第6期。

②刘进宝：《学者的国际视野与政府的信任支持——"敦煌在中国，敦煌学在日本"的提出及引起的反响》，《敦煌研究》2021年第1期。

"敦煌学"这一词汇，"伯希和虽以敦煌学一跃为世人所注意，但在法国派他去新疆以前，却是由东南亚的研究得名的"（《吴廷璆史学论集》第14页）。同时，我看到了吴廷璆先生的学生、南开大学杨栋梁教授的记述：

> 1981年4月，吴廷璆在京大读书时的同窗契友、日本学者藤枝晃来到南开大学，为我国专业研究人员举行"敦煌学"专题讲座。吴廷璆主持开讲式时，一句"敦煌在中国，敦煌学在日本"震惊四座，激发了我国学者的研究热情和责任感，也引起了政府有关部门的重视，近30年来我国敦煌学研究的长足进步和政府投入的加大，与他当年的大力呼吁不无关系。[1]

这是学界第一次明确写出"敦煌在中国，敦煌学在日本"是吴廷璆先生1981年主持藤枝晃讲座时所说，也印证了我此前的推论。

后来在阅读《夏鼐日记》时，我看到了更直接的材料，即1981年5月9日"上午日本京都大学藤枝晃教授来访……他谈起吴廷璆教授介绍时说：'敦煌在中国，敦煌研究中心已在日本。'颇为得意。"[2]

夏鼐先生所记，是藤枝晃亲口告诉他的，而当时藤枝晃

---

①杨栋梁：《新中国日本史的奠基者吴廷璆》，载吴廷璆：《日本史通论》，江苏人民出版社，2019年；另参阅杨栋梁：《无悔追梦路、文途武道始为伊——追念〈历史教学〉原总编辑吴廷璆先生》，《历史教学》2016年第16期。

②夏鼐：《夏鼐日记》卷九，华东师范大学出版社，2011年，第35页。

在南开大学的讲座还没有结束，他是在讲座间隙来北京拜访的，所说应当是真实可信的。

藤枝晃在南开大学讲座时，现任清华大学历史系教授的张国刚先生正在南开大学跟随杨志玖先生读隋唐史研究生，他也在讲座现场，他在2021年的文章中也否认藤枝晃讲过此话。①

综上所述，吴廷璆先生1933—1936年在日本京都帝国大学史学科学习时，导师是涉及敦煌学的东方学家羽田亨教授，其毕业论文是《汉代西域的商业贸易关系》，藤枝晃是其同班同学和挚友。吴先生还是国内较早使用"敦煌学"一词的学者（陈寅恪1930年使用、王重民1935年使用、吴廷璆1936年使用）。鉴于国内敦煌学研究的薄弱现状，1981年初吴廷璆就呼吁青年学子要努力改变"敦煌在中国，敦煌学在外国"的不正常状态。国家对外开放后，在教育部的支持下，吴廷璆邀请国际著名敦煌学家藤枝晃来南开大学作"敦煌学"的专题讲座，并在主持开讲式时，说出了"敦煌在中国，敦煌学在日本"的学术评判。

这些不断的探索，不论在藤枝晃来前吴廷璆先生的"敦煌在中国，敦煌学在外国"之说，还是当时听讲者朱雷、张国刚的陈述、吴廷璆的学生杨栋梁的记述，再到《夏鼐日记》的记载，都是逐渐深入和清晰的。

---

①张国刚：《回忆朱雷先生二三事》，载刘进宝编：《朱雷学记》，浙江古籍出版社，2022年，第54—55页。

以上我们从三个方面谈了敦煌学学术史研究中遇到了一些问题，这些问题既有共性也有个性。实际上，我们的团队成员基本上都是从中古史研究起步的，没有近现代史的全面知识，从而缺少近现代学术史研究的优势，希望大家给予帮助和指正。

开启敦煌文学研究新时代的盛会

——学术史视野下的敦煌文学研究座谈会

从对整个中国社会的影响来说，1977年恢复高考无疑是最重要的。从敦煌学的发展来说，1977年出版的《文物资料丛刊》发表了署名"舒学"①的《敦煌唐人诗集残

---

① "舒学"是一笔名，义取"初学"的谐音。当时《文物》"编辑部惯例，凡发表经编辑人员大修大改的文章时，在征求作者同意的前提下，可以用编辑部自定的某一笔名。某一编辑或编辑组人员常固定使用一个至几个笔名，内部人员一看，便知某文是谁加工改造的，便于联系与分清责任，实际上乃是一种代号而非个人笔名"。如《文物》1978年第12期的《敦煌莫高窟》，"此稿为敦煌文物研究所施萍婷同志所作，经我初步加工并补充了一些材料，定稿的则是沈玉成、屈育德两学长。以增补部分不宜由施同志负责，故在征得同意后，由编辑部署名'施萍婷、舒学'"。可见"舒学"包括白化文等先生，在不同的文章署名中具体的参与人略有不同。参阅白化文《"舒学"小记》，《敦煌语言文学研究通讯》第11期，1985年7月15日；《"舒学"是谁》，《博览群书》2010年第3期）。

卷》①和署名敦煌文物研究所资料室的《敦煌文物研究所藏敦煌遗书目录》，吹响了敦煌学复苏的号角。1978年的十一届三中全会是改革开放的标志，而同年的全国科学大学则标志着"科学的春天"到来。

正是在中国改革开放、"科学的春天"到来的大好形势下，由于"文革"而沉寂的敦煌学开始复苏。当时敦煌学研究的重点是石窟、历史和文学。如果说石窟是敦煌文物研究所的优势和专长，敦煌历史文献研究的重镇以几所高校为主，随后出版的北京大学中国中古史研究中心编《敦煌吐鲁番文献研究论集》五卷、武汉大学唐长孺先生主编的《敦煌吐鲁番文书初探》二卷和厦门大学韩国磐先生主编的《敦煌吐鲁番出土经济文书研究》就是明证。相对而言，敦煌文学研究的力量则比较分散，还没有形成公认的团队优势。正是在这种背景下，虽然经济相对落后，但文化发达、又是敦煌

---

①《敦煌唐人诗集残卷》是王重民先生当年在巴黎过录的 P.2555 写卷中两位作者的 72 首诗。其中考释部分很长，应该是王重民和向达先生合作完成的。当时，"四人帮"被粉碎不久，中央民族学院的干宗先生推荐了此稿，此时王重民先生尚未平反，"编辑部多次向王、向二先辈的原工作单位北京大学有关部门征求能否发署名稿的意见，迄未见作答"。编辑部便决定将录文部分整理后发表，将考释的结论部分改写成"前言"。由于不能署名原作者王重民，再加上录文与原件图片的核对整理主要是白化文先生承担，所以署名"舒学"。为了不埋没王重民先生的成绩，在"前言"后面写道："解放前，王有三先生曾从巴黎图书馆将这一残卷全文录出，以后又作过整理加工，惜未最后完稿。现在我们在王先生原来录文的基础上，又据北京图书馆所藏照片作了一次校对整理，在这里发表，供有关研究工作者参考。"即回避了王先生的名"重民"，用了字"有三"。（参阅《文物资料丛刊（1）》第 48 页；白化文《"舒学"小记》）

学故里的甘肃省撑起了推进敦煌文学研究的大旗，主办了敦煌文学研究座谈会。

一、敦煌文学研究座谈会的背景

敦煌文学研究座谈会的召开，既是国内外形势发展的需求，又是敦煌学复苏的必然。具体来说，有以下原因：

1."敦煌在中国，敦煌学在日本"的影响

1981年4—5月，日本京都大学藤枝晃教授应邀在南开大学作了一个多月的敦煌学讲座。讲座结束后，藤枝晃在去敦煌参观时，于1981年5月26日又在兰州的西北师范学院作了"现代敦煌学"的演讲，从而出现了"敦煌在中国，敦煌学在日本"的误传。①

"敦煌在中国，敦煌学在日本"之说一经流传，在当时那个极具爱国主义和民族自尊的时代，引起了国人的气愤和震惊。藤枝晃在兰州演讲的当晚，西北师范学院的学生听众就有很激烈的争吵，有些听众还给中央有关方面和新闻媒体写信反映，从而引起了高层的重视。

1981年8月，邓小平同志在中央政治局委员王震和中共中央宣传部部长王任重的陪同下考察了敦煌，当时主持敦煌文物研究所工作的第一副所长段文杰先生"简要地向邓小平等同志介绍了敦煌的历史和莫高窟文物的内容和价值，特别

①刘进宝：《敦煌学史上的一段学术公案》，《历史研究》2007年第3期；《学者的国际视野与政府的信任支持——"敦煌在中国，敦煌学在日本"的提出及引起的反响》，《敦煌研究》2021年第1期。

是藏经洞文物的发现、帝国主义的掠夺、敦煌学在国际学坛上的兴起，所谓'敦煌在中国，研究在外国'的说法，省委指示一定要把敦煌学搞上去，研究所研究人员正憋着一股气开展工作等情况"。[1]姜亮夫先生在提交敦煌文学研究座谈会上的文章中也写道："听人说，某领导去敦煌视察，听人说起日本谣传'敦煌材料在敦煌，敦煌学在日本'，便立即电告北京筹备，使敦煌学有所发展。"[2]

在邓小平视察敦煌不久，教育部就于1981年10月专门派人到甘肃调查了解敦煌学的研究状况；在随后编制的"六五计划（1981—1985年）"中，也将敦煌学研究列入哲学社会科学研究的重点项目。1982年3月，国务院在京西宾馆召开古籍整理规划会议，夏鼐、唐长孺、季羡林、谭其骧、杨廷福、鲍正鹄、周祖谟、田余庆、史念海等与敦煌有关的学者都参加了会议。在会议期间的3月23日，教育部副部长周林邀请相关学者专门讨论了开展敦煌学研究的问题，这可能是为了回应"敦煌在中国，敦煌学在日本"之说，官方倡导加强敦煌学研究，并计划成立敦煌学会的开始。

藤枝晃在西北师范学院讲演时，甘肃省内的教育、文化、新闻出版单位的上千人听了演讲，也就有了"敦煌在中

---

① 段文杰著：《敦煌之梦》，江苏美术出版社，2007年，第59页。

② 《敦煌学规划私议》，这是姜亮夫先生提交敦煌文学研究座谈会的论文，由于出版方面的原因未收入会议论文集。会议主办者颜廷亮先生便推荐给敦煌文物研究所，作为1983年全国敦煌学术讨论会的文章交流，姜先生由于身体原因未能与会，收录于《中国敦煌吐鲁番学会成立大会、1983年全国敦煌学术讨论会会刊》，后发表于《社会科学》（甘肃）1985年第1期。

国，敦煌学在日本"的传说。邓小平在敦煌视察时，甘肃省委、省政府的主要领导也都陪同，自然也就知道段文杰的汇报和要求。当时甘肃省委常委、宣传部长吴坚对敦煌非常关注。在这种背景下，甘肃省相关部门注重敦煌和敦煌学，就顺理成章了。当时的中国社会科学院和各省社科院的功能与今天不同，中国社会科学院具有统领全国哲学社会科学规划、研究的功能。由省委宣传部直属的甘肃省社会科学院，也具有统领全省社会科学规划和研究的功能，当时恰好遇到了"敦煌在中国，敦煌学在日本"的传说，组织和加强敦煌学研究，不仅仅是学术问题，而且还是政治问题。如在敦煌文学研究座谈会筹备前夕的1982年3月，甘肃省社会科学院副院长陈人之撰写了《奋起夺回"敦煌学中心"》[①]的文章，其中就写道："有个别人抱着几十年前帝国主义的观点不放，跑到我们敦煌、兰州来重弹老调，说什么'敦煌在中国，敦煌学在国外'。这当然使我们不无愤慨。"另外，吴坚在敦煌文学研究座谈会开幕式上的讲话中说："有些外国人说什么，敦煌在中国，敦煌学在他们那里。这自然是我们所不能同意的。"[②]再如甘肃省社会科学院院长朱瑜在开幕词中也说："国外一些资产阶级学者说什么敦煌在中国，研究敦

---

①甘肃省社会科学院文学研究室编：《关陇文学论丛·敦煌文学专集》，甘肃人民出版社，1983年。

②吴坚：《在敦煌文学研究座谈会开幕式上的讲话》，《敦煌文学研究通讯》第1期，第6页。

煌学的中心在外国。这是完全站不住脚的。"①在会议讨论
中，一些专家也指出："国外有人说什么敦煌在中国，敦煌
学在他们那里，这是不符合实际情况的。"②

由此可知，敦煌文学研究座谈会是在改革开放、"科学
的春天"到来、敦煌学复苏的大背景下召开的，但与"敦煌
在中国，敦煌学在日本"的传言有着密切的关系。

2.是敦煌学蓬勃发展的产物

前已述及，早在1977年，《文物资料丛刊》就发表了敦
煌学方面的文章。从1979年开始，全国的刊物发表了一些敦
煌文学的论文，如刁汝钧《〈敦煌变文〉研究管见》（《陕
西师大学报》1979年第1期），黄广生《韦庄自禁〈秦妇吟〉
原因再析》（《吉林大学学报》1979年第4期），王水照《关
于韦庄〈秦妇吟〉评价的两个问题——兼论古代作家对农民
起义的一般态度》（《古典文学论丛》，齐鲁书社，1980
年），俞平伯《读陈寅恪〈秦妇吟校笺〉》（《文史》第十三
辑，中华书局，1980年），刘铭恕《关于俗讲的几个问题》
（《郑州大学学报》1980年第4期），张锡厚《敦煌写本王梵
志诗浅论》（《文学评论》1980年第5期）、《唐初白话诗人王
梵志考略》（《中华文史论丛》1980年第四辑），赵和平、邓
文宽《敦煌写本王梵志诗校注》（《北京大学学报》1980年
第5—6期）等。

敦煌学的复苏，使敦煌故里的甘肃更受关注，甘肃党政

---

①朱瑜：《敦煌文学研究座谈会开幕词》，《敦煌文学研究通讯》第1期，第
3页。

②《敦煌文学研究座谈会纪要》，《敦煌文学研究通讯》第1期，第9页。

《敦煌文学研究通讯》第1期目录

机关和学术团体的领导有压力、甘肃的学者有责任搞好敦煌学和敦煌文学。正如吴坚部长在敦煌文学研究座谈会开幕式的讲话中所说："对于敦煌学的研究，当然也包括对敦煌文学的研究，我们这些在甘肃工作多年的同志，可以说有一种惭愧的心情。"粉碎"四人帮"以后，"经过拨乱反正，正本清源，落实了政策，进行了一番整顿，这里的工作才有了一个良好的开端，才出现了一些初步的研究成果。这些成果已经受到国内、国外研究'敦煌学'的专家学者的注意，说明我们敦煌学的研究开始发展了。然而，也仅仅是重新开步走而已，我们还没有取得与我们整个事业发展相适应的成绩"。

由此可知，敦煌文学研究座谈会的召开，是敦煌学发展的必然结果。只不过甘肃走在了前列，引领了时代的潮流。

3. 敦煌在甘肃，甘肃要承担敦煌学研究的重任

在20世纪70年代末、80年代初的敦煌学复苏中，甘肃学者走在了前列。正如吴坚所说："我们从事敦煌学研究，不仅应该有信心，而且一定能够做好。就拿最近短短几年的成绩来说，敦煌文物研究所编出的《敦煌研究文集》《敦煌

研究》等书刊，还有我们省内一些院校的研究成果，虽然仅仅是个开始，是一点初步的成果，但是，据我看到的一些材料，国内国外的一些敦煌学家都是很重视的，反映很不错。"此外，兰州大学组建了敦煌学研究小组，邀请敦煌文物研究所段文杰、甘肃省图书馆周丕显开展系列讲座，创办了《敦煌学辑刊》。西北师范学院正在筹建敦煌学研究所。

从敦煌学术史的角度看，20世纪80年代初，虽然全国许多地方都有从事敦煌文学研究的学者，但甘肃的力量最为集中，如天水师专的张鸿勋，甘肃省图书馆的周丕显，甘肃教育学院的孙其芳，庆阳师专的刘瑞明，敦煌文物研究所的李正宇、李永宁、谭蝉雪、汪泛舟，兰州大学的韩建瓴，甘肃省社会科学院的颜廷亮、陈人之等，都专门或主要从事敦煌文学研究。另外，西北师范学院的李鼎文、胡大浚，兰州大学的水天明、宁希元，甘肃教育学院的姚冠群，甘肃省社会科学院的赵以武等，也对敦煌文学有所涉及。可以说，全国任何一个地方都没有甘肃这样多的敦煌文学研究者。如座谈会后策划组稿、周绍良先生主编的《敦煌文学作品选》由5位敦煌学研究者共同完成，其中有北京的张锡厚、四川的项楚、江苏的高国藩、甘肃的张鸿勋和颜廷亮，责任编辑是柴剑虹。

正是因为甘肃有敦煌文学研究的基础和实力，再加上领导的重视，由甘肃来主办这次座谈会就顺理成章了。正如吴坚部长在开幕式上的讲话中说："我在甘肃工作快三十年了，长期主管这方面的工作，敦煌学的研究没有搞上去，负有一定责任。""近几年来，我们国家从事敦煌学研究的人越

在敦煌文学研究座谈会开幕式上的讲话

吴　坚

(一九八二年七月二十四日，记录稿，未经本人审阅)

《在敦煌文学研究座谈会开幕式上的讲话》书影

来越多了，热心这一事业的人也越来越多了。这是一种可喜的现象。我们这些长期在甘肃工作，对敦煌有感情的人，为此感到兴奋。……更重要的是要考虑和研究怎样把这个事业搞起来。……我们不抓，也是不行的，我们希望甘肃能够在敦煌学研究中，做出我们应有的贡献。……最近以来，我们对加强敦煌学研究的问题，同各方面交换意见，想把研究敦煌学的力量组织起来，使敦煌学的研究不断向前发展。"

正因为敦煌在甘肃，甘肃省不仅有敦煌学研究的传统，当时的研究力量又比较强大，所以省委及相关部门都很重视这次会议。省委常委、宣传部长吴坚亲自与会并在开幕式上做了实实在在的讲话，全面阐述了敦煌、敦煌学、敦煌文学的重要性及甘肃省应承担的责任、应从事的工作。省委宣传部副部长于忠正代表部领导在会前看望了全体代表，甘肃人民出版社总编辑曹克己、《甘肃日报》副总编辑流萤、甘肃电视台副台长王燕天、甘肃省文联副主席谢昌余等宣传文化系统的负责同志出席了开幕式。可见，敦煌文学研究座谈会，不仅仅是甘肃省社会科学院主办的一个专业学术研讨会，而是在甘肃省委领导下，省宣传文化系统全力支持下的一次全国性盛会。

4.甘肃省社会科学院的组织协调

前已述及，当时的中国社会科学院具有统领全国哲学社会科学规划、研究的功能，如1979年在成都举行的中国历史学规划会议就是由中国社会科学院组织的，参加者既有社科院的领导和专家，也有高校、编辑出版部门的领导和专家；1983年教育部党组给中宣部的报告中也说："社会科学的学会，一般应由中国社会科学院"归口管理；1983年召开的中国敦煌吐鲁番学会成立大会的经费，"大部分由社会科学院掌握的学会活动费中拨付"。甘肃省社会科学院也具有统领全省社会科学规划和研究的功能。由于省委常委、宣传部长吴坚对敦煌学研究比较重视，由宣传部直属、又统领全省社科规划和研究的甘肃省社会科学院来承担这一光荣的任务。

正确的路线确定以后，人就成了最关键的因素。在"科学的春天"到来时，1978年初组建了甘肃省社会科学研究所，1979年10月正式成立了甘肃省社会科学院。颜廷亮先生于1980年从甘肃省委宣传部调到甘肃省社会科学院，并负责筹建文学研究室。1981年4月文学研究室成立后，颜廷亮同志主持工作，他经过调研，将敦煌文学作为文学研究室的重点研究方向之一，并身体力行地投入到敦煌文学的研究行列。颜廷亮关于研究敦煌文学的设想，得到了时任甘肃省社会科学院副院长陈人之的大力支持，"另外，不得不提的是，当时的院领导中恰好有一位以前就喜欢并研究过敦煌文学、现在又主管文学研究所（室）并仍想从事敦煌文学研究的副院长，也很支持我的想法。在这种情况下，院党委在1981年年底便初步同意文学研究所将敦煌文学研究作为重点主攻方向。"[1]

也正是因为如此，1981年4月成立的文学研究室，就将敦煌文学作为重要的研究方向，当年就编辑了《关陇文学论丛》第一集（甘肃人民出版社，1982年），其中就有张鸿勋先生的《〈游仙窟〉与敦煌民间文学》；1982年又编辑了《关陇文学论丛·敦煌文学专集》（甘肃人民出版社，1983年）。

1979年创办的《社会科学》[2]，在1980年开始开设了"敦煌学研究"专栏，当年就发表了多篇敦煌文学的论文，如张鸿勋《简论敦煌民间词文和故事赋——唐代讲唱文学论丛之一》、孙其芳《敦煌曲子词概述》、高嵩《〈敦煌唐人诗集残卷〉的文学价值》、张鸿勋《敦煌发现的话本一瞥》等，将敦煌文学作为甘肃省社会科学院院刊的重点栏目。

可以说，从吴坚、陈人之到颜廷亮，既有省委在政策上的鼓励与支持，又有社科院领导的关心和支持，还有文学研究室具体的办事骨干。他们能够上下一心，齐心合力。如果

---

①颜廷亮：《成畎斋敦煌文化丛稿》，甘肃人民出版社，2019年，第5页。

②甘肃省社会科学院主办的院刊《社会科学》创刊于1979年，创刊初期是季刊，后改为双月刊。由于上海市的《社会科学》申请了专有商标，甘肃的《社会科学》不得已于1991年改名为《甘肃社会科学》。同样的情况，甘肃的《读者文摘》创刊于1981年，后由于美国的《读者文摘》申请了专有商标，《读者文摘》不得已于1993年7月改为《读者》。

缺了任何一环，可能都无法办成或有如此的效果。

虽然当时文学研究室的各位还没有完全转向敦煌文学研究，更没有为座谈会提交敦煌文学的论文，但文学研究室的赵以武、张永明、杨忠、刘珙，在颜廷亮老师的领导下，全部投入了会议。会后论文集的编辑，"由颜廷亮同志主持编务，赵以武同志负责具体工作。"①

正是由于以上各方面条件综合的结果，甘肃省社会科学院于1982年7月主持召开了具有划时代意义的敦煌文学研究座谈会。

二、敦煌文学研究座谈会的概况

为了总结和推动敦煌文学研究工作，就在教育部调研、拟议加强敦煌学研究的同时，甘肃省社会科学院也提出了加强敦煌学研究的设想，并于1981年冬提交了召开敦煌文学研究座谈会的计划，经过半年多的积极筹备，于1982年7月24日至8月5日，在兰州、敦煌两地召开了敦煌文学研究座谈会。

参加座谈会的专家学者有山东大学中文系的关德栋，郑州大学历史系的刘铭恕，四川师范学院中文系的王文才，中华书局的程毅中和柴剑虹，扬州师范学院中文系的车锡伦，南京大学中文系的高国藩，杭州大学中文系的张金泉，四川大学中文系的项楚，中国社会科学院文学所的张锡厚、语言

---

①甘肃省社会科学院文学研究所编：《敦煌学论集》，甘肃人民出版社，1985年。

所的江蓝生，吉林大学中文系的张国举，北京中医学院医古文教研室的周笃文。甘肃的学者有敦煌文物研究所的段文杰、李永宁、李正宇，天水师专的张鸿勋，甘肃省图书馆的周丕显，兰州大学外语系的水天明及中文系的齐裕焜、宁希元、段平安，西北师范学院中文系的秦效忠、甘肃教育学院中文系的孙其芳、何国栋，甘肃省文化局文物处的王勤台，甘肃省社会科学院的朱瑜、陈人之、孙亚英、颜廷亮、赵以武、张永明、杨忠、刘珙。

另外还有新闻出版单位的代表，如甘肃人民出版社的周顿、张祚羌、李民发，新华社甘肃分社的何懋绩，《甘肃日报》的吴月、甘肃人民广播电台的辛乐、《甘肃画报》的朱锦翔等。

从会议的组织和参会代表的范围可知，虽然甘肃地处西北内陆，但甘肃的学者并不保守，而是以非常开放的姿态邀请全国的敦煌文学研究者参加。从参会名单可知，参加座谈会的代表来自全国，如中国社会科学院、中华书局、北京中医学院、吉林大学、山东大学、郑州大学、四川大学、四川师范学院、南京大学、杭州大学、扬州师范学院都有代表参加。"另外，还有不少敦煌文学研究方面的专家学者，如姜亮夫先生、蒋礼鸿先生、启功先生、刘脩业先生、王庆菽先生、周绍良先生、周一良先生、任半塘先生、唐长孺先生等，虽然由于身体或其他方面的原因未能到会，但他们或者派出了代表，或者寄来了论文，或者来函，都对这次座谈会

1982年敦煌文学座谈会代表合影

第1排11人（从左到右，下同）：流萤、水天明、刘铭恕、关德栋、吴坚、王文才、段文杰、曹克己、朱瑜、程毅中、谢昌余

第2排10人：柴剑虹、周笃文、□□□、齐裕焜、项楚、高国藩、王燕天、陈人之、□□□、江蓝生

第3排11人：□□□、李永宁、段平安、宁希元、孙其芳、李正宇、李民发、孙亚英、杨忠、赵以武、颜廷亮

第4排7人：□□□、□□□、□□□、周丕显、张金泉、张祚羌、张锡厚

的召开表示支持和祝贺。"①他们通过不同方式表达了对会议的支持和希望。

这次座谈会是一次高规格的学术研讨会，不仅段文杰、关德栋、刘铭恕、王文才、程毅中等老专家与会，而且新一代学人车锡伦、高国藩、张金泉、项楚、张锡厚、江蓝生、李永宁、李正宇、张鸿勋、柴剑虹、周丕显、水天明、宁希元、孙其芳、陈人之、颜廷亮、赵以武等集体亮相。可以说，1982年的敦煌文学研究座谈会展示了最新研究成果，代表了当时敦煌文学研究的最高水平，敦煌文学研究的基本阵营和队伍都已包含在内了，也是80年代初敦煌文学研究的学术版图。

敦煌文学研究座谈会收到的论文被会议组织者——甘肃省社会科学院文学研究所编为《敦煌学论集》，于1985年由甘肃人民出版社出版。我们将目录列出：

陈人之：《八十年来我国之敦煌学》

刘铭恕：《敦煌遗书杂记四篇》

周绍良：《补敦煌曲子词》

蒋礼鸿：《〈补全唐诗〉校记》

项　楚：《〈庐山远公话〉补校》

王文才：《俗讲仪式考》

白化文、程毅中：《对〈双恩记〉讲经文的一些推断》

---

①朱瑜：《敦煌文学研究座谈会开幕词》，《敦煌文学研究通讯》第1期，第2页。

张鸿勋：《敦煌话本〈叶净能诗〉考辨》

张锡厚：《敦煌变文艺术散论》

柴剑虹：《〈敦煌唐人诗集残卷（伯2555）〉初探》

高国藩：《论敦煌民间变文》

何国栋：《讲唱文学的尝试和先导——敦煌俗赋的产生及衍变》

周笃文：《敦煌古〈脉经〉残卷考略》

宁希元：《"标音系"的古书与变文中假借字的解读》

孙其芳：《敦煌词校勘中所见的形误、音误字简编》

张金泉：《敦煌俗文学中所见的唐五代西北音韵类（导言）》

江蓝生：《敦煌俗文学熟语初探》

从出版的会议论文集可见，作者是全国性的，研究的范围是广泛的，论题是深入的，代表了当时国内敦煌文学研究的最高水平。就是在今天，有些论文还是绕不过去，需要经常参考的。

三、敦煌文学研究座谈会的影响

由甘肃省社会科学院组织召开的敦煌文学研究座谈会，虽然是一个很专业的小型会议，但在敦煌学术史上，尤其在敦煌文学发展史上，具有非常重要的意义。

1. 推动了全国学术团体的建立

敦煌文学研究座谈会召开前夕的1982年7月初，在北京

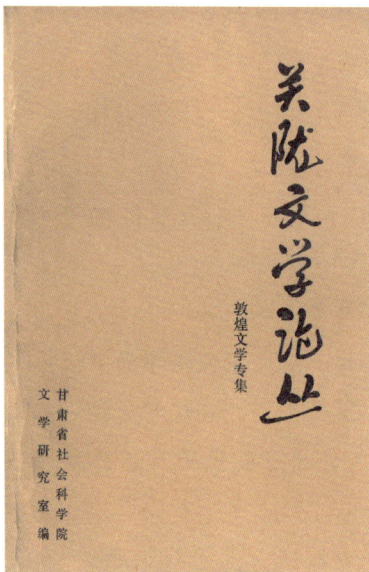

《关陇文学论丛》封面

举行了中国敦煌吐鲁番学会筹备会议，将成立中国敦煌吐鲁番学会正式提上了议事日程。而在此前的1982年二三月间，由甘肃省社会科学院文学研究室编辑的《关陇文学论丛·敦煌文学专集》中，多位专家就提出组织起来、成立学术团体的要求和呼声。如张锡厚先生提出："当前，也可以先成立全国敦煌学、敦煌文学的学术研究组织，积极调动各地的分散力量，把个人研究逐步纳入国家古籍整理的规划中来，并协调规划全国各有关单位的研究工作，积极创造条件，在适当时候召开全国学术讨论会。"（第211页）李永宁先生则提出："若能成立统一的研究中心，归人力、物力、财力于一统，固然是大好事，但就目前情况看，这种做法似乎还有困难。笔者认为，是否可先在国内组织敦煌学会，以便在研究课题和学术交流方面做一些协调组织工作。在甘肃则可集中全省有关研究力量，在兰州成立适当的研究机构，现有的敦煌文物研究所有关人员和资料归并新的机构，莫高窟则作为该所分支机构，负责保护、导游和业务考察人员的接待工作。至于是否在全国成立统一研究机构，可作第二步设想，视今后情况再作考虑。"（《加强"敦煌学"研究之我见》）吴肃森先生提出建议："敦煌与敦煌的故乡——甘肃省，争取中国（社会）科学院文学研究所的赞助，迅速在省会兰州成立'中国敦煌学会'，并在甘肃省社会科学院成立'敦煌学研究室'等有关学术组织。"（《喜读〈敦煌学在国内亟待展开第三时期〉》）

以上呼吁成立全国敦煌学或敦煌文学学术组织的学者，可能并不知道即将筹备全国敦煌学或敦煌吐鲁番学会的信息。他们的意见，也反映了当时国内敦煌学研究者的普遍想法，即尽快组织起来，推动我国敦煌学研究的健康发展。

"敦煌文学研究座谈会"的成功举办和《关陇文学论丛·敦煌文学专集》的出版，使甘肃省社会科学院的敦煌学研究得到了学界的关注，从而使甘肃省社会科学院也成为"甘肃的四个发起单位"之一，与兰州大学、敦煌文物研究所、西北师范学院一起成为中国敦煌吐鲁番学会的筹备单位和会务承办单位，为中国敦煌吐鲁番学会的建立贡献了力量。

2. 团结了全国敦煌文学研究的学者

参加敦煌文学研究座谈会的专家除甘肃的学者外，来自中国社会科学院、中华书局、北京中医学院、吉林大学、山东大学、南京大学、杭州大学、四川大学、郑州大学、四川师范学院、扬州师范学院。另外，还有北京大学、北京师范大学、武汉大学、中国佛教图书馆的学者，由于身体或其他方面的原因未能到会。可以说，当时研究敦煌文学有代表性的主要单位的学者基本上都参加了会议。在20世纪80年代初通讯还不甚发达的情况下，通过本次座谈会，使全国研究敦煌文学的学者汇聚在一起，交流学术，互通信息，建立了联系。当年参加座谈会的中华书局柴剑虹先生回忆说："1982年夏，程毅中副总编应邀参加甘肃省社科院举办的'敦煌文学研讨会'，特意提请会议也邀请我参加，并鼓励我撰写有关论文，引领我踏上了'敦煌学研究'的门槛。藉此机缘，我担任了王重民《敦煌遗书论文集》的责编，之后又组稿编辑了《敦煌文学作品选》，承担了《敦煌遗书总目索引》的改版编印任务。"[①]

再看看座谈会的论文集作者，共收文章17篇，其中12篇是甘肃以外的作者，甚至还有未参加会议的周绍良、蒋礼鸿先生的论文。另外还有姜亮夫先生提交的《敦煌学规划私议》一文，也编入论文集中[②]，后由于出版方面的原因未能收入。

3. 凝聚了甘肃敦煌文学研究的队伍

前已述及，由甘肃省社会科学院主办的敦煌文学研究座谈会是代表20世纪80年代初全国敦煌文学研究高水平的一次真正意义上的学术研讨会。它的成功举办，不仅对全国敦煌文学研究的发展具有一定的促进作用，尤其对甘肃敦煌文学的发展、凝聚力量具有重要的意义。正如座谈会的主办者颜廷亮先生回忆说：这次学术会议规模并不大，但"对我们文学研究所开展敦煌文学研究来说也是一个良好的开端，在帮助我和室内其他几位已确定搞敦煌文学研究的同志了解敦煌文学研究的历史和现状、融入敦煌文学研究队伍方面起了

①柴剑虹：《中华书局——育人出书的摇篮》，《文史知识》2022年第6期，第11页。

②《敦煌文学研究通讯》第2期，第6页。

很大作用"①。

1982年9月15日，在敦煌文学研究座谈会召开一个多月后，为了反映这次学术研讨会的成果，并扩大影响、加强交流，甘肃省社会科学院文学研究室编印了内部刊物《敦煌文学研究通讯》，刊载了甘肃省社会科学院院长朱瑜的《敦煌文学研究座谈会开幕词》、中共甘肃省委宣传部部长吴坚的《在敦煌文学研究座谈会开幕式上的讲话》及《敦煌文学研究座谈会纪要》，后附"参加敦煌文学研究座谈会代表名单"。1983年3月5日，出版了《敦煌文学研究通讯》第2期，刊载了《敦煌学研究列入"六五"计划重点项目》《彭珮云强调要注意扶持我国特有的学科——敦煌学》的简讯、柴剑虹的《〈敦煌遗书总目索引〉即将重印》，开辟了"新撰论文介绍"的栏目。1983年7月5日，《敦煌文学研究通讯》第3期出版，刊载了署名"亦安"的信息：《受教育部委托，杭州大学举办敦煌学讲习班，姜亮夫教授担任指导老师》、柴剑虹《〈敦煌遗书论文集〉即将出版》的消息，报道了王重民先生的《敦煌遗书论文集》即将由中华书局出版，并介绍了该书的主要内容。同时发表了周一良先生的《〈敦煌遗书论文集〉序》。另外还有张鸿勋《关于敦煌讲唱文学研究情况的通讯》，任几的书评《敦煌文学研究的一个新成果——读〈敦煌唐人诗集残卷考释〉》。

由以上介绍可知，从第2期开始，《敦煌文学研究通讯》就成了真正意义上的"通讯"，是学界了解敦煌文学相关信

---

① 颜廷亮著：《成玖斋敦煌文化丛稿》，甘肃人民出版社，2019年，第8页。

息的主要渠道之一。从 1985 年 1 月 5 日出版的第 9 期开始，《敦煌文学研究通讯》与中国敦煌吐鲁番学会语言文学分会秘书处合编，更名为《敦煌语言文学研究通讯》，成为了解全国敦煌语言文学研究的一个窗口。后来，由于客观形势的变化等各方面原因，"通讯"的功能逐渐降低，尤其是从 1998 年 12 月 20 日出版的 1998 年第三、四期（总第 57、58 期）开始，改由甘肃省社会科学院敦煌文学研究室、中国敦煌吐鲁番学会语言文学研究会秘书处和甘肃敦煌学学会秘书处合编后，似乎缩小为甘肃省敦煌学会的通讯了。到 2002 年 3 月出版 2002 年第一期（总第 65 期）后便停刊了。

除了主办"通讯"外，甘肃省社会科学院文学研究室还以此为契机，于 1982 年开始筹划《敦煌文学概论》的编写，后来完成了《敦煌文学》①和《敦煌文学概论》②。这两本书的作者基本以甘肃的学者为主，除了顾问周绍良先生外，省外学者只有张锡厚和柴剑虹先生参加了。

综上所述，1982 年在兰州、敦煌召开的敦煌文学研究座谈会，是改革开放后敦煌学界的第一次盛会，它对推动敦煌学的发展，促进敦煌文学研究者的联系与合作，凝聚学科队伍，繁荣甘肃的敦煌文学，具有重要的意义。

（原载《敦煌研究》2023 年第 1 期）

---

①颜廷亮主编：《敦煌文学》，甘肃人民出版社，1989 年。

②颜廷亮主编：《敦煌文学概论》，甘肃人民出版社，1993 年。

从提出背景看"丝绸之路"概念

18世纪后期，在以法国、英国为主的西方学术界，出现了一门新的学科——东方学。丝绸之路沿线的一些国家和地区，曾经是西方的殖民地，文化相对落后。因此，其古代文化的发掘、研究甚至命名，大多是在"东方学"背景下由西方学者提出或完成的，如埃及学、印度学、亚述学等学科的名称就是如此。

"丝绸之路"这个名称是德国地理学家李希霍芬于1877年首先提出的，很快得到东方和西方学者的赞同。但"丝绸之路"作为一个研究对象，是在近代中亚探险的背景下由西方学者提出的，其研究者主要是法国、英国、德国等西方学者和日本学者。第一部以《丝绸之路》命名的著作，也是由瑞典探险家斯文·赫定于1936年出版的。

李希霍芬与"丝绸之路"

李希霍芬是德国地理学家和地质学家，1833年5月5日生于普鲁士西里西亚卡尔斯鲁赫（Karlsruhe，今属波兰），中学毕业后就读于布雷斯劳大学和柏林洪堡大学。1856年毕业后，他曾从事地质调查工作。在取得地质学专家的资格后，他以公使馆秘书的头衔，参加了普鲁士远征考察队，前往世界各地考察。

1860年到1862年，李希霍芬参加普鲁士政府组织的东亚考察团前往亚洲。考察团曾经到过亚洲的许多地方，如锡兰（斯里兰卡）、日本、印度尼西亚、菲律宾、暹罗（泰国）、缅甸等。虽然李希霍芬此次未能进入战乱中的中国，但通过对中国周边亚洲地区的调查，他对中国地理产生了浓厚兴趣。当他看了亨利·裕尔的《中国和通往中国之路——中世纪关于中国的记载汇编》后，更加激起了他研究中国地理的强烈愿望，希望尽快实地考察该书中涉及的中西交通路线。

1868年，李希霍芬在美国加利福尼亚银行的资助下到中国考察。到达上海后，他受上海西商会委托，对中国地貌和地理首次进行了综合考察，足迹遍布中国大部分地区。

李希霍芬在陕西考察后，还计划进入甘肃河西走廊和新疆考察，但由于陕甘回民起义和阿古柏入侵等事件的干扰而未能实现。虽然未到甘肃、新疆等西北地区，但他在考察中提出了许多修建铁路的建议，其中就有沿古代丝绸之路修建铁路的计划，即从西安府—兰州府—肃州—哈密，然后分成南北两路，分别经天山南麓和天山北麓进入中亚地区，沿途的哈密等地还分布着丰富的煤矿。

1872年返回德国后，李希霍芬主要致力于写作5卷本的《中国——亲身旅行和研究成果》（以下简称《中国》），到去世（1905年10月）前出版了第一、二、四卷。第三和第五卷是他去世后由其学生整理编辑而成，于1912年全部出版。

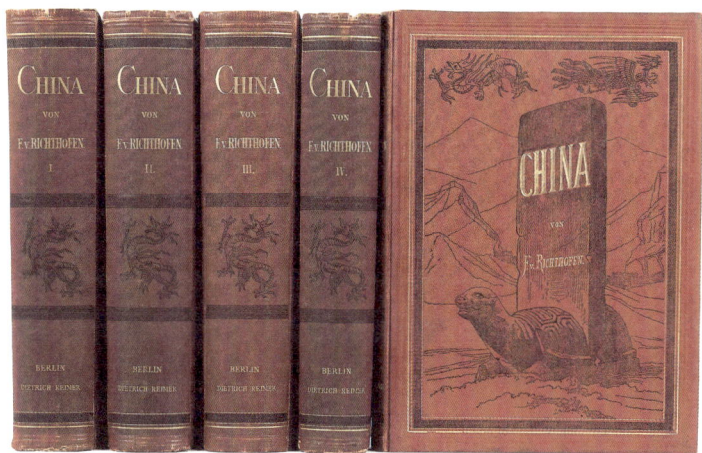

李希霍芬的五卷本《中国》

在1877年柏林出版的第一卷中，他首次提出了"丝绸之路"一名。

　　通过整理李希霍芬《中国》第一卷的相关内容，可知"丝绸之路"一词共出现了4次，即第一卷的目录上有"马利奴斯的丝绸之路"；第496页有"早期丝绸之路中这一条路径的西线部分"；第499页的页眉上有"马利奴斯的丝绸之路"；在第500和501页之间，夹印了李希霍芬于1876年绘制的一幅《中亚地图》，该地图的说明文字中有"马利奴斯的丝绸之路"。在这张地图上，他用加粗的红线画出了一条基本上笔直的"丝绸之路"，据说这是来自托勒密《地理志》中所记赛里斯的地理情况和马利奴斯的信息，但与"丝绸之路"的实际走向并不符合。

　　由此可知，虽然李希霍芬提出了"丝绸之路"的概念，但也只在《中国》第一卷中简略提及，并没有进行专门的论述和研究。

"丝绸之路"提出的学术背景

在中国古代输出的物品中，最受西方人喜爱的是中国的丝绸。因此，古希腊人、罗马人将中国称为"赛里斯"（Seres），意为"丝国"。

早在公元前1世纪后期，罗马皇帝奥古斯都（前27—14年在位）欲确立在帕提亚（即汉文史籍中的"安息"）和阿拉伯方面的支配权，曾派遣希腊地理学家伊西多尔等人调查波斯湾源头。伊西多尔的调查报告之一就是《帕提亚驿程志》，这一报告记载了自美索不达米亚穿越伊朗高原北部到达中亚的主要交通道路。

从公元1世纪开始，西方就出现了一些与赛里斯国有关的记录，其中最为可信的就是古希腊地理学家马利奴斯记录了一条通往赛里斯国的道路，即从幼发拉底河渡口出发，向东前往赛里斯国的一条商路。公元1世纪后，生长于埃及的古希腊地理学家克劳德·托勒密（约98—168年）撰写《地理志》时，依据马利奴斯的记录并有所修正，记载了自幼发拉底河流域至Serica（丝国，即中国）的路线，其中提到了敦煌和洛阳。马利奴斯和托勒密记录下来的这条为丝绸而前往丝国的商道，后来成为创造"丝绸之路"一词的基础。

16世纪后期，欧洲资本主义势力兴起后，不断向东方殖民扩张，并将中国纳入他们的活动范围。另外，耶稣会在对抗新教改革运动失利后，也将传教活动转向东方。随着传教事业的大规模展开，欧洲对中国的认识不断扩大和深化。

从17、18世纪开始，基督教教士、外交家、商人、探险家、旅行家和学者不断来到中国等东方国家，在欧洲殖民主义对东方国家的军事、经济侵略中，还不断从事有关国家的文化研究，从而在欧洲形成了一门新的学科——东方学。

在欧洲东方学家中，英国学者亨利·裕尔的《中国和通往中国之路——中世纪关于中国的记载汇编》汇集了古代西方有关中国的所有记载和译注，其在摘录托勒密的《地理志》时，就披露了马利奴斯所记赛里斯之路的全部信息。裕尔在该书中虽然没有使用"丝绸之路"之类的词语，但他第一次对赛里斯之路即中国和通往中国之路进行了详细考证，为后来"丝绸之路"一词的出现奠定了基础。

裕尔的《中国和通往中国之路——中世纪关于中国的记载汇编》和《马可波罗游记译注》，引起了欧洲东方学家对东方社会，尤其是中亚的探险热情，这其中就有德国地理学家李希霍芬。

"丝绸之路"提出的政治背景

"丝绸之路"名称的出现，是西方殖民主义文化的产物，即西方对东方在军事占领、经济掠夺的同时进行的文化侵略，也正是萨义德在《东方学》中论述的西方"帝国主义"者在文字表述中用他们的眼光加诸欧洲人眼中被侵略和被殖民地区之东方文化。

1840年后，中国逐步沦为半殖民地半封建国家，各帝国主义国家在军事和经济侵略的同时，还派遣大批考察团、探险队来我国考察。伴随着近代国门的大开，在西方列强的军事、经济势力渗入的同时，一大批传教士、考察家、探险家等以各种各样的名义深入中国考察、搜集情报，为列强侵华服务。李希霍芬在中国的考察共有七次，从1869年底开始，他得到上海西商会提供的在中国旅行四年的经费，条件是他必须用英文写出关于中国经济特别是煤矿资源的报告。所以，从第五次考察开始，李希霍芬在旅行间歇及时地将所见所闻以信件的形式用英文写出，寄给了上海西商会，后来汇集成册，名为《李希霍芬男爵书信集》。该书中的大量经济情报，对当时的西方列强来说充满了吸引力。从李希霍芬的考察报告可以看到，他游历各地的考察带有强烈的为列强提供情报、便利其经济扩张的目的。

尽管李希霍芬的"游历"是合法的，但作为普鲁士人，他把德意志帝国的统一和强大视为最高理想。早在1868年访问舟山时，他就认识到了其交通位置的重要性，先后写了

《李希霍芬中国旅行日记》上册封面

两封建议夺取舟山的报告，请德国总领事转交首相俾斯麦。他的建议曾引起普鲁士政府的强烈兴趣，但由于英国将舟山视为其势力范围，再加之普法战争的爆发，这项计划才未能实现。

占据舟山的计划失败后，李希霍芬又把目光转向了位于山东半岛的胶州湾。1869年，李希霍芬向德国提议，夺取胶州湾及其周边铁路修筑权，将使华北的棉花、铁和煤等更为方便地为德国所用。1897年，德国借口传教士被杀，出兵占领胶州湾，把山东划为其势力范围。在报请德皇威廉一世批准的军事计划中，德国海军司令梯尔皮茨多次引用了李希霍芬的考察结论。

关于李希霍芬的地质调查，鲁迅在《中国地质略论》中指出，李希霍芬"历时三年，其旅行线强于二万里，作报告书三册，于是世界第一石炭（煤）国之名，乃大噪于世界。其意曰：'支那'大陆均蓄石炭，而山西尤盛；然矿业盛衰，首关输运，惟扼胶州，则足制山西之矿业，故分割'支那'，以先得胶州为第一着"。因此，鲁迅感叹道："盖自利氏（李希霍芬原译为"利忒何芬"）游历以来，胶州早非我有矣。"

虽然说"丝绸之路"是在东方学背景下出现的，是西方对东方占领背景下的产物。但不可否认，"丝绸之路"的提出或"丝路学"的研究有着独到的科学价值，因而得到了学界的公认。

（原载《中国社会科学报》2022年5月23日）

中国唐史学会成立的背景和机构组织

——纪念中国唐史学会成立40周年

1980年9月23至30日，我国唐史学界的重要会议——唐史研究会成立大会在陕西师范大学召开。全国高校、科研和出版机构72个单位的83位代表参加了会议。会议宣读了论文，交流了唐史研究的情况和经验，通过了唐史研究会章程，选举了唐史研究会领导机构，成立了唐史研究会。1984年第二届会议，更名为中国唐史学会。

一、唐史研究会成立的背景

1978年3月18日，中共中央、国务院在北京召开了全国科学大会。在大会开幕式上，邓小平作了重要讲话，号召大家"向科学技术现代化进军"，明确提出"知识分子是工人阶级的一部分"，重申"科学技术是生产力"。这标志着一个新时代的到来，迎来了"科学的春天"。

在这种大好的时代背景下，史学界也不例外。当时，全国社会科学的协调、规划都是由中国社会科学院负责的。

1978年3月，中国社会科学院开始制定1978—1985年的中国历史学八年规划，通过调查、召开座谈会的方式，了解全国史学界的情况，编写了初稿；6月又在天津举行了一次全国性的史学规划座谈会，对规划草案进行了讨论和修改。

正是经过这种有组织、有计划的准备工作，1979年3月23至4月2日，中国社会科学院在成都召开了中国历史学规划会议，全国科研机构、高校以及编辑出版部门140多个单位的280多人参加了会议。这是改革开放后中国历史学界最重要的一次会议，主要是"讨论、修订和落实中国历史学的八年（1978—1985年）规划"。

成都会议再次强调提倡建立中国史的各种学术研究会和各地区的史学会，其中古代史组在会议的最后一个阶段，分为先秦史组、秦汉史组、魏晋南北朝隋唐史组、宋辽金史组、元蒙史组、明清史组、中外关系史组等，就"建立研究会的问题，交换了意见"。唐史方面唐长孺、史念海、胡如雷、沙知、张广达等先生参加了本次规划会议，"魏晋南北朝隋唐史组着重就如何加强唐史研究、成立唐史研究会问题交换了意见。与会代表积极支持关于成立唐史研究会的倡议，一致同意在西安成立唐史研究会，确定明春召开成立大会"。另外，秦汉史组"建议明年召开秦汉史研究会成立大会"，宋辽金史组"初步商定于明年召开宋史研究会成立大会"，元蒙史组"商定于今年内成立元史研究会和蒙古史研究会"，中外关系史组"一直同意成立中外关系史研究会"。[1]

①周自强：《我国历史学界的一次盛会——记中国历史学规划会议》，《中国史研究动态》1979年第6期。

唐史研究会正是在这种背景下成立的。只不过当时计划是1980年春天成立，后来拖到了9月，这可能是筹备中的具体问题吧。因为许多成立学会的规划都推后了，如计划1979年成立的元史研究会是1980年10月成立的，计划1980年成立的秦汉史研究会是1981年成立的。另外，中国先秦史学会是1982年成立的，中国魏晋南北朝史学会成立于1984年、中国明史学会成立于1989年。

这次会议反映了很好的会风，如中国社会科学院近代史研究所副所长"黎澍同志在谈到关于学术问题的自由讨论时强调说：我们一定要坚持学术问题的自由讨论，要求所有的人都以平等精神来对待和参加这种讨论，允许批评和反批评。真理面前必须人人平等。学术问题上绝对不允许搞'集中制'。有了争论，只能平等讨论，不能服从多数，不能服从领导，不能服从权威，不能服从定论。任何情况下，都要允许坚持意见，保留意见，也要允许改变意见。要永远废除由领导机关或权威人士以行政手段为学术论争作结论的错误做法。没有自由和平等的精神，就不可能有科学的迅速发展"（《我国历史学界的一次盛会——记中国历史学规划会议》）。这在40年后的今天来说，都是值得我们铭记的。

二、唐史研究会的组织机构

当时，全国性的学术会议很少，各学科的成立大会就是非常重要的学术盛会，各地都非常重视。为了会议的顺利举行，有些会议成立了临时党组或大会主席团。唐史研究会成立大会虽然没有成立大会主席团，但也成立了类似的组织，即领导小组。

领导小组由15位成员组成。他们是（**按姓氏笔画排序**）：

王仲荦　卞孝萱　史念海　沙知　杨志玖　李埏　吴枫
何兹全　武伯伦　金宝祥　周绍良　胡守为　胡如雷
唐长孺　郭绳武

会议酝酿讨论，选举了研究会的领导机构，他们是：

名誉会长：白寿彝　郭琦

会长：唐长孺

副会长：王仲荦　史念海　吴枫

秘书长：黄永年

理事（**以姓氏笔画为序**）：

王永兴　王仲荦　乌廷玉　卞孝萱　史念海　宁可　沙知
杨廷福　杨志玖　李埏　吴枫　何兹全　谷霁光　陈光崇
武伯伦　金宝祥　周绍良　胡守为　胡如雷　赵守俨
袁英光　唐长孺　郭绳武　黄永年　曹尔琴　宿白
韩国磐　缪钺　谭其骧

中国社会科学院历史研究所、新疆史学会各由本单位确定一名理事，为台湾省和港、澳各保留一名理事。

通过对29位理事单位的分析可知，北京7位：王永兴、宿白（北京大学）、宁可（北京师范学院）、沙知（中国人民大学）、何兹全（北京师范大学）、周绍良（中国佛教图书馆）、赵守俨（中华书局）；西安5位：史念海、黄永年（陕西师范大学）、武伯伦（陕西省博物馆）、郭绳武（西北大学）、曹尔琴（西安师范专科学校）；上海3位：杨廷福（上海教育学院）、袁英光（华东师范大学）、谭其骧（复旦大学）；吉林2位：乌廷玉（吉林大学）、吴枫（东北师范大学）；辽宁1位：陈光崇（辽宁大学）；山东1位：王仲荦（山东大学）；江苏1位：卞孝萱（扬州师范学院）；天津1位：杨志玖（南开大学）；云南1位：李埏（云南大学）；江西1位：谷霁光（江西大学）；甘肃1位：金宝祥（甘肃师范大学）；广东1位：胡守为（中山大学）；河北1位：胡如雷（河北师范学院）；湖北1位：唐长孺（武汉大学）；福建1位：韩国磐（厦门大学）、四川1位：缪钺（四川大学）。

理事的单位分布比较均匀，全国只有北京大学2位（王永兴、宿白），历史与考古各1位，陕西师范大学2位（史念海、黄永年），秘书处所在单位，一位副会长，一位秘书长，其他单位都只有一位理事。一些非常重要单位和地区，如中国社会科学院历史研究所和新疆都没有理事，所以理事会决定由他们各自"确定一名理事"，同时还"为台湾省和港澳各保留一名理事"。这都反映了主事者的大局意识和宽广胸怀。

唐史研究会成立大会的顺利举行和领导机构的选举，唐长孺、史念海和郭琦三位先生起了最重要的关键作用。唐长孺先生是著名的魏晋南北朝隋唐史专家；史念海先生是著名的历史地理和唐史专家，当时还担任陕西师范大学副校长。他们两位都参加了1979年的历史学规划会议，参与讨论了成立唐史研究会的事宜。郭琦是德高望重的老领导，当时担任陕西省社科联主席、西北大学校长。1980年6月，"唐长孺教授出差成都，路过西安住在西北大学，见到时任西北大学校长的郭琦先生，认为作为驰名中外的汉唐古都西安，应该成立一个全国性的唐史研究机构，组织大家从事唐史关联的各种学术活动，他们一起拜访著名历史地理专家、时任陕西师范大学副校长的史念海教授，三人见面后一拍即合，决定成立一个'唐史研究会'全国性民间学术组织。只是时间仓促，唐先生返回武汉大学后和西安方面频繁联系，史念海先生也积极落实他们间的约定，成立大会筹备组，这样就将'唐史研究会'成立大会的日期、地点告知全国各地的唐史研究者"。[1]这才有了9月份的唐史研究会成立大会。[2]

据说在前期的筹备工作中，郭琦和史念海先生一致推举唐长孺先生任会长，唐先生也曾多次推辞，但他们认为唐先生是最合适的人选。在无法推辞的情况下，唐先生答应出任

[1]拜根兴：《找寻一张合影照片：四十年的记忆》（中国唐史学会理事会微信群，2020年10月14日介永强转发）

[2]郑学檬《贺中国唐史学会四十华诞》："唐王史郭唱关中，魏晋隋唐一脉通。拨乱反正元气在，举旗相接说关风。几家毁誉生青焰，唯有唐门弦歌笼。再忆扬州瘦石湖，琼花叶绿向江东。"郑学檬自注："1.唐长孺、王仲荦、史念海、郭琦，史功大力多。2.关风，即'关陇集团'，此指寅恪先生之学说，'陇'字出韵，改'风'字。3.唐门，唐史学会。4.瘦石湖即瘦西湖，因平仄改。"中国唐史学会微信群，2020年10月14日郑学檬发。

会长，但提出学会秘书处一定要放在西安，因为西安是唐朝的都城，西安的唐史研究力量又很强，并建议将秘书处设在陕西师范大学。经过磋商讨论，同意了唐先生的提议，后来由郭琦担任名誉会长，唐长孺任会长，史念海任副会长。

当时由于获取信息的渠道比较单一，以朋友间的往来和通信为主，出差、开会、研讨是非常罕见的，电话都是特别稀少的，更没有今天的电子邮件和微信，所以这样的学术盛会就成了交流情报、互通信息的重要场合。唐史研究会成立大会也不例外，如从中华书局赵守俨的发言中知道，《通典》《唐六典》《大唐西域记》当时正在进行校点。王永兴的《隋唐五代经济史资料汇编校注》原计划分六编，当时第一编"阶级与阶级关系"已准备付排，"第二编是关于土地制度的，已完成初稿"。从乌廷玉的发言中了解到了日本学者的唐史研究概况。

后来陆续出版了《通典》《唐六典》《大唐西域记》的校点本。1987年出版了王永兴先生70多万字的《隋唐五代经济史料汇编校注》第一编《阶级和阶级关系》的上下册，从其编辑体例可知，王先生计划共分七个部分，即阶级和阶级关系、土地所有制、农业生产、手工业生产、交通运输、商业、财政。遗憾的是只出版了第一编，后面的六编未能出版。王先生在1987年出版的《隋唐五代经济史料汇编校注》第一编所计划的七编，在七年前的1980年，我们就从赵守俨的发言中得知了相关信息。

40年前的唐史研究会，使我们了解了前辈宽广的胸怀和高尚的品格，给我们树立了榜样，我们应该沿着前辈的足迹前进。

2020年10月17日

（原载《中国唐史学会会刊》第三十九期，2020年12月）

兰溪鱼鳞图册的价值

——在《兰溪鱼鳞图册合集》新书发布会上的发言

《兰溪鱼鳞图册合集》的整理出版，具有非常重要的意义和价值，尤其具有文献保存的价值和意义。鱼鳞图册收藏比较分散，不少在民间百姓手中，收藏保存非常不易，有随时散落甚至毁灭的危险。现在，在相关部门和领导的支持下，以张涌泉、胡铁球领衔的团队，将兰溪收藏的鱼鳞图册整理出版，这是鱼鳞册文献保存、整理的重要成果。为了使这批珍贵的文献能够永久保存，为后代子孙留下历史的真实材料，整理团队与浙江大学出版社通力合作，精心编纂，按原有格式彩色印刷，打造了一套高品质的图书，这会成为民间文献用彩色图版原样整理出版的尝试。

我主要做唐代历史研究，对后面的明清部分确实不太熟悉。从北魏太和九年到开天之际，实行的是均田制。均田制是以丁身为本，关注的重点是人。到建中元年实行两税法，以资产为宗，收税主要依据资产，但是有些资产可以转移，有些还可以藏匿，所以两税法实行30年以后，大家就已经看到了它的弊端，后来税收就改成完全以土地为主了。

但是关于土地的管理收税，我们保存下来的资料不多。据朱雷先生介绍，日本保存的田图，最初的萌芽应该出现于养老年间（717—723年），即养老七年（723年）颁布三世一身法。到了天平年间（729—749年），尤其是天平十五年（743年）颁布的垦田永年私财法，规定了土地私有，使土地私有数激增，同时出现了土地"四至"的记载，从而出现了"条里平面图"。

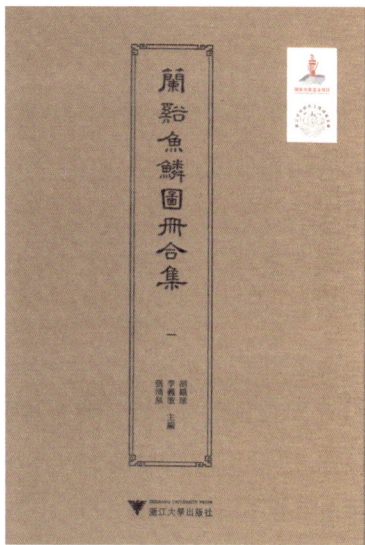

《兰溪鱼鳞图册合集》（一）封面

日本学习中国文化，其实行的班田制，就主要取之于中国的均田制，在敦煌文书中有大量的"四至"记载，在吐鲁番文书中也有许多"四到"记载，而且敦煌文书中还保存了一幅《万子、胡子田园图》。中国唐代的这些"四至"记载和土地田园图传到日本，从而出现了日本"四至"的记载，出现了"条里平面图"。

据朱雷先生考定，敦煌本《万子、胡子田园图》应该"制作于9世纪末至10世纪归义军曹氏某个时期"，但归义军时期，并没有绘制"平面图"的制度。从《万子、胡子田园图》及其上的标注可见，它"明显不符合唐、宋之制，因此，只能是私人行为的结果。而其目的可能在于表明兄弟两人合户共产所有田、园、园场的数量和方位，也可能还为今后分家析财作一依据"。"但无论如何，直到归义军曹氏时期，从未出现官府行为的制度。本件'田园图'仅属个别家庭行为"。①敦煌文书中的《万子、胡子田园图》仅此一件，日本的"条里平面图"也基本上没有保存下来，所以我们无法对唐代的土地田园图进行探讨，而《万子、胡子田园图》也不符合唐代的土地制度，可能仅仅是兄弟二人的分家图。朱先生的结论是：敦煌文献中的"这份'田园图'只是个人行为，直到南宋绍兴年间，因推行'经界法'，创制了'鱼鳞图'，政府方开始制作'田图'。而日本在'大化革新'时虽大量吸取唐代制度，并对日本自身的发展产生深远广泛影响，但8世纪出现的'条里平面图制'，却是日本自身的创举"。由此可知，在唐五代时期，并没有出现田图。直到南宋实行经界法，制作鱼鳞图，才有了大量的"田图"，从而为研究南宋以后的土地、赋税制度，提供了大量的第一手材料。

从敦煌的《万子、胡子田园图》到南宋的经界，再到明清的鱼鳞图册，可能是田图制作的一条线索。差官置局是南宋经界实施的重要步骤，也是明清攒造鱼鳞图册的基本保障。如晚清兰溪等县设有清赋局，由县府遴选该县素有威望的士绅担任绅董，负责全县的赋税征收等工作。因为绅董基本上是本地人，既有文化、有地位，又有财力，还熟悉地方

---

①详见朱雷：《敦煌所出〈万子、胡子田园图〉考》，载朱雷《敦煌吐鲁番文书论丛》，甘肃人民出版社，2000年。

事务，因此便成为鱼鳞图册编造工作的最佳人选。这与敦煌文书中所见唐代土地的还授主要是乡官、里正的情况非常相似。

土地丈量和亩分计算一直是古代经济史研究中的重要课题。从鱼鳞图册可知，地块中除山之外，都标明了弓步长度，通过验算可知，皆以240步为一亩，这与唐代的完全一样。但由于地形有方圆、曲直、长短等，不可能都是整齐的，如方田、直田、圆田、牛角田、菱角田等，所以又有了各种算法在土地丈量中的使用，也为理解敦煌文书中的"四至"和"自田"提供了启示。

另外，鱼鳞图册是历史文献，我们知道中国的传统是当代人不写当代史，由后代人写前代的历史。我们现在看到的"二十四史"、《资治通鉴》等，其依据的材料主要是前代保留下来的实录等，这些都是条例性的内容，缺少具体的东西，而鱼鳞图册恰好是未经后人加工改造的原始档案。如果放在整个中国历史的长河中，将鱼鳞图册与汉晋简牍、吐鲁番文书、敦煌文书、西夏文书、徽州文书相结合，从而勾勒出中国古代土地、赋役的发展演变脉络，我们在官方的"二十四史"以外，还有一种民间历史的主线也就串起来了。就像我们原来谈到文学，主要是汉赋、唐诗、宋词、元曲、明清小说，但是还有一套普通百姓的文学传承，如唐代的传奇、变文，宋代的话本，明代的"三言""二拍"，还有明清以来的弹词、宝卷，等等，这样老百姓的民间文学也就串起来了，这点可能体现了《兰溪鱼鳞图册合集》的价值和意义。

当然，明清以后史料留存下来的很多，学者们一生都有看不完的东西，不利用鱼鳞图册，许多问题也能解决。如何体现鱼鳞图册的价值，可能还需要思考，还要从另一个角度来探讨。

2022 年 11 月 15 日

学会读书和思考

各位同学：大家好！

主事者让我给青年朋友谈谈读书问题，这是一个既简单又复杂的问题。说简单，因为在座者都是研究生，都认识字，还存在什么读书问题？说复杂，是说要学会读书又的确是不容易的。现在书很多，光一年出版的中文图书就有几十万种，还有更多的论文，再加网络上的东西。而人的时间、精力是有限的，这样多的书和论文怎能读得过来？这就要会读书，首先是要读名著，读那些经过时间的检验、大浪淘沙后仍能留存下来的经典。除了会读，还有慢读，尤其是一些经典性的著作，一定要慢慢品味。另外还要有"漫"读（这里的"漫"是漫无目标的"漫"），有些书虽然可能不是经典，但也要知道主要内容，要看看前言后记，以便在需要时能很快地查阅。当今社会进入了读图时代、网络时代，人们都变得比较浮躁，不能安心、静心读书，而且读书都比较快，这是很不正常的。

一、不同时代的读书人

每个时代都有各自的特色，我只能根据自己生活的时代及读书的体会谈谈。

我们这代人与你们相比，可能有太多的不一样，我们这代学人（77、78、79级大学生和78、79级研究生）当年读大学时，年龄相差很大，有的已经是几个孩子的父亲或母亲，有的是在校学生（即高中未毕业）考入大学；有的已经三十好几，有的则不到18岁，还没有公民的选举权。

当年的新三级学人，有的插过队当过知青，有的当过兵，有的是工人，有的是农民，还有的是刚刚毕业或在校的中学生，可以说是40后、50后和60后在一起上课、讨论。正因为差别很大，对社会的感受和认识也不一致，再加上当时旧的制度或牢笼已经被打破，新的规章和制度还未建立，各种不同的思想可以碰撞和交流，各种沙龙式的讨论、争论很激烈。还有许多自办的刊物，虽然是学生们自掏腰包，印刷也比较粗糙，但有许多的真知灼见，就是在今天看来，还相当的震撼。

诚如中华书局原总编辑傅璇琮先生曾说："'文革'结束后最初几年，我们这些学者都有一种兴奋的心情，觉得一场噩梦已成过去，我们已经失去的太多，我们要用自己的努力追回失去的一切。而我们又相信，只要靠勤奋，我们肯定会重新获得。"

与在座的同学们相比，我们当年视为理想的信念，你们可能认为是空想。我们当年将自己的前途与国家的命运紧密结合在一起，认为我们的国家会越来越好，个人有美好的前途和未来；而你们则感到的是迷茫、无奈和无助。我们热切地关心国事，真的是家事、国事、天下事，事事关心，积极参与人民代表选举。当1981年11月中国女排以七战全胜的成绩获得世界杯赛冠军时，我们半夜去游行祝贺。我们对民主、自由的追求是那样的热烈，争相传看相关的书刊，当年看过的一些有代表性的文章、图书，乃至小说，到今天还记忆犹新。你们则进入了网络时代、读图时代，离不开电脑和手机，所获得的知识大多是碎片化的。我们当年物质上还很贫穷，但精神上却很充实，你们现在物质上比较富裕了，但精神上似乎比较匮乏。

1981年3月20日深夜，中国男子排球队在香港参加世界杯排球赛亚洲区预赛。这一场比赛中国男排打得十分艰难，在0比2落后的情况下，中国男排置之死地而后生，一连扳回了三局，反以3比2战胜了韩国队。当晚，北京大学一些学生守候在收音机旁收听比赛实况。当比赛结束后，同学们兴奋异常，奔走相告，大约有4000名学生来到楼群之间的空地上欢呼雀跃，喊出了"团结起来，振兴中华！"的口号。同学们在校园中游行，还打出了标有"团结起来，振兴中华"的横幅。

北大学生的呼喊得到了官方的肯定。1981年3月22日，《人民日报》发表新闻社记者毕靖、徐光耀采写的《"团结起来，振兴中华！"》一文，报道了北大学生的那个激情之夜。"团结起来，振兴中华"被认为是"80年代的时代最强音"。①

当然，与我们的上一代或上两代学人相比，我们又是先天不足。以前的知识人是有家学和师承的，所以他们传统文化乃至自然科学、外语的功底都比较深厚，知识全面。到了我们，则只有师承而没有家学了，老师像带徒弟一样教我们，是个体手工作坊式的培养。学生常常和老师在一起，尽可能继承和学习老师的知识和本领，即谁教的学生像谁。到了你们，可能既没有家学也没有师承了，因为现在都是统一的教学大纲和内容，缺乏个性，像机器大工业生产出的产品一样，都是一个模子里倒出来的。

每一个人的身上都深深地镌刻着他所生活的时代的烙印，在学者和政治家身上更为明显。有一句谚语很传神地描述了这一现象——一个人像他生活的时代甚于像他的父亲。

正如北大中文系原主任陈平原说："每年新生入学典礼，老教授们都说长江后浪推前浪，一代更比一代强；就我不太相信，因听了三四十年，未见北大中文系天才辈出、群星灿烂。每代人都有自己的长处，也都有自己的困惑与软肋，就看你能否扬长避短，以及气运如何。今天大学生的焦虑感，远超过我们那一代。……我们那代人，在狂风暴雨中成长，那是不得已；可也正因从小生活艰难，显得皮实，内心深处比较强悍。年轻一辈，不必整天面对飞沙走石，自然是大好事，但也须晓得，这世界既美好，有时也很丑恶。若

---

①蔡永飞：《青年人当常思"振兴中华"》，载《中国社会科学报》2011年9月8日。

过分干净、敏感、脆弱，全都是玻璃心，一碰就碎，那也太可惜了。要求大家都把你捧在手中，不断地哄，那是不可能的。"①

我们读书时，不仅书少，而且没有电脑，没有网络，更没有今天便利的检索工具，只能是一本一本、一篇一篇地读，做卡片，摘抄名句或段落。当然这样的读书很慢，但作用大，效果好，我们在本科、研究生期间读过的书和文章，有些到现在还记忆犹新，在科研教学中派上了用场。现在书多了，读书的条件也比以前好多了，有了许多现代化的手段和检索系统，但逐渐产生了"查资料"取代"读书"的倾向。正如季羡林先生所说："现在真读书的人不多，'读书'被'查资料'取而代之了。"许多博士论文"为什么没有自己的东西？因为根底浅；为什么根底浅？因为不读书"。

季先生将"查资料"与"读书"加以区别："'读书'与'查资料'首先是动机不一样。查资料目的明确，一本书、一篇文章，对我有用，它就是资料；读书是潜意识的，它只是人们在求知欲驱动下的一种精神需求。其次是方法不一样。查资料只看书中对自己有用的知识；读书时视书为一个整体，有用无用，读后自知。再就是效用不一样。查资料是一事一查，事情做完了，资料的价值便消失了；读书并非为了办事，正因为它是精神需求，人从读书中（而不是从查资料中）获得的东西会一直储存在脑子里，其效用将伴随你

---

①陈平原：《文学教育与成长经验》，载《中华读书报》2021年10月20日。

一生。"[1]

我们读书时，老师教导我们最多的并不是读书，而是做人，即首先学会做人，然后才是读书。到了 20 世纪 90 年代，浙江大学仓修良先生还这样告诫学生："做学问要先学做人，我的学生首先人品要好，正直坦荡，不计较名利。做学问可能出名，但不会有多少利可图。想以做学问来谋求名利，是行不通的。我一向奉行实力政策，治学就得坐冷板凳，潜心钻研，不浮躁，扎扎实实地写出有分量的论著，自然会得到学界的尊重。搞歪门邪道，走快捷方式，都是不会长久的，学界自有公论。"[2]中科院院士、华中理工大学原校长杨叔子教授也曾说："首先要学会做人，同时必须学会做事；以做事体现与升华做人，以做人统率与激活做事。"

每个人生活的时代不同，所遇到的问题也不同。任何体制和政策都必须放到特定的历史时期、历史条件下看，我们在赞赏 20 世纪 80 年代思想解放的潮流时，却对短缺经济和知识分子生活的窘迫深感痛心。所以说任何时代、任何政策和体制都有两面性，没有适合一切时代、所有发展水平和无条件的绝对好、绝对坏。

二、学问的有用与无用

如果我们做一个大体的分类，将人类的科学分为自然科

---

①刘西琳：《未名湖畔听季羡林说读书》，载《中华读书报》2015 年 11 月 18 日。

②鲍永军：《仓修良先生的治学精神》，《历史文献研究》总第 49 辑。

学与人文社会科学，语言文学、历史和哲学既属于基础科学，也属于人文科学，是整个科学的基础和支撑。

文史哲和数理化都是基础学科，是国家应该全力扶持的。美国哥伦比亚大学最中心的位置有一座高大、结实、漂亮的大楼，这就是文理学院大楼，里面汇集了人文类的文史哲和理科类的数理化等学科，这些学科有一个共同点：都是基础学科。其中心位置也正象征着这些基础学科在全校学科格局中的地位。同样，美国最优秀的本科生都是优先选择文理学院，研究生时再进入各应用学科，而国内最热门的首选却是经管、法学和新闻学院。①

大学培养的是精神、思想、气质、眼界、识见，尤其是喜欢读书的习惯和善于思考的能力，而不仅仅是传授某方面知识。

张维迎曾清醒地说："如果一个国家只考虑三五年的前景，它会重视技术；如果它考虑的是十年二十年，它会重视基础科学；如果考虑的是三五十年，它会重视社会科学；但如果它需要关注更漫长的未来，它就必须重视人文科学。"

与自然科学和社会科学的实证性相对的是，人文学科所关注和探讨的东西往往是"虚"的，很难在短时间内收到立竿见影的效果，但却能对人的思想和文化认同产生持久的影响。

一所世界一流大学，不仅要有一流的科学大师，同时还要有一流的人文环境和一流人文思想家。这一点也许是我们

---

① 刘石：《分类与排序》，载《中华读书报》2012年11月7日第3版。

许多以理工科为主的一流大学要发展文科的一个重要原因。所以说一所大学最具吸引力的就是两个：一是有一个好的图书馆，图书馆里有各种各样可供阅读和查阅的书刊；另外是有一批知识渊博的老师，可以随时请益。所以同学们到了大学，就要利用好图书馆，要多向老师们请教。

华中理工大学原校长杨叔子教授曾说："一个国家、一个民族，没有现代科学，没有先进技术，就是落后，一打就垮；然而，一个国家、一个民族，没有民族传统，没有人文文化，就会异化，不打自垮。"①

1909年，王国维在京师图书馆做编辑，为《国学丛刊》起草宣言，倡言："今之言学者，有新旧之争，有中西之争，有有用之学与无用之学之争。余正告天下曰：学无新旧也，无中西也，无有用无用也。凡立此名者，均不学之徒，即学焉而未尝知学者也。"不仅如此，他还说："学术是目的，不是手段。"同样，严复在为《涵芬楼古今文钞》作序时，也一再强调一种纯学术的立场。他说，做学问的目的就在学术本身，学术以外没有也不应该有目的。

1927年2月，正在美国学习的梁思成给父亲梁启超写信，就自己和弟弟梁思永所学专业（分别是建筑史学与考古人类学）对于国家民族进步到底是"有用"还是"无用"进行询问。对此，梁启超做了斩钉截铁的回答："这个问题很容易解答。试问，唐开元天宝年间李白、杜甫与姚崇、宋璟

---

①夏静等：《做工科事、怀人文情"大先生"——追忆中国科学院院士、著名教育家杨叔子》，《光明日报》2022年11月7日第12版。

比较，其贡献于国家者孰多？为中国文化史及全人类文化史起见，姚、宋之有无，算不得什么事。若没有了李、杜，试问，历史会减色多少呢？"[1]

英国首相丘吉尔的名言："我宁愿失去一个印度，也不愿失去一个莎士比亚。"我们还不妨记住拿破仑的一个命令，让将军和士兵走在两侧，让学者和驮书的驴子走在队伍中间。[2]

学术是超越利害，纯粹求知而非实用的。所以，韩愈说："勿诱于势利，勿望其速成。"同样，英国著名历史学家汤因比也说："在进行科学研究时，如将其自身作为目的来追求而不带有任何功利企图，往往会有意想不到的种种新的发现。"晚清思想家魏源曾说："学术之敝乃敝于利禄。"这话在今天显得尤为迫切。学术应与社会保持一定距离，不迎合、不媚俗，更不能简单以功利计。

教育史家刘海峰先生将大学老师尤其是研究型大学中的教师分成五种类型：第一种是以学术为乐业，第二种是以学术为志业，第三个层次是以学术为事业，第四种是以学术为职业，第五个层次是以学术为苦业。如果再简单一些，我们可以将学者分为三类：第一类，将学术视为生命，除了学术再不会干其他的，他的一生可以说就是为学术而生的。第二类，将学术作为职业，在此岗位就干这个岗位的事，转换了岗位或退休了，就不干了。第三类，将学术作为谋生的手段

---

① 史飞翔：《学术的作用》，载《光明日报》2012年7月11日第12版。
② 李贯通：《滋养一座城市的盛宴》，载《中华读书报》2015年10月28日。

或获取功名利禄的阶梯。

把学问当成毕生奋斗的事业，就会时时意气风发、意趣盎然；把学问当成谋生的饭碗，就会处处心猿意马、步履蹒跚。学术是件清心寡欲、清静无为的事情，过多地掺杂其他因素非但毫无裨益，而且适得其反。①

人文学科往往留给从事研究的学者较大的阐释和发展空间。不管多么权威的学者所发表的观点只能是一家之言，所能产生的作用很大程度上就体现在他们的影响力上。因此用影响力来考察人文学者的地位就在学界形成了一种共识。

三、应该搞清历史的真相

对历史学家来说，有责任把人物的原貌和事件的真相尽可能准确、完整地向读者讲清楚。说"尽可能"，是因为受史料的局限，有些人物和事件无法核实，难以恢复事实真相，只能根据掌握的史料做出推断。历史不是自然科学，不能通过公式计算获得精确的数据和结论，对人物和事件的叙述，对动机和起因的推论，对结果和影响的分析，都需要做出主观的评判。有些学者倒果为因，先设论点，再找论据；有些学者，为了推倒他人的成论，也挖掘史料以支撑自己的观点，这就涉及史家的指导思想和治学态度问题。②

历史学界有一个古老的传说，即胡适曾说过，历史是个

① 刘利民：《翁独健：光风霁月君独健》，载《中国社会科学报》2011年3月17日第17版。

② 范福潮：《史家的良知与责任》，载《南方周末》2013年1月10日。

任人打扮的女孩子。而据谢泳《胡适没有说过这样的话》（《杂书过眼录》，中国工人出版社，2004 年）和胡文辉《关于"历史实在是一个很服从的女孩子"——伪造证据一例》（载《东方早报》2010 年 6 月 20 日）指出，这其实是以讹传讹，这句话出自胡适写于 1919 年的《实验主义》，但意思却与胡适的原意相反。胡适的这篇讲演稿最初发表在《新青年》上，是在介绍詹姆士的实在论哲学思想时说的，其本是评述詹姆士的实用主义哲学。原话是：

> 实在是我们自己改造过的实在。这个实在里面含有无数人造的分子。实在是一个很服从的女孩子，她百依百顺地由我们替她涂抹起来，装扮起来。好比一块大理石到了我们的手里，由我们雕成什么像。

这里的"实在"，即 Reality——胡适这些话根本与历史问题无关。

胡适的这句话是怎么被扭曲并传开的呢？目前还没有更准确的证据。据谢泳推测，可能是出自冯友兰写于批判胡适运动时的文章《哲学史与政治——论胡适哲学史工作和他底反动的政治路线底联系》[1]，冯是这样说的：

> 实用主义者的胡适，本来认为历史是可以随便摆弄

---

[1]《胡适思想批判·论文汇编》第六辑，生活·读书·新知三联书店，1955 年。

的。历史像个"千依百顺的女孩子",是可以随便装扮涂抹的。他底中国哲学史工作,就是随便装扮涂抹中国哲学史,以反抗中国革命形势底发展,为帝国主义服务。

据胡文辉补充,《哲学研究》编辑部编的《中国哲学史文集》中,哲学史专家方立天的《评"四人帮"在中国哲学史方法上的实用主义》一文有这样几句:"四人帮"信奉历史"实在是一个很服从的女孩子,她百依百顺的由我们替她涂抹起来,装扮起来"(《胡适文存》一集卷二)、"没有高远的想象力,不能构造历史的系统"(同上书二集卷二)的实用主义历史观。[①]

在当时的历史背景下,将"四人帮"与胡适绑在一块批判是可以理解的,但作者煞有介事地说明出处,以示严谨,却将作为哲学名词的"实在"有意曲解为副词来使用,可以说很巧妙,也很恶劣。

此书还有一篇署名齐岩的《评梁效某顾问古为帮用的史学方法论》说道:

> 实用主义者胡适有一句臭名昭著的话,就是把历史比做任人打扮、百依百顺的女孩子,否认有客观真实的历史。某顾问也认为没有客观的历史,只有"写的历史"……所以他认为"研究历史,特别是研究古代史,

---

①《哲学研究》编辑部编:《中国哲学史文集》,吉林人民出版社,1979年,第361页。

真是好玩，就是那么些材料，你可以随便给他解释，差不多你愿意怎么说，就怎么说"（《四十年的回顾》）这同胡适历史是任人打扮的女孩子的说法完全是一样的。（第380页）

此文所批判的对象，一望可知是冯友兰。这样，冯先生曾用来批判胡适的方法，别人也同样用来批判他了。

另外，刘家和先生关于黑格尔一段话的探索过程很有启发性。刘家和先生是中外兼通的史学大家，早在1959年，他就阅读了黑格尔的名著《历史哲学》。其中有这样一段话："人们惯以历史经验的教训，特别介绍给各君主、各政治家、各民族国家。但是经验和历史所昭示我们的，却是各民族和各政府没有从历史方面学到什么，也没有依据历史上演绎出来的法则行事。"刘家和先生觉得黑格尔这一段话虽然说得机警锋利，但是仔细分析是有问题的。

黑格尔说，历史的经验可以给予人们以教训，但又说从来没有人从中得到过任何教训。这句话看起来好像谈得很深刻，但实际上它本身就是一个悖论。如果肯定前面的主句，即历史经验是给了我们教训的，黑格尔也承认了这一点；这样，断言从来就没有人从中学到任何教训的后一句就不能成立了。反过来说，如果副句的判断成立，那么主句就又不能成立了。这是一种自我矛盾。

刘先生便怀疑这一矛盾是不是由于翻译的问题造成的，于是就找英文版的《历史哲学》来对照。1960年前后又看了黑格尔的《小逻辑》，后来又读了黑格尔的哲学史，但有些问题还是不懂。20世纪80年代中期以后，刘先生复印了《历史哲学》的英文版，发现英文版中他所怀疑的那句话和当时的中文译本是一致的。对此他还是放心不下，觉得这里还是有问题。

到20世纪90年代时，刘先生找到德文版。他根据德文版的文字来校对英文版的这句话，发现英文版有的地方译错了。英文版说"也没有依据历史上演绎出来的法则行事"，而在德文版中，黑格尔是用虚拟的语气说：就算是有演绎出来的规律，也没有按照其行事。他反复地对照了几遍，还把这句话放到黑格尔《历史哲学》的整个一章来看，以及《小逻辑》提供的思想背景来看这个问题，发现黑格尔认为历史规律没有逻辑规律那么严格。比如A大于B，B大于C，则A大于C。这是永远正确的。但历史有没有这种规律？历史的规律永远是历史的。①

从这两个事例中可知，任何事情要符合常识。如果不符合常识，就要多问几个为什么？不能迷信权威、专家、领导或书本。

胡适说："做学问要在不疑处有疑，待人要在有疑处不疑。"胡适还说，有一分材料说一分话，有七分材料不说八分话。

可见，历史学的主要任务是探求真相。目前，历史学的许多方面，不论是中国史还是世界史，不论是古代史还是近

---

①邹兆辰：《刘家和谈应对黑格尔的挑战》，载《中国社会科学报》2017年4月17日第8版。

现代史都还有很多方面的真相等待我们去探索。

四、要注重学习与思考的方法

可以说史无定法，每个人可根据自己的实际情况，总结出适合自己的方法。同学们有时间的话，我希望大家去看看20世纪80至90年代的《文史知识》，每期前面的"治学之道"栏目，都有文史大家的治学经验，如果同学们认真学习的话，可从中总结出适合自己的方法，也可以看看以下的几本书：

1. 严耕望：《治史三书》，辽宁教育出版社，1998年版（还有几个版本）；

2. 胡适：《读书与治学》，三联书店，1999年版；

3. 钱穆：《中国历史研究法》，三联书店，2001年版；

4. 何兆武：《上学记》，三联书店，2006年版；

5. 李剑鸣：《历史学家的修养和技艺》，上海三联书店，2007年版；

6. 周勋初、余历雄：《师门问学录》，凤凰出版社，2004年版。

在学术道路上，如何理解导师的指导作用与学生的主动性学习，是需要认真思考的。导师的指引当然非常珍贵，犹如荒漠甘泉、黑夜明灯。但学问说到底又纯粹是个人的积累、探索与发现。老师的指导只是他的心得，未必适合每一个学生。当学生在研究新课题、探索新问题时，又会遇到许多新的麻烦，那就要看各自的才分、毅力与悟性了。[1]

我们的文化始终贯穿着这样一种思想：课本上的准没错，为人师者也没错。这种观念固化了老师的思维，久而久之，老师也就无法承受来自学生的挑战。

"教室是出错的地方"，也就是说，老师也可以出错，因为谁都不是完人。进而言之，只有允许老师出错、宽容老师的缺点，老师才会从容地将正在从事的最前沿的探索讲给学生。[2]

从别人的著作和方法中要总结、找出一个适合自己的方法。如穿鞋，你是为了让别人觉得好看，还是为了自己穿得舒服？有些别人认为好看的鞋子，可能并不适合你，你自己穿了并不舒服；有些别人觉得不怎么好看的鞋子，可能恰好适合你，自己穿得也很舒服。另如婚姻，别人看来很般配的一对，他们自己的生活可能并不幸福。相反，别人感觉不般配的，他们自己却生活得很幸福。

一个人要取得成绩，就要有机遇、天赋、汗水，再加上品位。每个人的具体情况，如天赋、记忆力不同，用功的程度也千差万别。有些人可能一辈子都遇不到好的机遇，有些人可能遇到机遇却抓不住机遇。可以说，机遇是给有准备的人的，如果你没有准备，就是有了好的机遇，你也无法把握。

学习的方法千差万别，各不相同。有些大家习以为常的问题，如果转换一个视角，可能会取得意想不到的效果，正

---

①陈尚君：《金针得度后的举一反三》，载《中国社会科学报》2014年7月16日B5版。

②魏得胜：《教室是出错的地方》，载《南方周末》2007年1月4日B14版。

所谓"横看成岭侧成峰，远近高低各不同"。如2009年10月2日，在第31届奥运会申办城市进行最后陈述的关键时刻，巴西的里约热内卢申奥主席努兹曼向国际奥委会的执委们展示了一张特殊的"地图"。在这张"地图"上，欧洲版图标有圆点30个，亚洲版图标有5个，大洋洲2个，北美洲12个（其中包括美国的8个），而南美洲一个都没有。对于这些圆点，努兹曼这样解释："这些圆点象征着举办过奥运会的地点，如果这次里约热内卢获胜，就意味着奥运大家庭又将消灭一个盲区，南美洲也将因举办奥运会而变得更加完整，请给这个新大洲打开一扇门吧！"

这张地图除了说明南美洲国家没有举办过奥运会外，还在贴近奥运会求新求变理念的同时，直指另外三座申办城市——芝加哥、东京、马德里的要害，它们都曾举办过奥运会，有的还不止一次。这张地图无形中使评委们的投票倾向于里约热内卢。

做学问，要学会改换视角来看待一件事情、一个问题。举个例子，我们现在都在赞美高尚，提倡奉献，但在春秋战国时代，鲁国有这样一条规定：凡是鲁国人到其他诸侯国去旅行，看到有鲁国人沦为奴隶时，可以自己先垫钱把他赎回来，待回鲁国后再到官府去报销。官府除了用国库的钱支付赎金外，还给予这个人一定的奖励。一次，孔子有一个弟子到其他诸侯国去，恰好碰到有一个鲁国人在那里做奴隶，就掏钱赎出了他。回来之后，这个弟子既没有到处张扬，也没有到官府去报销所垫付的赎金和领取奖励。可是，那个被孔子弟子赎回的人，却把这个情况讲给别人听，人们都称赞孔子这个弟子仗义，人格高尚。一时间，街头巷尾都把这件事当作美谈。谁知，孔子知道后，不但没有表扬这个弟子，反而对他进行了严厉批评。

鲁迅曾说过："道德这事，必须普遍，人人应做，人人能行，又于自他两利，才有存在的价值。"孔子的这个弟子没有到官府去报销赎金与领取奖励，被人们称赞为"高尚"，那么到官府去报销赎金与领取奖励的人，就会被人们认为不"高尚"。久而久之，又有谁会主动去做这样的事呢？①

一个人从不同的视角看不同的事物，会有不同的结果。这既是一个人的独到之处，又是一个人的狭隘之处，既可以使人发现真理，同时又告诉人真理是有局限的。

五、学术研究要坚持真理

说到坚持真理，大家可能觉得很容易，根本不是问题。但在我们的现实社会中，"皇帝的新衣"还会出现，赵高"指鹿为马"的土壤仍然存在。就是在学术研究中，坚持真理可能还会付出很大的代价。

在《外国史知识》1981年第4期上，有一篇"本刊专访"，题目就是《诲人不倦的吴廷璆教授》。在这篇专访的后面有一段话，很值得引起注意：

---

①金新：《孔子为何批评弟子的"高尚"？》，载《南方周末》2007年1月4日B14版。

吴先生还讲了日本史学界近来发生的一件事情：日本有一部很有名的《三经义疏》，历来公认为是公元六、七世纪间日本圣德太子所写。有一位名叫藤枝晃的京都大学老教授在研究我国敦煌写经钞本中发现这三部佛经中的《胜鬘经》义疏原来是魏晋时代中国人所写，因此证明《三经义疏》根本不是圣德太子的著作。藤枝晃教授这种实事求是的学风引起了日本学术界的震动。

周一良先生在《敦煌写经与日本圣德太子——纪念藤枝晃先生》（载《读书》2000年第11期）一文中谈了藤枝晃的敦煌学研究：

我这里要纪念的是藤枝晃先生为了捍卫学术尊严，与强大的政治势力、文化成见做斗争的精神。圣德太子（574—622）是日本历史上的著名人物，日本史上一些进步的典章文物、文化思想等都追溯到圣德太子那里。《圣德太子集》中包括《三经义疏》等等。藤枝先生在敦煌写本里发现了《法华经》、《胜鬘经》等等的注释。他将敦煌写本《胜鬘经》与圣德太子的注疏对比后发现，所谓圣德太子注的百分之八十与敦煌写本相同。藤枝先生的结论是，圣德太子的注疏是根据敦煌写本所抄的注写出来的。

在《胜鬘经义疏》卷一所贴标题是："此是大倭国上宫王私集，非海彼本。"注明"非海彼本"就是说不是从中国来的。《法华经义疏》也有同样的几个字。然而藤枝先生说，仔细观察《义疏》所用的纸厚零点零一毫米，是隋朝的纸；而贴上去的用做标题的却是很厚的，是奈良时期的麻纸。"法华义疏……"等字的笔体也是奈良时期的。在天平十九年（747）以前的记载中，只是说《法华经》、《胜鬘经》、《维摩经》等《三经义疏》七卷，而没有说是圣德太子的著述；到了天平十九年的《法隆寺资财帐》里，才开始说是"上宫王作"，即圣德太子的著作。明治年间，法隆寺又把这些写本和圣德太子的画像一起献给了皇室。

在日本学术界，东京大学教授花山信胜先生认为，画像是圣德太子本人的画像，这些经疏也是圣德太子本人的东西。四天王寺女子大学教授金治勇、东京大学名誉教授中村元、东京大学名誉教授高崎直道等也主张《胜鬘经》的注是圣德太子所作。曾经写过《圣德太子》的原东京大学教授坂本太郎先生还这样说："我是旧式的人，所以有损圣德太子名誉的事情，我听了是非常不愉快的。"

总而言之，藤枝先生把敦煌写本与圣德太子的《胜鬘经义疏》对比研究之后，认为它根本不是圣德太子的著作，写本就是从中国输入的。所谓"非海彼本"是"此地无银三百两"。

关于圣德太子画像的问题，藤枝认为，这幅画像的周围是黑色涂过的，在黑颜色的底下明明有"川原寺藏"几个字样；而这个川原寺当时是唐朝归化人所建的庙。这样看来，这个像是唐朝来的归化人的画像，可能是中国的贵族，而不可能是圣德太子。如果是圣德太子画自己的像的话，他应该采用自己所定官位十二阶的服装，而不应穿着唐朝的衣服来画像。这个画像从川原寺转到了法隆寺，而法隆寺把它定成了圣德太子的像。

这样，藤枝先生利用他的"敦煌学"知识，揭穿了一千二百年来被认为是圣德太子天才著作的《胜鬘经义疏》，实际是从中国输入的经卷；被认为是圣德太子的遗像，实际是唐朝贵族的像。藤枝先生敢冒日本全国之大不韪，坚持真理，他的学术良心和独立自由的治学精神，不是很值得我们纪念和学习吗？我们今天不是还有许多学者，明明知道不是事实还在那里当做历史来宣传吗？

2020年10月7日诺贝尔化学奖揭晓，法国科学家埃玛纽埃勒·卡彭特和美国科学家珍妮弗·安妮·杜德娜获奖，以表彰她们"开发了一种基因组编辑的方法"。张义国教授说："改变科学世界的只有两种人：第一种是大胆颠覆的'疯子'，另一种就是执着耕耘的'傻子'。"饶毅在朋友圈里写了一副对联：独到的原创比紧密的竞争更优雅，发现和发明较发表和展示更重要。

历史学家田余庆先生经常向我们提及的是做学问不可媚上，不可趋俗；史学工作者要关心政治，但所做学问不可与政治拉得太近，更不可根据某种需要，拿历史与现实妄加比附，歪曲史实。晚年的他是这么说的，更是这么做的，"华而不实之作，无独立见解之作，无思想内容之作，趋俗猎奇之作"，都不去考虑。他心无旁骛，潜心研究，淡定人生，一心学问。①

六、如何看待学术大师？

我们这一代学人，由于受教育的局限，从读大学或研究生开始就已经有了比较明确的专业划分。也就是说知识比较单一，没有出现大师级的学者，或者说我们现在是一个没有大师的时代，也可以说我们正处在一个培养不出来大师的时代。因为没有大师，没有权威，所以行政的力量就占了主导，我们现在的许多教授、专家不是干出来的，而是评出来的，如院士、长江学者、万人计划，等等，而评的方法是否科学，只有天知道。

徐风《大师在哪里》②中说："可以称为大师的人，一是要有深厚的国学基础，他必须对中国传统文化有深刻理解与把握；二是他必须对本专业以及毗邻的学术潮流具有广博的认知和自己的深入思考，并且有自己的专著专论；三是他必须有一定数量的独创且能传世的作品，这些作品具有承先启后、继往开来的意义，能形成一个流派并经受住时间的考验，能引领、造就、培养一支人才队伍，成为影响一代人的经典。"

---

① 林被甸：《田余庆先生的治学之路》，载《东方早报·上海书评》2015年12月21日。

② 徐风：《大师在哪里》，载《中华读书报》2011年3月9日第3版。

当年陈寅恪既没有论文和专著，也没有博士或硕士文凭，而被聘为清华国学研究院导师，唐长孺靠一篇没有发表的《唐书兵志笺证》被评为教授。为什么过去凭几篇论文就可以评上教授而现在不行？因为过去学术水平的高低自有公论，一篇优秀的论文可以胜过几部无用的专著。学术上的少数重要发明远胜于数量庞大的重复研究——前者对学术发展起了推动作用，后者只是资源的浪费。学术的评价标准是什么？显然是水平的高低而不是数量的多少，但水平的高低谁说了算？在学术权威已经流失的今天，没有人说了算，那么量化考核就自然大行其道了。

因为没有了人品高尚、处事公正的学术权威，我们就无法评定某甲的一与某乙的一，哪一个分量更重，就只能退而求其次了，即肯定某甲的二胜过某乙的一。这样一来，当然是简单易行了，可结果是某乙再也不去追求高精尖的一，而宁愿去追求粗制滥造的二三四五了。[1]现在，除了追求数量外，更主要的是看刊物的级别，由刊物的主办单位来决定论文的水平和价值高低，用这些看得见、摸得着的指标代替了学术的评判。

1929年2月2日，胡适在梁启超病故后于日记中记道："任公才高而得有系统的训练，好学而不得良师益友，入世太早，成名太速，自任太多，故他的影响甚大而自身的成就甚微。近几日我追想他一生著作最可传世不朽者何在，颇难指名一篇一书。"因而有传闻在北京时，梁启超来看望，胡

①周振鹤：《评教授为什么用量化标准》，《南方周末》2009年2月5日。

只送到房门口，王国维来则送至大门口。①

一般人都是根据名气而非学问来衡量学者的地位，重耳学而轻眼学，重名贱实，重远贱近，学术界也鲜有例外。

梁文道曾说：我担心的问题还不是中国出不出得了大师；而是就算真有，我们也不知道他的存在。说一个人是大师，谁说了算呢？我们谁都信不过。②陈平原也说：中国学界不断有人呼吁"原创性贡献""世界级大师"，可真的有大师出现，我们能及时辨认、崇敬且给予表彰吗？当年鲁迅曾讥笑留学生漫天塞地以来，《儒林外史》因不合西方的"文学概论"，好像就显得不永久也不伟大了。鲁迅不无愤慨地称："伟大也要有人懂。"（《鲁迅全集》第六卷，第228页）。大家都是同事，抬头不见低头见，若真的有人脱颖而出，取得令世界瞩目的成果，我们如何面对？③

一个人想平庸，阻拦者很少；一个人想出众，阻拦者很多。不少平庸者与周围的人关系融洽，不少出众者与周围的人关系紧张。

有人的地方就有是非，所谓"人言可畏"者。如何看待他人对自己的议论和评价呢？哲学家杨耕的回答是："我不太在乎别人对我的议论、评价。如果别人说的的确是我的缺点，我努力改正就是了；如果别人说的不是我的缺点甚至是

①胡颂平编著：《胡适之先生晚年谈话录》，新星出版社，2006年，第79—80页。

②梁文道：《你怎么知道他是大师》，载《南方周末》2009年7月16日。

③陈平原：《传道授业的责任与魅力——追怀王力、朱德熙、林焘、徐通锵四位先生》，载《中华读书报》2008年11月26日第5版。

'恶毒攻击'时，我也不在乎，因为这不是我的过错。"杨耕非常喜欢但丁的格言，走自己的路，让别人说去吧！套用现在时髦的话来说，就是"我就是我"。"所以，当我被别人误解时，一般不去解释，因为对明白人，你不解释他也明白；而对不明白的人，你越解释他越不明白。在我看来，随着时间的推移，尘埃会落定，而'公道自在人心'。"[①]

马克思说过这样一句话："人要学会走路，就要经过摔跤，而且只有经过摔跤，才能学会走路。"这句话很朴实，也很深刻，充满着辩证法。国外一句箴言，即"一个成功的人善于把别人扔向他的砖头砌成他的事业的基础"。

《荀子·劝学篇》云："古之学者为己，今之学者为人。"何谓为人，即读书为了给别人看，得到吹捧，尤其是为了得名得利。何谓为己，即"读书不肯为人忙"，而是为了自己获得知识、修身养性、陶冶情操。

（说明：这篇小文是为研究生讲座的讲稿，是在不同阶段讲的，每次讲座都会有增补和修改，也是断断续续写成，由于记录不完整，有些论点和材料的出处可能未能注明，特此说明）

[①]桂琳：《杨耕：与哲学连成一体》，载《中华读书报》2010年3月31日7版。

陈寅恪为何辞谢历史二所所长

1995年，生活·读书·新知三联书店出版陆键东《陈寅恪的最后20年》，公布了陈寅恪《对科学院的答复》，将1953年中央决定请陈寅恪担任历史研究所第二所所长、汪篯赴命南下、汪篯出言不慎引起陈寅恪反感并拒绝北上担任所长之事公之于众。书中讲述陈寅恪提出担任所长的条件，将陈寅恪"独立之精神、自由之思想"的名言演绎得非常充分。《陈寅恪的最后20年》在当年引发阅读热潮，也使陈寅恪进入了公众视野，在当代阅读史上的地位无可置疑。但时间过去近三十年，关于晚年陈寅恪，有很多新材料公布，《陈寅恪的最后20年》一书中的若干论述，有可能、也有必要做出细化、深化，甚或重述、修

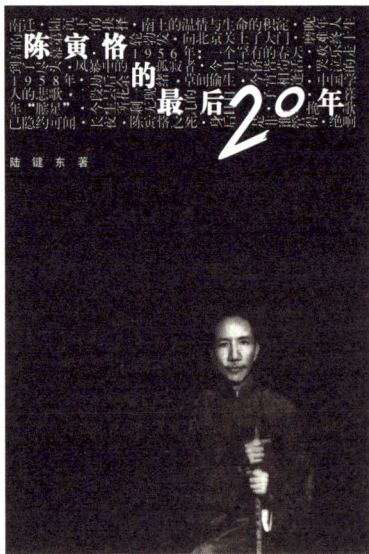

《陈寅恪的最后20年》封面

正——陈寅恪辞谢历史二所所长一事，就是其中一个显例。

一

1953年，中央决定设立历史问题研究委员会，责成中央宣传部提出委员会组成人员名单。1953年7月26日，中宣部提出委员会的名单上报，共11人，"陈伯达、郭沫若、范文澜、吴玉章、胡绳、杜国庠（现在广州）、吕振羽（现在沈阳）、翦伯赞、侯外庐（现在西安）、刘大年、尹达（人民大学）"。经毛泽东审议，8月5日，中央批准

刘大年先生文章：《〈历史研究〉的创刊与"百家争鸣"方针的提出》

了这个名单。"毛泽东的批语，指定陈伯达担任委员会主任。在'吕振羽（现在沈阳）'项下，改'沈阳'为'长春'，显然他看得比较仔细，对人员情况了解准确。吕振羽这时担任东北人民大学校长，校址在长春，不在沈阳。"①

————————

①刘大年：《〈历史研究〉的创刊与"百家争鸣"方针的提出》，《历史研究》1986年第4期，第5—6页。

历史研究委员会的工作，就从增设历史研究所、办刊物等做起。蔡美彪先生说：原来中国科学院只有一个历史研究所，就是近代史研究所，由范文澜担任所长。后来决定扩大，成立三个研究所，即历史第一所研究先秦历史，由郭沫若院长兼任所长；近代史所改为第三所；第二所研究秦汉以后明清以前的历史，中央议定请陈寅恪当所长。请陈寅恪的事"交给范文澜办，他是中央历史工作指导委员会的成员，也是科学院党组的成员。筹备一所、二所都由郭沫若和范文澜经办"。当时郭和范不能自己去请陈寅恪，"就想到了北京大学的副教授汪篯，因为他是陈寅恪的研究生，解放后刚刚入党，他是党员、又是陈先生的学生，由他去讲党的政策比较方便"。[①]

说到汪篯，就不能不讲讲他与陈寅恪的关系。汪篯与王永兴是同班同学，他们既是陈寅恪先生指导的研究生，又曾任陈先生的助手。1939年秋，在昆明的北大恢复了文科研究所，主要是进行学术研究并指导研究生，由傅斯年和郑天挺主持工作，陈寅恪被聘为文科研究所导师。

陈寅恪先生原计划"1939年夏去香港候船赴英讲学。因正值欧战爆发，未能成行，乃于是年10月20日回到昆明。是时研究所汪篯、王永兴两先生已投入其门下，在陈老指导下进行隋唐史之研究"，"陈老是汪篯及王永兴两人的主任导

① 王维江采访整理：《"不是治学方法问题"——蔡美彪访谈》（以下简称《蔡美彪访谈》），《史林》2013年增刊（总第143期），第120页。

作者与程喜霖先生在王永兴先生（前右）书房

师，郑（天挺）先生亦以导师名义协助指导"。[1]陈寅恪于1940年6月17日离开昆明，到香港后又木能赴英国，就在香港大学任教。

1946年暑假后，西南联大解散，原北大、清华、南开复员，陈寅恪又回到清华大学任教。此时，由于陈先生眼疾严重，需要助手，就于10月30日给北大史学系主任郑天挺写

———————

[1]郑克晟：《陈寅恪与郑天挺》，载胡守为主编《陈寅恪与二十世纪中国学术》，浙江人民出版社，2000年，第746、747页。

信，提出"暂请北京大学研究助教王永兴君"来"助理教学工作"。王永兴由此而回清华任教。当时陈寅恪的另一学生汪篯在吉林长白师院任教，他由于不适应东北严寒，曾多次给郑天挺写信，希望仍回北大教书。"现在，郑先生为感谢陈老对北大文科研究所的情谊，又为照顾先生的身体，遂想方设法将汪先生于1947年调回北京大学，担任史学系教师，而做清华大学陈先生的研究助手，薪金待遇全部由北大支给。"①

正是因为汪篯与陈寅恪有这样密切的师生情谊，郭沫若就给陈寅恪写了一封信，"汪篯拿着信，就去广州找陈寅恪了"（《蔡美彪访谈》第120页）。还有一说，即汪篯"是自告奋勇主动要去的，自以为有把握把先生请来北京，结果是苦笑着说没想到碰了壁。"②汪篯当时是一位37岁充满理想的青年教师，那时他刚入党，非常激进，"汪篯见到陈寅恪，第一天谈得还比较好，后来陈寅恪就问他：'你们请我当所长，对我的著作有什么看法？'"汪篯就对陈先生著作评论起来，他"跟陈寅恪讲，我们主张历史研究要为政治服务，要用马克思主义作指导，按照马克思主义的观点，您研究唐代关陇集团，应该做阶级分析等等。""这下把陈先生讲火了，说既然这样，为什么还要我当所长？！"（《蔡美彪访谈》第120—121页）

①郑克晟：《陈寅恪与郑天挺》，载胡守为主编：《陈寅恪与二十世纪中国学术》，第748页。

②胡戟：《试述陈寅恪先生对士族等问题的开拓性研究——附言：被"逐出师门"后的汪篯先生》，胡守为主编《陈寅恪与二十世纪中国学术》，第38—39页。

陈寅恪先生与汪篯第一次谈话后就不再见他，后来陈师母给他说："您不见他不行，他是中央派来的，总得给个回话。""这么一劝，陈先生才在汪篯临走前做了一次谈话。"这一次谈话的时间是12月1日，陈先生比较心平气和，虽然还有气，但冷静一点了，不那么火了。据《陈寅恪的最后20年》所引汪篯的记录："他主要讲了两层意思：'我不反对现政权，我拥护现政权，我在德国学过马克思主义，我也知道马克思主义，我一向主张研究不要介入政治，如果叫我当所长，一个研究所，不能只讲马克思主义，不能马克思主义一家独尊，应该有开放的自由。'""后来一传，这话就传成了'第一不准讲政治，第二不准讲马克思'，这就有出入了。"（《蔡美彪访谈》第121页）就是在这次谈话中，陈寅恪口述了一篇文字，这就是大家现在熟知的《对科学院的答复》（《陈寅恪的最后20年》第109—111页）。

　　12月1日陈寅恪与汪篯的谈话内容及陈寅恪《对科学院的答复》，12月3日北京方面还不知道，所以当天的科学院常务会议还专门讨论了"历史所人选，上古史所郭院长兼，尹达为副；中古史所陈寅恪为所长，向达和侯外庐为副；刘人年为近代史所副所长"。[1]

　　当汪篯离开广州后，陈寅恪就立即将自己的不满告知了北京的朋友。12月6日，向达致郑天挺的信说（《陈寅恪与二十世纪中国学术》第750页）：

---

①《竺可桢日记Ⅲ（1950—1956）》，科学出版社，1989年，第399页。

毅生先生左右：

　　上月科学院派汪篯去广州，邀请寅恪先生北上。不料汪君抵粤后语言不慎，以致寅恪先生大怒，血压增高。最近致书锡予（汤用彤）、心恒（邵循正）、（周）一良先生及弟，痛斥汪君，大发牢骚，其致弟及一良函末，并属将情形特告先生（指郑），而陈师母另函又谓不必将函转陈。锡予先生亦同此意，谓如此可以不致广为宣扬，云云。其实陈先生致汤、邵、周及弟共二函，俱已原件交科学院矣。用陈梗概，尚祈察鉴，幸甚！幸甚！敬颂

　　道安！

弟向达谨上　十二月六日

　　汪篯是12月1日与陈寅恪先生最后长谈的，仅仅过了5天，北京的朋友们就收到了陈先生和陈帅母的信，向达还将此信息写信告诉了在天津的郑天挺先生，说明当时信函的递达还是很畅通和迅速的。

　　从向达先生的信中可知，"汪君抵粤后语言不慎"，确是陈寅恪拒绝北上出任所长的原因之一。

　　据蔡美彪先生回忆："陈寅恪晚年有两个知心朋友，一是吴宓，一是向达。向先生在一次会议吃饭的时候对我说：'汪篯把事情办砸了。我接到陈先生的信，说是年逾花甲，乃遭逢蒙之射。'年过六十，被学生射了一箭。陈寅恪用这个比喻，说明他确实很不满，汪篯对他的自尊心伤害得太厉害了。"（《蔡美彪访谈》第121页）

二

可以说，陈寅恪先生未能北上担任历史二所所长，原因很多，并不完全是不与新政权合作。因为随后陈寅恪答应担任《历史研究》编委。

据中国社会科学院学部委员、历史研究所前所长林甘泉先生记述：《历史研究》创刊时"编委会由17位史学家组成，其中既有在国内外享有盛誉的史学大师如陈垣、陈寅恪、汤用彤等，也有几位在当时史学界已经很有影响力的中年学者；既有共产党员，也有非党员。创刊号印出的编委名单，陈寅恪列名其中，是不是得到陈寅恪的同意，这是许多人关心的问题"。林先生指出，陈寅恪1954年1

《史林》2013增刊封面

《"不是治学方法问题"——蔡美彪访谈》书影

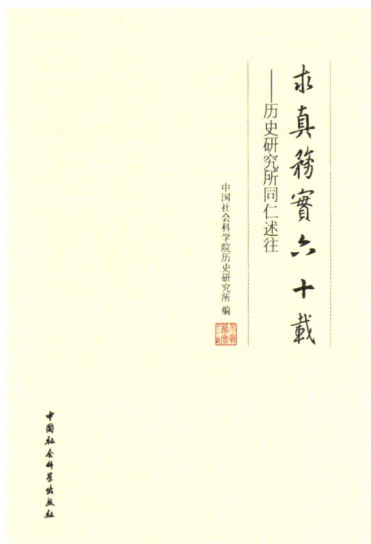
《求真务实六十载》封面

月23日致郭沫若的一封信中写有"一九五四年一月十六日手示敬悉。尊意殷拳，自当勉副"字句，判断这是陈寅恪对郭沫若邀请他担任《历史研究》编委的答复。郭沫若1954年1月16日致陈寅恪的信，是在陈寅恪拒绝担任历史二所所长之后发出的。这时《历史研究》编委会的名单中央已经批准，其中就有陈寅恪。这个名单要在1954年2月份出版的《历史研究》创刊号上刊载，所以郭沫若赶在创刊号出版之前给陈寅恪写信，告知他被邀请为编委的消息。陈寅恪随即在1月23日复信表示"自当勉副"，"表示同意担任编委，语气是相当诚挚的"。①

林甘泉先生强调：郭沫若与陈寅恪1954年1月份来往的两封信，"是在汪篯已经回到北京并带回陈寅恪拒绝担任历史二所所长的答复之后，这一点很重要"。陈寅恪在给科学院的《答复》中说："我提出的条件，科学院接受也不好，不接受也不好。两难。我在广州很安静，做我的研究工作，

---

①林甘泉：《在〈历史研究〉创刊初期的日子里》，中国社会科学院历史研究所编：《求真务实六十载：历史研究所同仁述往》，中国社会科学出版社，2014年，第3—4页。

无此两难。去北京则有此两难。动也有困难。我自己身体不好，患高血压。"林甘泉认为，"这是陈寅恪认真而坦率的实话，其中固然有对共产党缺乏了解的偏见"，但陆键东在《陈寅恪的最后20年》一书中说：这是陈寅恪"向北京最后关上了大门，关闭之严密，没有留下一丝余地"，"这种没有根据的说法，是对陈寅恪形象的极大歪曲"，"完全是无稽之谈"。

蔡美彪先生也有大致相同的看法："现在看来，陈寅恪的话有点过激，但并没有大错，因为学术为政治服务这口号本身就不妥。……当时中央决定请陈寅恪当所长，绝不是请他来讲马克思主义。请他来就是为了团结各方面，贯彻百家争鸣。所以严格说起来，他这两条跟中央政策并没有根本性的冲突。"（《蔡美彪访谈》第121页）

蔡美彪先生说："汪篯回京后，向范老汇报，基本属实，但对自己的责任有些遮掩。范老同大家研究此事，派一个研究生持函去请陈先生就欠妥，应该'三顾茅庐'才合适。陈寅恪不来，就去请陈垣，陈垣跟范文澜过去是辅仁大学同事，范文澜在辅仁教过书，范义澜亲自到兴化寺街陈垣家里去请，他代表科学院来请，陈垣欣然接受。"

正是因为吸取了派汪篯持信去请陈寅恪担任所长的失误，范文澜才亲自上门请陈垣先生。当邀请陈寅恪担任《历史研究》编委时，除了郭沫若亲自写信外，还曾通过陈寅恪的挚友冯乃超做工作。据蔡美彪先生记述："除了筹办历史所，另外就是筹办《历史研究》刊物，要请陈寅恪先生当编委，这次就不再派研究生了，而是通过中山大学党委书记、

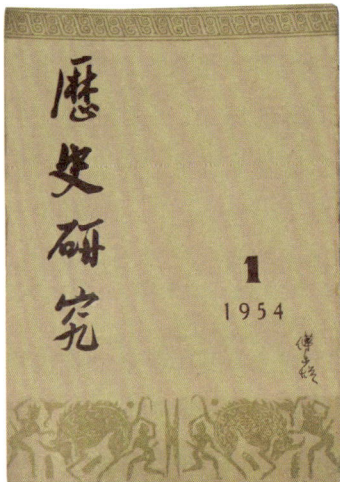

《历史研究》创刊号
封面和编委会名单

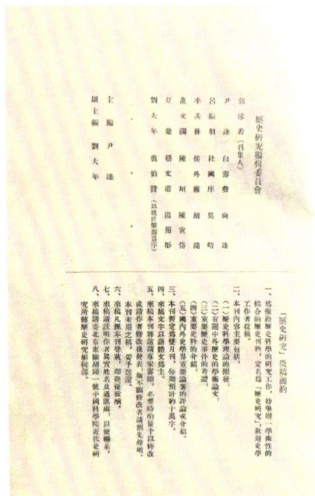

副校长冯乃超去请……陈寅恪接受了做编委的邀请，他一次拿出两篇文章，一篇是《论韩愈》，一篇是《论唐代李武韦杨婚姻集团》，《历史研究》创刊号上先登了《论唐代李武韦杨婚姻集团》，第二期登了第二篇，两篇文章照登，一字不改，他很满意。这证明汪篯造成的误会得以消除，疙瘩解开了。中央进一步提出，请他当政协委员、常委，他也接受了。政协常委的政治性比历史所所长要强，因为是政权机关。后来中央文史馆请他当副馆长，他也接受了，但是他一直没到北京来，没正式就任。"（《蔡美彪访谈》第121页）

另外，经党中央批准，中国科学院1954年下半年开始筹备成立学部委员会。陈寅恪被提名为哲学社会科学学部委员。在酝酿过程中，由于陈先前辞任历史二所所长，对他的提名曾有一些不同意见。据科学院原党组书记张稼夫回忆，最后请示了毛主席，毛主席指示"要选上"。这次提名的信息，是由时任中共中央中南局宣传部副部长、与陈寅恪私交不错的杜国庠面见陈传达的。陈寅恪表示同意。杜国庠专门到北京向张稼夫和郭沫若做了汇报。

林先生指出："辞任历史二所所长，但同意担任《历史研究》编委和科学院学部委员，这三件事是一个完整的史料链，反映了陈寅恪基于自己的价值观和身体状况有条件地与共产党合作的态度。有的人千方百计想把陈寅恪称道的'独立精神'和'自由意志'，放大为拒绝与共产党合作的政治态度，这完全不符合历史事实。"（《在〈历史研究〉创刊初期的日子里》）蔡美彪先生也有大体一致的看法，认为陈寅恪先生"有过去士大夫的派头，很平易近人。请他当所长，不想当就会婉言谢绝，不可能提出条件——不谈政治，不谈马克思主义，这不大合乎情理。他不是政治家。我们接触过陈寅恪先生的人都知道，他平时说话很谦和……后来传闻失实，越传越厉害。这个事大概没人知道，只有我知道"。（《蔡美彪访谈》第121页）

三

陈寅恪《对科学院的答复》并拒绝北上出任历史二所所长之事，很快就上达最高层。1954年1月28日，周恩来在政

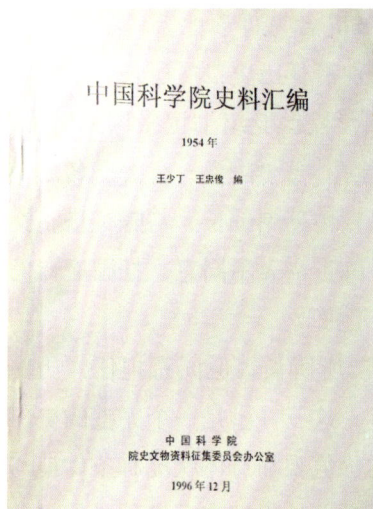

《中国科学院史料汇编》（1954年）封面

务院第204次会议上的讲话中说："老科学家中一部分思想未改造好，思想上的隔阂要进行教育，使大家好好做工作。也会有个别坏的，在改造中个别淘汰，但绝大多数要团结，有的思想上守旧者如陈寅恪为历史学家，但他是爱国的，英国不去，美国不去，俞大维是他的妹夫，傅斯年也是他的亲戚，我们请他作中古所所长，他要两个条件，第一个是不研究马克思列宁主义，另一个要毛、刘二长保证，我们怎么办呢？第一我们问他是否是爱国者？是否新中国比旧中国好一些，因为他不去台湾，与美英帝国主义国家比较也好些。思想界线很保守，有反动思想不特言，他身体很坏，学问也不是了不起的，我们等待他，他已六十多了，曾留学美国，在旧中国呆了五十多年，在新中国只有几年，能有我们这样觉悟吗？他对参加政协的先生们大骂；虽然旧思想很严重，但是爱国者（根据我们的材料），我们等待他，看他四年、八年、十年，他会变的，苏联科学家十年之久才转变的很多。这样人科学院为极少数，大多数热爱祖国，是爱国主义分子，学习苏联很赞成，因而更应团结，思想方法上有问题慢慢教育帮助。"①

谢泳对周恩来的讲话进行了考证，认为这个讲话"因为是记录稿，未经讲话本人审阅，常见记录笔误难免。比如说陈寅恪'学问也不是了不起的'，按讲话逻辑和语气，我猜测当是'学问是很了不起的'之笔误。此外说陈寅恪'对参加政协的先生们大骂'，可以反证陈寅恪平时有些言论通过特殊渠道上达了高层"。②

周恩来谈陈寅恪，在《竺可桢日记》中也有简略的记述，即1月28日下午政务院会议，有三项议程，其中之一是科学院工作报告，周总理在总结讲话中说："要团结一切爱国分子，如陈寅恪，要考虑科学家待遇。"（《竺可桢日记Ⅲ（1950—1956）》第415页）

正是由于陈寅恪拒绝出任历史第二所所长，1月30日的科学院常务会议决定"向达为中古史第一副所长，侯外庐第二"（《竺可桢日记Ⅲ（1950—1956）》第416页），所长之位暂时空缺。

和今天的情况不同，以前的学者不愿意担任行政职务可能是常态。如抗战时期的1940年代初，中央研究院拟成立民族学研究所，当时朱家骅任中央研究院院长，就托史语所所长傅斯年出面请李方桂担任所长，李先生坚辞不就，最后不耐烦地说："我认为，研究人员是一等人才，教学人员是二等人才，当所长做官是三等人才。"这样才辞谢了所长的聘

---

①王少丁、王忠俊编：《中国科学院史料汇编（1954年）》，中国科学院院史文物资料征集委员会办公室，1996年，第31页。

②谢泳：《周恩来谈陈寅恪》，载《中华读书报》2016年11月9日第3版。

请。①另如语言学家赵元任1947年本已辞掉哈佛大学教职，准备回国之际，时任教育部长朱家骅发电邀请他担任南京中央大学校长，赵元任就断然辞谢，并决定推迟回国。②1950年代初，"中国科学院成立时，中宣部曾提名范文澜为中国科学院副院长兼历史研究所所长，他执意辞谢不就"，未担任中国科学院副院长。③范文澜辞谢的理由是："我长期在延安，现在希望专心写书，不愿多管行政的事。"（《蔡美彪访谈》第122页）由此可见，学者不愿意担任行政职务，也不仅仅是陈寅恪先生一人，从而也没必要过度解释。"陈先生不当所长，还有一个理由，就是他很满意广东的环境，住得很好，不必北上了。"（《蔡美彪访谈》第122页）

蔡美彪先生说，陈寅恪拒绝出任历史二所所长，"当时这个事情没有引起太多议论，近年来忽然成了大家议论的热门话题，原因有两方面。一方面是'文化大革命'时期中山大学'左'派大字报上的攻击，不当所长是不服从党的领导、反对马克思主义；另一方面是海外右的观点……说陈先生反对共产党。这都不符合事实，事情不是那么简单，有具体的背景、环境"。因为"历史情况往往很复杂，要考虑到多方面的因素，不能简单地以对或错加以判断。有时候时间隔得太远，不理解当时的情况，光从字面上做简单推理，比

①马学良：《悼念我的老师李方桂先生》，《中央民族学院学报》1987年第6期，第49页。

②张荣明：《竺可桢与陈寅恪》，漓江出版社，2013年，第44页。

③刘大年：《〈历史研究〉的创刊与"百家争鸣"方针的提出》，《历史研究》1986年第4期，第5页。

作者在陈寅恪故居前

如中山大学'文化大革命'中的档案，红卫兵讲的，怎么能够拿来作为依据？台湾那边一些人没见过陈寅恪，他们的推测更不能作为依据。陈寅恪有时写诗发牢骚，那时候不只陈寅恪，很多共产党员老干部也都有牢骚，因为搞得太'左'了，很多人有意见"。（《蔡美彪访谈》第122页）

刘大年、林甘泉和蔡美彪先生都是陈寅恪拒绝出任历史二所所长的当事人或知情者。刘大年是1953年成立的历史问题研究委员会成员，还是《历史研究》初创时期的负责人之一。《历史研究》创刊时，郭沫若是召集人，主编尹达和副主编刘大年负责具体工作。林甘泉是《历史研究》创刊时的编辑，后到历史研究所工作。"解放之初历史学家的核心是范文澜"（《蔡美彪访谈》第122页），蔡美彪当时就在范文澜手下工作，并长期任范文澜的助手。

刘大年的回忆文章写于1986年，蔡美彪的访谈时间是2008年11月2日，林甘泉的文章是2013年整理成稿的。他们是在不同的时间、不同的背景下涉及此问题的。将三位当事人或知情者的回忆与有关资料结合起来，并放在当时的历史条件下，可以比较全面、客观地了解陈寅恪拒绝出任历史二所所长的背景和原因。

（载《中华读书报》2022年2月9日9版）

吴廷璆先生与敦煌学

　　吴廷璆先生祖籍浙江绍兴，1910年出生于浙江杭州，不满一岁时，父亲去世，9岁慈母病故后，为叔父收养。1929年7月考入北京大学历史系学习。由于参加学生运动，他为躲避国民党特务的逮捕，1932年9月到西安避难。11月东渡日本，1933年初到1936年6月在日本京都帝国大学文学部史学科学习，回国后曾任教于山东大学、四川大学、武汉大学，1949年后一直任南开大学教授。

　　吴先生是著名的日本史专家，也是中国日本史学会的筹备者和第一任会长、国务院学位委员会审批的第一位日本史博士生导师。南开大学日本史学科的开创者和奠基人。

　　除了在日本史研究方面成就卓著外，吴廷璆先生还与敦煌学有比较密切的关系。吴先生他们那一代学者，与今天的学者有较大的区别。一方面，他们不是某一方面的专家，而是有比较宽广的基础和知识面，如我们熟知吴先生是日本史专家，但不知道他还开设了中西交通史课程，在中西交通史研究方面成就卓著。从吴先生自编的《吴廷璆史学论集》（人民出版社，1997年）可知，前面的两篇概论性文章，一篇是世界史，一篇是"中国学"（与敦煌学、丝绸之路关系密切），收入的 12 篇论文，中外关系史和日本史各 6 篇，而且将中外关系史的放在前面，篇幅也比日本史的多，可见吴先生是比较看重自己在中外关系史方面的成就。

另一方面，他们将个人的前途与国家的命运紧密结合在一起，即国家的需要就是个人的选择。他在日本留学时，当时国际

《吴廷璆史学论集》封面

学术的潮流是东方学，与其相关的西域历史和中西交通史是学界关注的重点之一，他便投身到这一领域，在日本东洋史学家羽田亨的指导下，完成了《汉代西域的商业贸易关系》的毕业论文。60 年后的 1996 年 4 月 25 日，他在为《吴廷璆史学论集》所写"前言"中说，个人不能离开历史，如果"人们的思想意识脱离了历史长河的源流，那无论人生或社会都将变得枯燥和衰落"，即个人的志趣要与时代、社会的要求相结合。"例如，最初写关于汉朝西域经贸关系的论文是在 30 年代中期，那时，尽管中国与西方国家的接触已经多年，但在诸如中国如何通过对外交往方能使本国富强起来，以及，怎样才能在同外国进行自主、平等、互利的交往过程中，逐步使自己融入现代国际社会等许多根本性问题上，都尚未得到解决。所以，便希冀从过去中西交通的历史发展

中，去找寻其规律和获得启示。以后，对此方面研究的兴趣遂一发而不可止。"

《汉代中国与中亚地方的商业关系》近5万字，原是吴先生1936年完成的毕业论文，当年就发表在日本《东洋史研究》第7号。60年后才译为中文，更名为《汉代西域的商业贸易关系》，收入1997年出版的《吴廷璆史学论集》。

由于国家提出了"一带一路"的倡议，社会各界都热衷于丝绸之路的宣传和研究，也出版、发表了大量的论著。但我们读70多年前吴廷璆先生的本科毕业论文《汉代西域的商业贸易关系》，感觉并没有过时。经过历史的沉淀和大浪淘沙，仍然是留存给后世的光辉篇章，有着重要的学术价值。

论文从考察西汉初期商业资本的状况着手，对汉代西域、河西地区的历史、张骞出使西域、汉与西域诸国的关系及贸易进行了比较全面的研究，尤其是较多地参考了西方国家和日本学界的研究成果，站在了学术研究的前沿。他提出汉武帝对西部地区的扩张，并不完全是因为好大喜功，而是考虑到了当时西域各民族对中原物品的需求，"因此，对于商路和国外市场的开拓就显得越来越必要了"。"繁荣东西部间的商业通路，并保障其畅通无阻，无疑成为当时最迫切的需要。"（第43页）

论文不仅对丝绸之路的开通、汉代对西域的经营及商业贸易进行了比较广泛深入的探讨，而且还使用了西方探险家斯坦因等在西域的考察成果，甚至引用了敦煌文书《沙州志》（第54页）。他指出德国学者李希霍芬在1877年出版的《中国》一书中提出了"丝绸之路"这一名称，并逐渐得到了西方学者的广泛使用。"这条商路在汉代，主要为中国与妫水（即阿姆河）、药杀水（即锡尔河）沿岸各国及印度之间的丝绸贸易起到了媒介作用，而并未包括叙利亚等地方。"（第59—60页）这可能是中国学者对李希霍芬"丝绸之路"最早的介绍。

此外，吴先生还于1943年发表了《古代中国、希腊文化接触之研究》，运用历史比较语言学的方法，对西域、中亚各民族及陆上丝绸之路进行了研究。尤其是在85岁高龄时，他还发表了三万多字的长文《佛教海上传入中国之研究》（《历史研究》1995年第2期，与郑彭年合作），对陆海丝绸之路及佛教传入中国进行了详细探讨。不论其结论是否为学界完全认同，但其探求真理的勇气和精神，是值得我辈学习的。

除了对丝绸之路的研究外，吴廷璆先生的研究还涉及了敦煌学。丝绸之路、敦煌学等都是东方学背景下的产物，近年来，我一直关注这一问题，前后发表了《东方学视野下的"丝绸之路"》《东方学视野下的西北史地学》《东方学背景下的敦煌学》，对东方学及历史比较语言学和这些学科的关系进行了考察，认为东方学是在19世纪上半叶西方殖民主义向东方侵略过程中逐渐形成、发展起来的一门学科，它没有一定的学科体系和理论架构，研究的对象也十分分散而不确定，并根据需要不断在转换研究重点和地域。伴随着西方"东方学"的兴起，历史比较语言学成为学界的主流，它的特点是不仅要掌握多种东西方语言文字，同时还要掌握多种东方的民族语言和死文字，利用各种文字史料对种族氏族、语言文字及名物制度进行比勘和审订。

通过阅读吴廷璆先生的论著，得知早在1936年，吴先生就发表了《"中国学"之世界的兴趣》（天津《益世报》1936年6月21日）一文，将西方国家对东方的侵略、统治与东方学相关学科的产生进行了探讨。如"印度学忽然兴起，于是由梵文研究发展到对印度古代文学、法律、宗教、哲学等方面的研究不断出现。这如果不是东印度公司经略东方，使英国逐渐走上统治印度的舞台，怎能使这些学问兴起？"（第9页）汉学的兴起，也与欧洲对东方的侵略，尤其是经济掠夺很有关系。"随着欧洲列强对东方利害关系的复杂化，对中国学问的探讨日益广泛而周密"，19世纪中叶以来，西方列强对中亚的争夺就是显著的一例。俄国对"满""蒙"的民族、历史、语言、地理、经济等方面的调查，其目的也是如此。至于日本的汉学研究，更是"显著地涂上当时经济、政

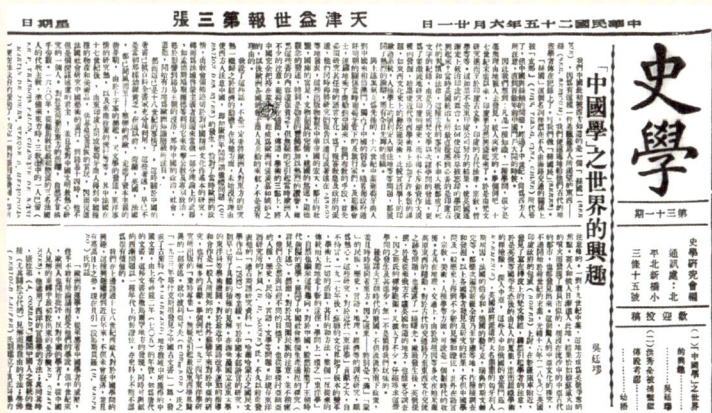

《益世报》书影

治的色彩"（第16页），如日本开始统治台湾时，便研究大清帝国的行政制度；吞并朝鲜前后，就杜撰出"日鲜同祖论"；当日本的势力伸入东三省时，"满蒙民族及清代史的研究更勃然兴起"，甚至"在强调日本在满蒙有特殊权益论之外，更殚精竭虑找出东三省非中国领土论的谬说。这时为迎合统治阶级的要求，明治初年以来还是由汉学者们搞着的中国史，又新包括了朝鲜、印度，得到了'东洋史'的名称。这东洋史以中国为中心，展开了它广泛的视野，以实现其东洋政策。以后日本的支那学者（汉学者）、东洋史学者所热烈感兴趣的，多是东亚各民族与中国的关系——特别是北方诸族对汉民族的关系，他们对汉民族的统治方式，以及北方诸少数民族如何对所谓同化力量最强的汉文明等策略问题"（第16—17页）。

虽然东方学是殖民主义的产物，与其相关的一些学科也是在西方殖民背景下提出的，但不能因为提出的背景而否认其科学价值。吴廷璆先生指出，西方学者对中国文化的一些具体问题，"考察之细密，态度之严肃，尤其以进步的方法应付种种混沌复杂的文献，是值得我们取法的"，"如沙畹等人，站在客观的学术立场上，对中国文化作批判的研究，凡是这样的学者，人们都对他们表示敬意"（第13页）。

吴廷璆先生对敦煌学的贡献，除了对其背景——丝绸之路、东方学有独到的见解外，还在于旗帜鲜明地提出了"敦煌在中国，敦煌学在日本"，唤醒国人对敦煌学的研究，也引起了政府相关部门的重视。

"敦煌学"一词，最早是1925年日本学者石滨纯太郎在大阪怀德堂的夏期演讲中使用的，1930年陈寅恪为陈垣的《敦煌劫余录》作序时在国内第一次使用了"敦煌学"一词。吴廷璆先生在1936年的《"中国学"之世界的兴趣》也使用了这一词汇，"伯希和虽以敦煌学一跃为世人所注意，但在法国派他去新疆以前，却是由东南亚的研究得名的"（第14页）。

日本敦煌学的起步基本上与中国同时，而其中心就在京都，狩野直喜、内藤湖南、羽田亨等就是代表人物。在吴先生赴日前，罗振玉、王国维等由于辛亥革命的爆发而到京都避难，更加促进了日本敦煌学的发展。吴先生在日本京都留学期间（1933—1936年），敦煌学虽然已经兴起，但它还不是显学，也不是一门独立的学科，英、法和中国正在整理所藏敦煌文献，并为其编目，日本以"搜宝式"的方式到欧洲、中国访查敦煌文献，对其研究基本上是置于中西交通史的范围内。吴先生的同班同学、国际著名敦煌学家藤枝晃就是中西交通史的博士，吴先生的毕业论文也是汉代丝绸之路研究，属于中西交通史的范畴。吴先生毕业论文的指导教师羽田亨虽然与伯希和合著出版了《敦煌遗书》，但其研究的重点是中亚、西域的历史，出版了《西域文化史》《西域文明史概论》等著作。

吴先生到南开大学以后，将研究的重心转移到了日本史，组建了南开大学的日本史研究团队。新中国成立后，北京大学的周一良、南开大学的吴廷璆、东北师范大学的邹有恒先生为代表的第一代学者，承担了新中国日本史教学科研奠基人的历史重任，并誉为日本史的"三巨头"。正由于南

1936年1月8日吴廷璆先生（前排右四）与京都帝国大学文学部史学科同学毕业合影，后排左二为藤枝晃，前排右二为日比野丈夫

开大学日本史的科研力量雄厚，"1964 年国务院和高教部按毛主席有关加强外国问题研究的指示，准备成立一批新的研究机构，其中指定南开大学组建日本史研究室"，①由吴廷璆先生任主任。1978 年，教育部批准成立了南开大学历史研究所，由原明清史研究室（主任郑天挺）、美国史研究室（主任杨生茂）、日本史研究室和新成立的周恩来研究室组成，吴廷璆先生任所长。

由此可知，南开大学历史研究所和吴廷璆先生在全国历史学教学和研究方面占有非常重要的地位，也承担了国家的重要任务。再加上吴先生具有宽广的学术视野和敏锐的学术眼光，也对敦煌学有所关注。当改革开放的春风吹来时，国内敦煌学方兴未艾。在教育部的支持下，他就邀请其同班同学、敦煌学专家藤枝晃教授来中国讲学。藤枝晃在南开大学连续讲座 13 次，时间是 1981 年 4 月 8 日至 5 月 23 日。讲座结束后，南开大学历史系将其讲课的记录稿整理为《敦煌学导论》。

在藤枝晃讲座前，吴廷璆先生接受了《外国史知识》记者的专访，其中有这样一段话：

> 吴先生还讲了日本史学界近来发生的一件事情：日本有一部很有名的《三经义疏》，历来公认为是公元六、七世纪间日本圣德太子所写。有一位名叫藤枝晃的

---

① 南开大学日本研究院编：《吴廷璆先生百年诞辰纪念文集》，南开大学出版社，2010 年，第 13 页。

京都大学老教授在研究我国敦煌写经钞本中发现这三部佛经中的《胜鬘经》义疏原来是魏晋时代中国人所写，因此证明《三经义疏》根本不是圣德太子的著作。藤枝晃教授这种实事求是的学风引起了日本学术界的震动。说到这里，吴先生深有感触地说，我们的年轻人一定要有志气参与改变"敦煌在中国，敦煌学在外国"的不正常状态，要有志气改变史学研究的落后状况。（本刊专访《诲人不倦的吴廷璆教授》，《外国史知识》1981年第4期）

由此可见，吴先生对敦煌学还是比较了解的，对其老同学藤枝晃的研究也是熟悉的，只不过在这里讲的是"敦煌在中国，敦煌学在外国"。4月8日他主持藤枝晃的讲座，当介绍敦煌学和藤枝晃时，为了突出藤枝晃和日本，就改为"敦煌在中国，敦煌学在日本"了。

藤枝晃在南开的讲座结束后，还要去敦煌参观，需要在兰州转机。5月26日，藤枝晃在西北师范学院作了"现代敦煌学"的演讲。在这次演讲中，藤枝晃说，有学者说"敦煌在中国，敦煌学在日本"，由此引起了轩然大波。后来得知，这是一个误传，即此话不是藤枝晃本人说的，他是说有人说，但由于翻译的缘故，大家只记住了"敦煌在中国，敦煌学在日本"，从而认为这是对我们的挑战和污蔑，许多听讲者还纷纷向中央有关部门和新闻媒体写信反映。

"敦煌在中国，敦煌学在日本"的误说一经流传，在20世纪80年代初爱国主义和民族主义的感召下，从官方到民间，从政界到学者，都感到的是愤怒，而没有人去探究它的真实性和客观性。但不可否认，"敦煌在中国，敦煌学在日本"的出现，客观上推动了中国敦煌学的发展，促使我们更快地加强敦煌学的学科建设和学术研究。

"敦煌在中国，敦煌学在日本"的误传，还影响了整个八九十年代中日两国的学术交流。听说日本也有学者指责藤

1981年6月，藤枝晃在敦煌参观

枝晃，说他搞坏了中日学术关系，影响了中日敦煌学的交流与合作。藤枝晃也有过辩解，但却于事无补。

藤枝晃在南开大学讲座时，教育部还通知有关高校派教师到天津听讲，其中就有笔者的本科老师、西北师范学院的曹怀玉和刘曼春老师，还有我的博士生导师、武汉大学的朱雷老师，其中朱雷老师还协助南开大学历史系整理了藤枝晃的讲座记录稿《敦煌学导论》。南开大学历史系在讲座记录稿的"编印说明"中说："武汉大学朱雷同志和中山大学张荣芳同志在听课过程中也参与了本稿的部分整理工作，在此特表谢意。"朱雷老师也有回忆："早在1981年，已故日本京都大学藤枝晃教授来南开大学历史系讲学，笔者有幸聆听……当时藤枝教授的讲学，作了课堂录音及记录，讲毕后，由部分听课者整理出，笔者亦得参预，后又经藤枝教授归国后审定。"①

我曾经几次听朱雷老师说，"敦煌在中国，敦煌学在日本"并不是藤枝晃说的，而是主持讲座的吴廷璆先生说的，南开大学的其他老师也说过类似的话，朱雷老师还将他保存的记录整理稿转送了我。我根据朱雷老师的叙述及其他间接的材料，曾经两次撰文，对此进行过辨析。②现在，看到了直接的材料，即夏鼐先生的日记，其1981年5月9日的日记记载：

---

①朱雷：《敦煌吐鲁番文书论丛》，甘肃人民出版社，2000年，第315页。

②刘进宝：《敦煌学史上的一段学术公案》，《历史研究》2007年第3期；《学者的国际视野与政府的信任支持——"敦煌在中国，敦煌学在日本"的提出及引起的反响》，《敦煌研究》2021年第1期。

上午日本京都大学藤枝晃教授来访，宿白同志亦在座，主要是谈敦煌学问题。他这次应南开大学的延请，讲学六周，尚有两周，然后赴吐鲁番、敦煌、兰州、西安等处参观访问。他谈起吴廷璆教授介绍时说："敦煌在中国，敦煌研究中心已在日本。"颇为得意。宿白同志问到中村不折所购李木斋旧藏敦煌写本，据云皆为赝品，即有名的景教经典之《一教经》，亦系摹本。吐蕃时代的写本多用木笔，伪制写本用毛笔写，仿木笔书体云云。下午赴所，阅藤枝晃《现阶段的敦煌学》（中译本）。[1]

夏鼐先生所记，是藤枝晃亲口告诉他的，而当时藤枝晃在南开大学的讲座还没有结束，他是在讲座间隙来北京拜访的，所说应当是真实可信的。

另外，当时在南开大学跟随杨志玖先生读隋唐史研究生的张国刚先生，也在讲座现场，他也否认藤枝晃讲过此话：

我作为当时年龄最小的研究生，做一些辅助工作。后来有人传藤枝晃说，敦煌在中国，敦煌学在日本。我可以负责任地说，藤枝晃是一个很谦卑的学者，对中国很友好，不会讲出这样伤害他人的话。[2]

---

[1]夏鼐：《夏鼐日记》卷九，华东师范大学出版社，2011年，第35页。
[2]张国刚：《回忆朱雷先生二三事》，见《朱雷学记》第54—55页。

再次，吴廷璆先生的学生、南开大学杨栋梁教授也有大体相同的记述：

> 敦煌壁画铭刻着古代中西民族交流的印痕，它作为我国的文化瑰宝，在世界文明史上占有重要地位。但是，直到实行改革政策的1970年代末，我国的敦煌学研究进展缓慢，对此先生甚为不安。1981年4月，吴廷璆在京大读书时的同窗契友、日本学者藤枝晃来到南开大学，为我国专业研究人员举行"敦煌学"专题讲座。吴廷璆主持开讲式时，一句"敦煌在中国，敦煌学在日本"震惊四座，激发了我国学者的研究热情和责任感，也引起了政府有关部门的重视，近30年来我国敦煌学研究的长足进步和政府投入的加大，与他当年的大力呼吁不无关系。①

综上所述，吴廷璆先生1933—1936年在日本京都帝国大学史学科学习时，其导师是涉及敦煌学的东方学家羽田亨教授，其毕业论文是《汉代西域的商业贸易关系》，著名敦煌学家藤枝晃是其同班同学和挚友。吴先生还是国内较早使用"敦煌学"一词的学者（陈寅恪1930年使用、王重民1935年使用、吴廷璆1936年使用）。鉴于国内敦煌学研究的薄弱，1981年初就呼吁青年学子要努力改变"敦煌在中国，敦煌学

---

①杨栋梁：《新中国日本史的奠基者吴廷璆》，吴廷璆：《日本史通论》，江苏人民出版社，2019年。另参阅杨栋梁：《无悔追梦路、文途武道始为伊——追念〈历史教学〉原总编辑吴廷璆先生》，《历史教学》2016年第16期。

在外国"的不正常状态。国家对外开放后，就在教育部的支持下，邀请国际著名敦煌学家藤枝晃来南开大学作"敦煌学"的专题讲座，并在主持开讲式时，说出了"敦煌在中国，敦煌学在日本"的学术评判。

（原载《文史知识》2023年第4期）

一位执着而耿直的学者

——我所了解的陈守忠先生

2019年12月27日下午，我因参加学术活动而在昆明，收到了西北师范大学历史文化学院何玉红院长发来信息："陈守忠先生逝世，明早出殡。"听到陈守忠先生去世的消息，感觉到既自然又惊诧，自然的是陈先生毕竟年龄大了，已经快百岁了，惊诧的是陈先生一向身体不错，2015年我去家里看望时，还能谈笑风生，想象着陈先生肯定能活过百岁。我就请何玉红代我送了花圈。

一

我是1979年考入甘肃师范大学（今西北师范大学）历史系的，陈先生当时是我们系的党总支书记。我们入学后的课程主要是中国通史和世界通史，其中一年级的中国古代史是分段讲授的，教授先秦史的是曹怀玉老师，秦汉史是王震亚老师，魏晋南北朝史是王俊杰老师，隋唐史是金宝祥老师，宋史是陈守忠老师，元史是许孝德老师，明清史是郭厚安老师。虽然每位老师的讲课风格不同，但都非常认真、非常敬业。陈先生给我们讲宋史的内容已经模糊了，只记得讲王小波、李顺起义时很仔细，并辨析方腊不打宋江的原因，这可能是因为当时农民战争史还是史学界的热点之一的缘故吧。但陈先生有些金针度人的方法就是过了40多年，仍然记忆犹新，如"常人都是贵远贱近，贵名贱实"，"落花水面皆文章，处处留心皆学问"，等等。

1992年夏天在西北师大，（右起）邵文实、李并成、王永曾、王宗元、卞孝萱、陈守忠、寒长春、作者、陈秀实

我读大学的阶段，正是敦煌学方兴未艾之际，历史系请敦煌文物研究所的孙修身、北京师范学院的宁可、日本学者藤枝晃等来演讲，再加上我与甘肃省图书馆的周丕显先生相熟悉（周先生的夫人是我的中学老师），所以就对敦煌学比较关注。

　　正是由于藤枝晃在天津南开大学和兰州西北师范学院的演讲，就有了"敦煌在中国，敦煌学在日本"的误传，国家开始重视敦煌学的研究，积极筹备成立中国敦煌吐鲁番学会，召开全国敦煌学术讨论会。在这种大好的形势下，西北师范学院也决定由历史、中文、地理、音乐、美术等系组成，筹建敦煌学研究所，并由陈先生负责。经过一段时间的筹备，在我毕业前夕的1983年3月，西北师范学院敦煌学研究所正式成立，由陈守忠先生担任敦煌学研究所的负责人，后来被正式任命为所长。

　　1983年7月我毕业时，敦煌学研究所要求留一名学生任职，由于班主任吴廷桢老师和历史系总支副书记宋仲福老师的推荐，陈守忠先生同意并向学校争取，将我留在了敦煌学研究所。这时，中国敦煌吐鲁番学会成立大会、1983年全国敦煌学术讨论会即将召开，西北师范学院是会议主办和承办单位之一，我被派去会务组工作，同时研究所还将我编辑的《敦煌学论著目录》油印，在会上交流。

　　陈先生是一个非常直率的人，给人的感觉他是一条直线走到底，不会拐弯，考虑问题也以定势思维或个人的主观经验为主，不能多角度或换位思考。如我留校工作后，由于家庭经济困难，常常会写一些小稿，挣一点稿费而补贴生活。

陈先生对此可能不了解或不能理解，就批评我说："好好读书，尤其是认真读《资治通鉴》，不要写文章，我都是50岁以后才开始写文章的，你现在急着写什么？"现在看来，陈先生的教诲是正确的，我的史学文献基础不扎实，可能就是开始阶段的基础没有打好。但我当时没有听陈先生的话，这可能也是陈先生后来对我有看法的因素之一吧。另如当年兰州的一家晚报发表了表扬西北师范学院一位后勤基层干部的文章，其中说到这位干部的工作得到了全校师生员工的好评，陈先生看后认为报纸所说不真实："我没有好评他，怎么能说得到了全校师生员工的好评？"再如有一年机关工会搞福利，给每位领导发放10斤（大概）苹果，因敦煌学研究所在办公楼一楼，属于机关工会，而办公楼都是党政领导办公点和机关，业务单位只有学报编辑部和敦煌学研究所，可以说敦煌学研究所是最没有地位的。具体办事人员在分苹果时肯定优先考虑的是学校领导和主管机关的领导们，甚至可能将敦煌学研究所忘记了，最后剩了一份，相对是比较差的，也不知道是谁的。过了一两天，才发现这一份是陈先生的。陈先生拿到苹果后很生气，就将苹果送到了楼上（好像是校办），但给陈先生的苹果是最后一份，再没有多余可更换的，楼上又送了下来，这样上来下去地折腾了几天，这几斤苹果的品相更加不好了。

陈先生就是这样一位直率的老人，想到什么或遇到什么，绝不会藏着掖着，而是当场就表现出来。因为我知道陈先生的性格，他就是这样一位倔强的老师，所以当陈先生对我有一些误会时，我也从来没有表现出不满。因为我当时有

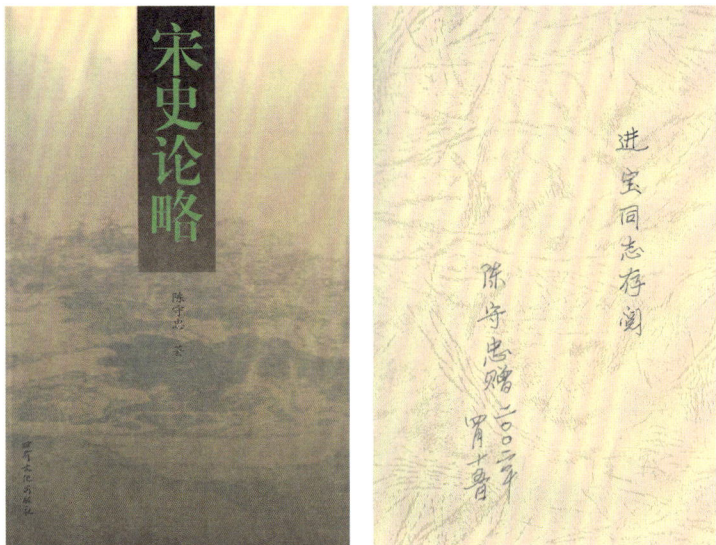

《宋史论略》封面与签名页

一个朴素的想法，如果我毕业时陈先生不同意不努力将我留在敦煌学研究所，我可能会被分在中学，甚至比较偏远的乡村中学。如果中学不同意我考研究生，或由于条件限制而未能考上研究生，我的人生可能就是另外的一条道路。

正是因为怀着这样的心态，我对陈先生一直尊敬有加，陈先生后来也改变了对我的看法，甚至还有了好感。当陈师母去世后，陈先生通过其女陈秀实专门委托我帮忙料理后事，如安排参加丧事的人员去华林山殡仪馆、在员工食堂安排用餐、招待客人等。我是尽心尽力地做好这些事，陈先生也是满意的。当我要调离兰州时，恰好陈先生的《宋史论略》出版了，陈先生专门题名赠我："进宝同志存阅　陈守忠赠　二〇〇二年四月十五日。"

二

陈先生是甘肃通渭人，出生于1921年，20世纪40年代后期考入国立西北师范学院历史系，在大学读书期间的1949年6月加入中国共产党，是一位地下党员。1950年大学毕业留校后，一直是教学、行政"双肩挑"。陈先生早就进入了"体制"，也尽可能努力跟上时代的步伐，如在1958年发表了《不能容许南斯拉夫修正主义者污蔑马克思列宁主义政党的领导作用》[①]，1964年发表了《历史科学如何为当前的政治服务》（《甘肃师范大学学报》1964年第2期）等文章。

陈先生这种遇事"较真"的性格，再加上他倔强的脾气，往往不讨人喜欢，从而使他常常处在各种运动和斗争的风口浪尖，遭受了一些不公。不仅职务上一直没有高升，而且职称评审也不顺利，直到1986年陈先生65岁时，才评上了教授，而且是申报教授和同意退休的表格同时上交，即评上教授后马上退休。陈先生是1949年10月1日前加入党组织的地下党员，按规定是享受离休待遇。他在离休前一直是一个县级（处级）干部：历史系总支书记、敦煌学研究所所长。1987年离休时批准享受副地级（局级）待遇，但只是政治上享受（即看文件和听报告）。现在像陈先生这样的离休干部已经很少或没有了，但有些有特殊贡献者，经上级批

---

①陈守忠、张绍卿：《不能容许南斯拉夫修正主义者污蔑马克思列宁主义政党的领导作用》，《西北师范学院学报》1958年第2期（批判修正主义专刊）。

准，可以享受高于其职务的某一方面待遇。

　　陈先生还是一个可爱的老人，高兴时聊天会很有趣。当他知道我的家乡是榆中县甘草店时，就兴致很高地谈到了我的家乡，说当年甘草店是比较繁华的，他在西北师范学院读书时，每年寒暑假从通渭家里到兰州或从兰州回家，都要走两天多，甘草店是必经之地，而且还一定要住一晚。因为定西到兰州约100公里，兰州到甘草店、定西到甘草店基本上是50公里。由于当时交通条件的限制，甘草店是东西来往的必经之地，从而使其成为一个车水马龙的"大"地方。就是现在，甘草店的语言也是很有特色的，即甘草店以东两公里是定西方言，甘草店以西两公里是兰州方言，只有甘草店的方言是自成体系的，也可能是历史的遗迹吧。

三

　　作为学者的陈守忠先生，在中国古代史的分段教学与研究中，侧重于宋史，早在1957年的《西北师范学院学报》创刊号上就发表了《北宋初年王小波、李顺所领导的川峡农民起义》。"文革"结束后，他又发表了《试论北宋初年四川地区的士兵暴动和农民起义》（《甘肃师大学报》1978年第3期）、《王安石变法与熙河之役》（《甘肃师大学报》1980年第3期）等，随后又发表了一系列宋史方面的论文。2002年出版的《宋史论略》就是其有关文章的结集。

　　出生、学习和工作一直在甘肃的陈守忠先生，对其乡土历史和文化充满感情和热情，投入了大量的精力从事甘肃地方史的写作与研究，早年曾参与《甘肃史稿》的撰写，改革开放后又与郭厚安先生合作主编了《甘肃古代史》。花甲之年，他又对甘肃境内的长城遗址进行了许多实地考察，发表了一系列学术论文，解决了一些由于文献记载不明而产生的混乱，提出了一些新的看法。

陈先生的著作《河陇史地考述》中篇"河陇历史地理考察"所收的八篇文章：《陇上战国秦长城调查之一》《陇上战国秦长城调查之二》《河西的汉长城》《临夏回族自治州古城寨遗址调查记》《漓水水系及汉白石、枹罕古城址考》《陇山左右宋代城寨遗址调查》《北宋时期中原通西域的几条道路的探索》《甘肃境内的明长城》，都是通过实地考察，再将文献记载结合起来进行探讨的，其结论自然真实而可信。

除了《河陇史地考述》所收甘肃地方史的论文外，陈先生还有《甘肃境内秦长城遗迹调查及考证》（《历史教学问题》1984年第2期）、《武威雷台汉墓出土铜奔马命名商榷》（与伍德煦老师合作，《西北师院学报》1984年第3期）、《会宁县境内古城址及丝路遗迹考察》（《西北师大学报》1993年第2期）、《榆中麴氏与高昌国》（与孙永乐合

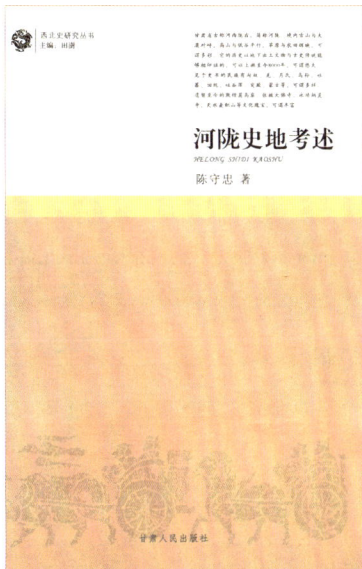

《河陇史地考述》封面

作，《社科纵横》1994年第6期）、《两河西、两云中、双龟兹——历史地理考证》（与陈秀实合作，《西北史地》1995年第3期）、《北宋时期秦陇地区吐蕃各部族及其（各）居地考（上、下）》（《西北师大学报》1996年第2期、第3期）、《两汉允吾、金城再考》（《西北师大学报》1998年第3期）等西北地方史的论文。

就是陈先生有关宋史方面的论文，有些也与西北地方史关系密切，甚至也是实地调查的成果。正如陈先生在《宋史论略》的"作者自序"中所说："进入80年代，有了条件和机会出外调查，而笔者生长于西北，对西北这片土地怀有特别的情感，故着眼于北宋西北地区历史的调查与研究。举凡边疆的地理形势，吐蕃、党项等少数民族的活动，宋与西夏的战和交往，沿边重要城寨的徒步踏勘等，算是下了一番功夫，于是撰成《曹玮事迹编年录》、《河湟唃厮啰》等六篇文章。此为笔者亲自调查所得，来之不易，弃之可惜，故一并收入本集，算是该书的重点内容。"陈先生所说"六篇文章"的另外四篇是《刘沪筑水洛城及相关事迹考》《北宋的陕西沿边五路》《北宋时期分布于秦陇地区的吐蕃各部族及其居地考》《西凉六谷族》。由此可知，作为学者的陈先生，他最用力的是西北史地之学，最得意的应该是经过亲自调查、考证而获得的真知灼见。

历史学是一门"经世致用"的学科，作为甘肃地方史研究的权威学者和学术带头人，陈先生也将自己的学术研究运用于实际工作中，即为现实服务。陈先生在《河陇史地考述》的新版"自序"中说："笔者通过研究考述，总结历史的成败得失，使人彰往察来，据古鉴今。具体地说，是为当今的西部大开发及以后的建设，提供历史的借鉴。"正因为如此，当20世纪80年代后期全国兴起修史、修志的高潮后，陈先生不顾年迈，将自己的学问贡献于甘肃各地的县志编纂。为此，他还是亲力亲为，跑各地踏勘调查，并将实地考察的收获与文献记载结合考证，撰写了《通渭县建置沿革考》《定西县建置沿革考》《会宁县建置沿革考》《榆中县建置沿革考》《临夏县建置沿革考》《永靖县建置沿革考》等，为甘肃各地地方志的纂修贡献了知识和智慧。

四

　　陈先生更是一位优秀的学术组织者和学术带头人。他虽然是土生土长的甘肃本地人，也很少到外地从事学术交流，但有着开阔的学术视野和独到的学术眼光。如1979年日本学者池田温先生的《中国古代籍帐研究》出版后，池田温先生所在的单位——东京大学东洋文化研究所给甘肃师范大学历史系寄赠了一册，收到本书后，陈先生虽然不做隋唐史和古代经济史、籍帐研究，但敏锐地感觉到这是隋唐史和敦煌学研究的重要著作，便亲自给东京大学东洋文化研究所回信说："我系研究隋唐史的同志，苦于唐代籍帐材料之缺乏，正托人在北京图书馆拍制胶卷，而恰在此时，贵所这部巨著寄到，真可谓雪中送炭，我们非常高兴，至于池田先生论述，我们正着手翻译。"同时安排本系曾在东京大学留学的龚泽铣老师翻译，这就是1984年中华书局出版的《中国古代籍帐研究》简本（即未附图版。2007年中华书局又出版了附图版的全本）。池田温先生在1982年5月所写"著者序言"说："今当译书完成之际，译者龚先生固不待言，对于曾经给予大力协助的陈守忠先生和西北师范学院历史系诸位……亦一并特表感谢。"

陈先生联系、主持翻译《中国古代籍帐研究》时，我正在读大学，对其细节并不了解。只是从后来老师们的聊天和池田温的"著者序言"中略知大概。当我留在敦煌学研究所工作后，池田温的《中国古代籍帐研究》已经翻译完成，正在出版之际，这时陈先生又组织学校外语系的袁席篯、陈华平老师翻译完成了苏联学者孟列夫主编的两册《俄藏敦煌汉文写卷叙录》。同时还聘请留法学者魏英邦先生翻译法藏敦煌遗书目录。为此，陈先生积极争取，上书学校，为两部书的翻译者提供了许多在当时来说非常难得的条件。如经校务会议讨论，给魏英邦先生在南单楼安排了一间住房，并由学校给予一定的生活补助，魏英邦先生携夫人住在学校，专心从事翻译工作。后由于陈先生离休不再担任所长，魏英邦的翻译也不了了之。当20世纪90年代初上海古籍出版社计划出版《俄藏敦煌文献》时，孟列夫任俄方主编，这样上海古籍出版社也将陈先生主持翻译的《俄藏敦煌汉文写卷叙录》纳入出版计划，责任编辑蒋维崧先生还专门到兰州商谈了出版问题。但后继者在1992年所写"译者前言"中对陈先生的贡献并没有给予充分的肯定和表彰，只是一笔带过，"所长陈守忠主持并指导了翻译"，还不及池田温在《中国古代籍帐研究》汉译本"著者前言"中对陈先生的感激与表彰。

敦煌学研究所正式成立并由陈先生任负责人后，中国敦煌吐鲁番学会成立大会和1983年全国敦煌学术讨论会即将召开，陈先生积极组织学校各单位老师撰写敦煌学论文，向会议提交了洪毅然、郑文、匡扶、李鼎文、曹怀玉、陈守忠、伍德煦、胡大浚、马化龙先生的9篇论文和我编辑的《敦煌学论著目录》，充分展示了西北师范学院敦煌学研究的强大阵容。会后陈先生主持将这9篇论文在《西北师院学报》1983年第4期以专栏的形式发表，引起了全国学术界的重视、关注与好评。以此为契机，陈先生还组织编辑了1984、1986年两期《西北师院学报》增刊《敦煌学研究》，奠定了西北师范大学敦煌学研究的地位。遗憾的是1987年陈先生就离休了，后来由于体制的变化、人员的变动等各方面的原因，陈先生开创的西北师范大学敦煌学事业的发展并不尽如人意。

西北师范大学敦煌学研究所的辉煌历史和卓越成就是陈守忠先生奠定的，如他组织翻译《中国古代籍帐研究》《俄藏敦煌汉文写卷叙录》、法藏敦煌文献目录；代表学校参加中国敦煌吐鲁番学会的筹备工作，并以会议发起、主办和承办单位的身份参加了筹备到成立的全过程；组织《西北师院学报》的专栏和两期增刊。正是因为这些卓越的领导、组织工作，才使西北师范大学的敦煌学研究在20世纪八九十年代在全国占有重要的地位。

从这一个角度说，陈先生是幸运的，他最后赶上了改革开放的好时代，做了一些自己想做的事情，尤其是担任敦煌学研究所所长后，发挥了组织领导才能，将西北师大的敦煌学研究带入了全国的先进行列。

陈先生是我的老师、我的领导。我从1983年7月大学毕业留在敦煌学研究所，一直到2002年调离。其间与陈先生多有交集，尤其是前几年陈先生是敦煌学研究所所长，相互之间打交道更多。现借此机会，将我所了解的陈先生写出来，以纪念陈先生的百年诞辰。

2020年10月3日初稿

2020年10月8日定稿

（原载李华瑞、何玉红编：《陈守忠教授诞辰百年纪念论文集》，中国社会科学出版社，2021年）

打不走的"敦煌人"

——我所了解的施萍婷先生

　　我是1979年考入甘肃师范大学历史系的，到了二三年级时，敦煌学方兴未艾，我既从老师们口中听到过施萍婷、贺世哲，也在《敦煌研究文集》《敦煌研究》试刊号上看过施老师和贺老师的文章。由于贺世哲先生的研究方向主要是石窟考古，施萍婷先生的方向主要是敦煌文书和历史，所以我更关注施萍婷老师的研究。

—

　　第一次与施老师见面，是1983年在兰州举行的中国敦煌吐鲁番学会成立大会和1983年全国敦煌学术研讨会上。我当年7月大学毕业后，留校到新成立的敦煌学研究所。敦煌文物研究所和西北师范学院（原甘肃师范大学）都是这次会议的承办单位，我被派在会上做服务接待工作。会议期间，我看到施老师对金宝祥和陈守忠先生都很尊重，一直称为老师，金先生和陈先生也将施老师当作学生对待，这样我与施

2006年12月22日在《敦煌研究》创刊100期座谈会上，作者与施萍婷、贺世哲（前排右一）、邰惠莉（后排右一）

老师就有了一点天然的亲近。

　　与施老师更多的接触，应该是1984年。当年9月，华东师范大学的吴泽、袁英光先生应西北师范学院历史系金宝祥先生的邀请前来讲学，讲学结束后要去敦煌参观。我受历史系和敦煌学研究所的派遣，提前坐火车到敦煌，联系和安排吴泽先生等在敦煌的行程。我从兰州出发时就带了金宝祥先生给施老师和贺老师的信，到敦煌后就找了施老师。当吴泽、袁英光和吴先生的博士生盛邦和乘飞机到敦煌后，在敦煌的接待、参观就由施老师和贺老师负责了。9月17日，应段文杰所长之请，吴泽先生在研究所作了《王国维与敦煌文化研究》的学术讲座。

20世纪80年代前期，虽然改革开放了，但飞机还比较少，尤其是西北偏远地区的兰州和敦煌，大概一周只有一两班。当吴先生等人行程确定后，敦煌学研究所所长陈守忠先生给民航打电话订机票，但未能订到，历史系主任吴廷桢老师曾是我们的班主任，他知道我们的班长就是民航局的职工子弟，所以就让我去找他的家长想办法购买了机票。在敦煌时，吴泽先生收到电报，他的哥哥去世了，要立即回去。由于临时改变了行程，要购买从敦煌返回的机票是很困难的。贺世哲先生说研究所是没有办法的，我想到了敦煌县委书记黄续祖，因为黄续祖原来是甘肃师范大学靖远农场的负责人，我们班在靖远农场曾劳动一个月，和黄续祖有接触。我就将这个情况给贺老师说了，贺老师说可以找黄书记试试。当天恰好是周末，黄书记住在一处平房里，当我下午找到他家时，大门锁着。我就在门口等。黄昏时黄书记骑着自行车回来了，车后面夹着铁锨。原来黄书记是两半户，即他有工作，妻子是农民，他利用周末的时间去地里干活了。我给黄书记谈了情况后，他就给敦煌县旅游局长写了条子，我请研究所的李聚宝带我找到旅游局长，这样就给吴先生买到了回程机票。

通过与施老师的接触，才知道了施老师的经历，她于1932年8月20日出生在浙江永康县，1949年5月永康解放时，17岁的施萍婷参加了中国人民解放军，1951年春又参加中国人民志愿军赴朝，1954年5月回国，转业到浙江石油公司工作。1956年，施老师以"调干生"的身份考入兰州大学历史系，与贺世哲老师是同班同学，他们的同学还有徐世华（西北师范大学教授）、陶君廉（曾任甘肃省教育厅副厅长、西北师范大学党委书记）、饶以诚（西北民族大学教授）、王克孝（张掖师范专科学校教授）等。1958年在全国管理体制改革中，敦煌文物研究所从文化部管理下放到甘肃省管理，西北师范学院也从教育部管理下放到甘肃省管理，并改名为

1993年7月5日，池田温先生来兰州进行学术交流，（前排右起）施萍婷、李永宁、池田温、初世宾、齐陈骏、吴又雄、颜廷亮，（后排右起）李正宇、张先堂、漆永祥、李并成、刘进宝、郑炳林、胡小鹏、邵文实

甘肃师范大学。1959年教育革命时，兰州大学的文科被撤销了，历史系师生合并到了甘肃师范大学，所以施老师也从兰州大学到了甘肃师大，这样就成了金先生、陈先生的学生。施老师是兰州大学历史系1956级学生、甘肃师范大学历史系1960届毕业生。当1959年兰州大学的历史系合并到甘肃师大时，中文系也撤销了，老师们一部分到了甘肃师大，一部分到新成立的兰州艺术学院，甘肃省委决定由常书鸿任新成立的兰州艺术学院院长兼敦煌文物研究所的所长。到甘肃师范大学学习不久，施老师的父亲有病去世，家人需要照顾，因施老师是调干生，就肄业到兰州艺术学院工作。由于敦煌文物研究所所长常书鸿也是兰州艺术学院院长，所以当1961年决定撤销兰州艺术学院时，施老师和贺老师都调到了敦煌文物研究所。

和施老师再次近距离的接触，就是1993年8月赴香港参加第34届亚洲北非研究国际学术研讨会。由于当时敦煌学已经成了国际显学，所以本次会议专门设置了敦煌组，敦煌组由国际著名敦煌学家饶宗颐先生主持，大陆学者赴港则由中山大学的姜伯勤先生联络。西北地区收到会议邀请的是敦煌研究院的段文杰、李永宁、施萍婷、孙儒僩、李正宇、张学荣、谭蝉雪，另外就是我了，所以甘肃省外办将我们组为一个代表团，由研究院学术委员会秘书长李永宁先生负责。由于当时香港还没有回归，赴港签证要到北京的英国驻华使馆办理，恰好当时中英之间在香港问题（新机场）上出现了分歧，从而影响了签证。当我们从兰州出发去广州时，还没有获得签证，而段文杰先生因临时有安排不能赴港参会了。是否出发就成了问题，后来还是李永宁等先生做出决定，他们坐火车去广州，同时将我的行李也带上，让我去北京办理签证。如果能办上签证，就从北京飞广州，如果办不上签证，我就从北京回兰州，他们从广州返回兰州。因为时间紧张，我临时去车站上了去北京的火车，基本上是一路站到了北京。出发时我有些感冒，可能是内心紧张，心中只有签证，根本没有心思想感冒，再加上车上拥挤，站了一天一夜到北京时，不知不觉感冒就好了。到了北京后先到甘肃省驻京办，了解到签证几乎没有可能，就准备返回兰州。由于我与邓文宽老师从1983年认识后一直有交往，我们之间的来往也比较多，当天晚上就去文宽兄家串门。文宽兄见到我后很吃惊，他说你去香港开会了，怎么还在北京？我就将签证遇到的问题给他说了。文宽兄就将房间里的夫人孙雅荣女士喊出来，让我说了签证遇到的情况，并给夫人说："你的朋友王某某在英国驻华使馆工作，能否给进宝帮忙签证。"孙老师立即给她的朋友打了电话，说明了相关情况。同时给了我王女士电话，让我第二天上班后与她的朋友联系。第二天上班后我就给王女士打电话，她已经将我们的材料找了出来，并知道名单上虽然有段文杰先生，但段先生已经决定不去参会了。为了能获得签证，她建议我给香港会议主办方打电话，让他们给英国驻华使馆发传真，说明我们这个团的重要性，希望能够给予签证。经过一天的努力，到下午下班时，使馆通知签证已通过，第二天上班就可以取签证的护照了。我当天晚上就买了次日北京到广州的机票。第二天上午，甘肃省外办的同志陪我到使馆门口，拿到签证的护照后我就直接去

2007年8月23日，施萍婷、贺世哲夫妇在段文杰先生敦煌文物和艺术保护60年纪念座谈会上

2013年12月28日，杭州举办"煌煌大观·敦煌艺展"，作者与施萍婷、柴剑虹（左二）、杨秀清（左一）

作者（后排左一）与施萍婷（前排左一）、朱雷老师夫妇、冯培红（后排右）在杭州

了机场，傍晚到达中山大学，第二天与代表团的同志一起从广州坐火车赴香港参加会议。

施老师当过兵，有着军人的干练，给人感觉很威严，再加上施老师学问很好，我们的年龄相差又大，所以早期的交往中，我还是比较胆怯。当然我一个人去施老师家里比较少，大多是与其他学者一起去的，我也陪朱雷老师去过施老师渭源路的家里。当有其他的学者时，我基本上是倾听者，从施老师和学者们的交谈中，获得了知识，得到了信息。

通过与施老师的接触，知道她在敦煌研究院有着崇高的地位，青年学人都对她非常敬重，这种敬重绝对是发自内心的，没有一点点"应付"的感觉。也常听到研究院的青年人说，施老师曾给予他们学术上无私的帮助。

贺世哲先生去世后，施老师晚年就住在杭州，我也于2013年调到浙江大学。由于敦煌与杭州联系较多，当研究院的青年学者来杭州时，基本上都要去拜望施老师。外地或研究院的学者来杭州时，施老师也非常乐意见面、聊天，因为她虽然住在杭州，但心系敦煌，心里想的还是莫高窟，敦煌来人或敦煌学者到了杭州，她都尽可能见面。如武汉人学朱雷先生，中华书局柴剑虹先生，敦煌研究院赵声良、张先堂等先生来杭州时，我都曾请施老师出来吃饭、聊天。这种场面今天想起来还是很温馨。

二

2008年，我编辑《百年敦煌学》时，也曾约请施老师和贺老师撰稿，他们二位也是答应了的，但最终还是没有交稿，我感觉很遗憾。2015年，我在浙江大学参与主编《浙江学者丝路敦煌学术书系》时，就向浙江籍的施老师约稿，施老师痛快地答应了，并在王惠民君的协助下，编辑出版了《敦煌石窟与文献研究》一书。

施老师研究的重点是敦煌文献和历史，尤其对敦煌研究院院藏文书着力较多，从1972年开始就全面整理和研究所藏文献，不仅在《文物》1972年第12期发表了《从一件奴婢买卖文书看唐代阶级压迫》，这是"文革"期间发表的有限的几篇敦煌学论文之一，而且还编写了研究所藏敦煌文献目录。在"科学的春天"到来之前，她就在1977年出版的《文物资料丛刊》第一辑上发表了《敦煌文物研究所藏敦煌遗书目录》，同时撰写了《关于〈敦煌文物研究所藏敦煌遗书目录〉的说明》。

由于施老师全面整理和编目过研究所所藏敦煌文献，具有编写敦煌文献目录的经验，当20世纪80年代以后有了赴日本调研敦煌文献的机会时，她就对日本所藏敦煌文献做了调查和编目，完成了三井文库、藤井有邻馆、唐招提寺、法隆寺、国会图书馆、大东急（"东京急行电车公司"的简称）纪念文库、东洋文化研究所等公私收藏的敦煌文献目录。90年代中俄关系正常后，又赴圣彼得堡调研俄藏敦煌文献，撰写了《俄藏敦煌文献经眼录》。

通过长期的文献编目积累，施老师在邰惠莉的协助下，完成了《敦煌遗书总目索引新编》，于2000年藏经洞发现100年时由中华书局出版。本书在1962年出版的《敦煌遗书总目索引》的基础上，利用三十多年来国内外敦煌文献整理、编目的新成就，进行了增目、定名和增加首题、尾题等工作，出版后成了敦煌学研究者的案头必备书。

由于施老师对敦煌文献尤其是研究院院藏文书的熟悉，有整理和编目敦煌文献的基础，又长期生活在莫高窟，熟悉石窟，敦煌学方面的知识比较全面。当藏经洞发现100周年前夕，甘肃省委宣传部组织编纂《甘肃藏敦煌文献》时，施老师是最合适的人选，她协助段文杰先生主编了六卷本《甘肃藏敦煌文献》，于1999年由甘肃人民出版社出版，这是当时国内所藏敦煌文献最早和最好的图录本。

施老师扎根敦煌，长期生活在莫高窟，面壁石窟，释读文献，不仅能够将石窟与文献有机地结合，而且在敦煌学的许多方面都有高质量的文章，如历史方面的《敦煌与莫高窟》《建平公与莫高窟》、科技方面的《敦煌历日研究》《本所藏〈酒帐〉研究》、文献考释方面的《延祐三年奴婢买卖文书跋》《俄藏敦煌文献Дх1376、1438、2170研究》、考古方面的《三界寺·道真·敦煌藏经》《敦煌研究院藏土地庙遗书源自藏经洞》、石窟研究方面的《金光明经变研究》《敦煌经变画略论》《关于莫高窟第428窟的思考》《读〈翟家碑〉札记》、文学方面的《法照与敦煌文学》等，还有一些以札记名义发表的"小"文章，如多篇《敦煌随笔》《敦煌遗书编目杂记一则——从"的无容免"谈起》等，提出或解决了一些大家似乎知道而又不清楚的问题，值得学界重视。

按今天的评价标准来说，施老师的论著并不多，也很少发表在所谓的"权威"刊物上，但不得不承认，经过了历史

2014年11月12日在作者（左一）家中，（右起）黄宝忠、何鸿、施萍婷、赵声良

2018年9月25日，（前排右起）许建平、张先堂、施萍婷、作者，（后排右起）宋旭华、窦怀永、秦桦林、冯培红、施跃娟在杭州

的沉淀，施老师的论著仍然是无法绕开的，也是能够留给后世的。这可能是施老师他们这一代"敦煌人"，做学问时没有考核的压力，也没有项目、评奖的要求，甚至也不是为了发表，即没有任何功利性，仅仅是作为一项事业来对待。这样写出来的东西，反而有真知灼见，经过大浪淘沙后，还能够留存下来。

三

施老师曾写过一篇《打不走的莫高窟人》，描写了一代"莫高人"的情怀和坚守，他们虽然由于各种政治运动，曾受到不公正的待遇，甚至被打为右派、开除公职。如段文杰先生当了"社员"，史苇湘先生成了"羊倌"，贺世哲先生被开除党籍和公职送回老家，孙儒僴、李其琼夫妇被"戴上帽子"，遣送回四川老家。"文革"后，"给他们落实政策，还是没有一个人要求离开敦煌，都回到了莫高窟。千真万确是打不走的莫高窟人，敦煌就像一块巨大的磁铁，吸引着钢铁般的莫高窟人"。可见他们对敦煌情真意切，当有机会离开西北偏远的敦煌时，并没有人离开，还是选择留在了敦煌。要知道，当年敦煌的生活条件比今天差远了，甚至孩子的上学都成问题，他们那一代"敦煌人"，将一切都献给了敦煌，真的是既献了青春，又献了子女。

"敦煌人作为一个群体，国际国内知名，作为个人，却多半默默无闻。""他们多半没有什么豪言壮语，也不善于在名利场上追逐。"但"他们与敦煌同呼吸，共命运，他们对

2021年8月20日施萍婷先生90寿辰，作者与先生合影

敦煌如痴如醉，忠贞不贰。要问为什么，那就是因为敦煌是一个值得为之献身的地方"。这是施老师对"敦煌人"的理解和描写，也未尝不是施老师自己内心的写照！

2021年7月20日初稿
2021年7月24日修改

老师·学者·优秀的学术组织者

——我所了解的刘光华先生

一、忠厚长者刘光华先生

我知道刘光华先生，是20世纪七八十年代在甘肃师范大学①历史系读书时。当时甘肃史学界的权威是甘肃师范大学的金宝祥先生和兰州大学的赵俪生先生。中坚力量则各有千秋，中国古代史方面，兰州大学的力量最为整齐，按时代排列有刘光华、齐陈骏、李蔚和唐景绅。在20世纪70年代末、80年代初出版非常困难的条件下，他们合作编辑出版了《中国农民起义领袖史话》《中国古代著名战役》等知识型图书。

由于我对敦煌学的喜爱，在1983年大学毕业前夕报考了兰州大学历史系敦煌学专业研究生，虽然总分是第一名，专业课和外语也是第一名，但由于中国古代史分数较低，只有47分，

---

①甘肃师范大学、西北师范学院、西北师范大学是同一学校。1939年建立西北师范学院，1958年划归甘肃省领导，改名为甘肃师范大学；1981年恢复原校名西北师范学院；1988年更名为西北师范大学。

所以没有被录取（当年兰州大学敦煌学专业一个都没有录取）。

第一次见刘光华先生，是在1983年8月的中国敦煌吐鲁番学会成立大会上。当时兰州大学和西北师范学院都是会议的承办单位，我大学毕业后留在了刚成立的西北师范学院敦煌学研究所，并被派到会上做服务接待工作。会议期间，有一天晚上，我们在一个房间聊天，就有刘光华先生和齐陈骏先生，我就说到了报考研究生之事，齐先生问我哪门课没有考好，我就说是中国古代史，只考了47分，齐先生就指着刘先生说：这是你出题阅卷的。我就是这样与刘光华先生认识的。

1985年，我在职跟随金宝祥先生读研究生，金先生安排我参加《隋史新探》的撰写，同时我还参加了郭厚安和陈守忠先生主编的《甘肃古代史》的撰写工作。

在1958年的"教育革命"中，兰州大学曾撤销了文科的历史、中文等系。1959年春天，兰州大学历史系老师合并到了甘肃师范大学，中文系老师一分为二，一部分到了甘肃师范大学，一部分到了新成立的兰州艺术学院。江隆基到兰州大学工作后，逐渐纠正"左倾"错误，"决定恢复历史系和经济系，并将并入其他院校的教师陆续调回兰州大学"①，所以1961年秋，原兰州大学历史系的老师又回到了兰大。正是因为有这一段机缘，刘光华先生与西北师范大学的许多老师曾经是同事，都比较熟悉。20世纪80年代中后期我们在撰

①苗高生：《江隆基传》，兰州大学出版社，1991年，第266页。据相关史料，1959年8月18日，中共甘肃省委决定，任命常书鸿为兰州艺术学院院长兼敦煌文物研究所所长。1962年7月12日，甘肃省委决定，免去常书鸿的兰州艺术学院院长职务。

写《隋史新探》和《甘肃古代史》时，刘光华先生兼任兰州大学出版社的总编辑，所以这两本书都交兰州大学出版社出版。我最年轻，联系和取送稿件、审稿意见和校样等，都由我跑腿，从而与刘先生熟悉了。

1988年我研究生毕业时，刘先生是答辩委员，给了我很多帮助和指教。后来我评职称时，西北师范大学将材料送兰州大学人事处，兰州大学人事处也是找专业相近的刘光华先生和齐陈骏先生评审。刘先生都会仗义执言、全力支持，并提出建设性的意见。

刘先生学识渊博，为人忠厚大度，既能坚持原则，又能为学生着想，还没有架子，比较好相处，所以当我开始指导研究生时，常常请刘先生担任答辩委员会主任。后来，我因

2003年，作者与刘光华（中）、甘肃省文物考古研究所吴礽骧（右）在敦煌雅丹

工作离开兰州到南京师范大学和浙江大学工作，也一直与刘先生有比较密切的联系，基本每年回兰州都会去拜访刘先生，聆听其教诲。

根据多年来与刘先生交往的感知，刘先生做事，或与人打交道，能够从对方的角度着想，这给我留下了深刻的印象。当年金先生带领侯丕勋、李清凌和我撰写《隋史新探》时，金先生撰写了长篇前言，然后分为三章，由李清凌、侯丕勋与我承担。金先生为了提携后进，决定由我们四个人按撰稿顺序集体署名，即金宝祥、李清凌、侯丕勋、刘进宝著。对此安排，作为编辑的刘先生当然不会提出意见，但总感觉不是很好。金先生是提携年轻人，但毕竟他是长辈，承担此项目主要是为了年轻人，我们不应该这样署名，所以他提出了折中的方案，即在封面上只出现金先生的大名：金宝祥等著，在版权页上又是我们四个人署名。这样既不违背金先生的意愿，又突出了金先生的地位，使大家在大面上能接受，心理上也能接受。

刘先生常常似乎是无意地给人以指导和帮助，有次我到刘先生家取《隋史新探》的修改稿时，刘先生将折叠起来的一页翻开说：你的稿子上有个错字。我看了两遍也没有看出来，刘先生就指着"晓卫将军"的"晓"说：应该是马字旁的"骁"。这才使我恍然大悟，原来我一直将"骁"误写为"晓"，如果刘先生不这样负责任地专门指出，只是在书稿中改正，我可能还会错下去。

刘先生对晚辈后学的帮助和提携是无私的，有时甚至是超出了常人的想象。如刘先生与学生楼劲合作的《中国古代文官制度》在1992年出版时，刘先生已经是教授了，但他并没有以老师和教授自居，在署名时将楼劲放在了前面，即楼劲、刘光华著，这在学术界简直是不可思议的。在本书的"序言"中有这样一段话："作者间是师生关系，因而本书的写作实际上也是一个教学过程。教学相长，在多少次共同的讨论和具体分工中，彼此都为本书作出了无法相互取代的贡献。而在最后署名时把做学生的名字放到老师前面，则出于为师的奖掖，并不能用时下常用的那种第一和第二作者的套套来衡量双方工作的多少。显然，署名或难免有顺序，但愉快和真正的合作，却根本无法用排名先后来表达，因而我们对这种顺序先后都看得很轻。"①

　　刘先生出版的著作，包括《历代职官小辞典》《中国古代西北历史资料辑录》《汉代西北屯田研究》《中国古代文官制度》《西北通史》（第一卷）、《秦汉西北史地丛稿》《陇上学人文存·刘光华卷》都当面送我了。当他知道我还没有《西北通史》第三卷时，恰好要在南京师范大学举行"转型期的敦煌学：继承与发展"国际学术研讨会，就于2006年8月31日托来南京参会的郑炳林教授带给了我。《甘肃通史》出版后，刘先生也是第一时间将七大册的《甘肃通史》和《中国古代文官制度》的修订本一起寄给了我，同时还添加了《中国古代文官制度》修订版序言中的一个漏字。2019年7月23日，我去刘先生府上拜访时，刘先生又拿出了他主持

---

① 楼劲、刘光华著：《中国古代文官制度》，甘肃人民出版社，1992年；中华书局，2009年修订本。

2003年作者与刘光华在汉长城遗址合影

点校整理的《（乾隆）甘肃通志》，由于厚厚的两大册实在太重，刘先生坚决不让我带，而是给我寄到了杭州。

刘先生是著名的历史学者，主要的研究方向是秦汉史。再加上长期在兰州读书和工作的关系，关注的重点是秦汉西北史。从20世纪80年代初开始，他不仅发表了好几篇秦汉时期西北历史的相关论文，而且编辑了《中国古代西北历史资料辑录》第一辑（上、下册）[1]，出版了个人学术专著

① 刘光华编：《中国古代西北历史资料辑录》（第一辑），兰州大学出版社，1988年。

《汉代西北屯田研究》封面

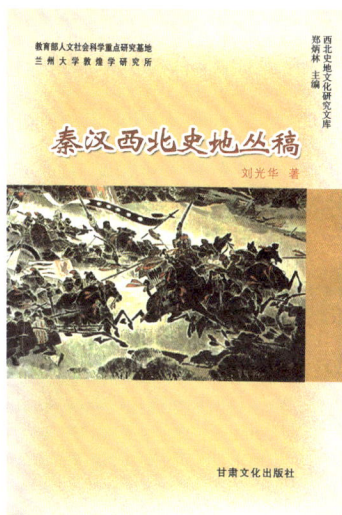

《秦汉西北史地丛稿》封面

《汉代西北屯田研究》《秦汉西北史地丛稿》（甘肃文化出版社，2007年）等。

从《中国古代西北历史资料辑录》可知，刘先生对史料的掌握和熟悉程度是我辈无法超越的。本书共辑录正史之《史记》《汉书》《后汉书》《三国志》《资治通鉴》中有关西北的历史资料，上自远古传说，下至东汉末，煌煌80万字。根据说明："本辑录所辑同一事件之资料，诸史（或

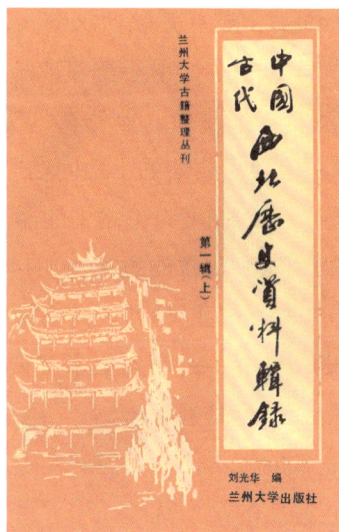

《中国古代西北历史资料辑录》（第一辑）封面

同一史书之不同篇章）所载相同或基本相同者仅录一条，其余只标明出处；而诸史（或同一史书之不同篇章）所载有较大差异者，则一一并列引录。历史事件相同而年代有差异者，以编者按形式或考订之，或仅作说明。"这样丰富翔实的资料汇释，在没有电子检索，完全靠读书做卡片或记笔记而摘录、分类、汇编、考释，是需要下苦功夫的。这种坐冷板凳的治学精神，在今天更需要提倡。据悉，兰州大学的《中国古代西北历史资料辑录》原计划从远古到1840年，分为四辑。但由于编辑这类资料的难度很大，当初约定分时段承担的其他部分都未能继续，只出版了刘先生承担的第一辑。

在与刘先生的交往中，我感触最深的是刘先生对名利的淡薄。刘先生是陕西汉中人，生于1935年。1953年考入兰州大学历史系，由于学习成绩优异，1957年毕业后留校任教。大学毕业前夕，他就在《史学月刊》1957年第2期发表了《对"西汉初期的土地问题"的两点意见》，在风行全国史学界的土地制度讨论之中崭露头角，提出了一些在今天看来仍然是发人深省的意见："具体问题应根据具体情况来作具体分析，不能以马列主义的一般公式教条式地套在任何一个历史事件上，否则历史事实便有被歪曲的可能,这对于我们的研究工作是极有害的。"随后而来的各种运动，虽然打断了正常的教学科研，但刘先生还是尽可能地多读书，从而奠定了坚实的学术基础。当"科学的春天"到来时，不仅与同事合作出版了《中国农民起义领袖史话》《中国古代著名战役》等通俗读物，而且从1980年到1983年连续发表了《汉武帝对河西的开发及其意义》《西汉前期的封建"治世"》《建郡后的汉代河西》《也谈汉代的乌孙——〈关于汉代乌孙的几个问题〉商榷》《敦煌上古历史的几个问题》《秦襄公述论》《敦煌建郡于汉武帝后元元年辩》《段会宗在西域活动的年代背景及其评价》《论东汉敦煌在中原与西域关系中之重要地位》等有关汉代西北历史的学术论文,得到了学术界的广泛好评。由于各种原因,当与刘先生年龄、资历相仿的同事在20世纪80年代中期评上教授时,并没有听到刘先生有任何的怨言和不满。当然,甘肃史学界也绝对没有因为刘先生不是教授而轻看他。他也没有气馁,还是按原计划完成了《中国古代西北历史资料辑录》《汉代西北屯田研究》等学术专著,协助赵俪生先生主编了《古代西北屯田开发史》,发表了《论徙民实边不是屯田》《关于汉代屯田的几个问题》《西汉边郡屯田的管理系统及其有关问题》《张骞与西汉中期的"断匈奴右臂"战略》等论文。

刘先生是1990年评上教授的,这时候,兰州大学历史系已经有了民族学的博士点,随后又开始申报历史文献学(敦煌学)的博士点,刘先生的论著既可以靠在民族史,也可以靠在敦煌学,他的好几篇论文就发表在《敦煌学辑刊》上。但刘先生并没有为此而申请民族学的博导,也没有要求加入敦煌学的团队,自然也没有当上博士生导师,而是在1996年60岁时就"按时"退休了。

刘先生在体制上退休了,但在学术上不仅没有"退休",反而是老当益壮,焕发了学术青春,成了甘肃史学界的灵魂人物,不仅协助谷苞先生主编了五卷本的《西北通史》，还亲自主编了《甘肃通史》《甘肃省志·建制志》，主持点校整理了《（乾隆）甘肃通志》。

在一般情况下，人们都会说名利是身外之物，将其看淡一点。但当自己面对时，能看淡或看开的又有几人？绝大多数人都可以教导别人，却无法超越自己。或者说，人最不能战胜的就是自己，因为大多数人努力或所争的实际上就是名和利。刘先生是我遇见的能够看开名利、心情豁达、为人大度、表里如一的一位忠厚长者。

二、热心的学术组织者刘光华先生

如果说金宝祥先生和赵俪生先生是早期甘肃历史学的旗帜或代表的话，刘光华先生则是新世纪前后甘肃史学界优秀的学术组织者。作为学者的刘光华，发表出版了一批有质量的学术论著。但他不仅仅是一位纯粹的学者，还是一位热心于学术，能够积极联络甘肃史学界、策划重大文化项目的优秀组织者。他在兼任兰州大学出版社总编辑时，就策划出版了一批有影响的好书，显示出

责任编辑：尤明智
封面设计：钟　蝶
版式设计：安　庆

历代职官小辞典

刘光华　主编

楼　劲　谢玉杰
牟　范　袁　林　张金龙　执笔

甘肃教育出版社出版
（兰州第一新村81号）

甘肃省新华书店发行　兰州新华印刷厂印刷

开本787×1092毫米1/64印张10.375插页4字数220,000
1989年5月第1版　1989年5月第1次印刷
印数：1——3,665
ISBN7-5423-0047-4/K·5 定价：3.70元

《历代职官小辞典》版权页

了一位学术组织者的良好素质。

20世纪80年代中期，刘先生就组织兰州大学中国古代史的青年老师编著了《历代职官小辞典》，不仅在本书后记中将每个人的工作交代得清清楚楚，而且版权页的署名也是非常独特的，即"刘光华主编，楼劲、谢玉杰、牟范、袁林、张金龙执笔"。要知道，这些作者都是刘先生的学生和晚辈，刘先生能够这样尊重学生的劳动，以独特的署名方式来体现作者的成果，给我留下了非常深刻的印象，也从一个侧面反映了刘先生作为学术组织者的大度和坦诚。

20世纪80年代后期，协助赵俪生主编《古代西北屯田开发史》时，更显现了刘先生的组织协调能力和与人为善、兼顾各方利益、不计个人得失的高贵品德。

《古代西北屯田开发史》(甘肃文化出版社，1997年)共38万字，是1984年着手的，原计划由兰州大学中国古代史的教师集体写作、赵俪生先生主编。后由于部分人员的调离等原因，直到1993年才将书稿汇齐，因为是十年之间由不同的学者分头撰写，详略不一。如刘光华先生承担的汉代部分就写了15万字，王希隆承担的清代部分更是多达24万字。而按照《古代西北屯田开发史》的篇幅和体例，汉代部分共5万多字，清代部分也只有7万多字。这样的话，他们只好单独出版了《汉代西北屯田研究》(兰州大学出版社，1988年)和《清代西北屯田研究》(兰州大学出版社，1990年)。但作为一本独立的《古代西北屯田开发史》，各部分应该大体相当。当时"由于赵俪生先生年事已高，统稿改由刘光华负责……在统稿中，由于初稿写法上存在差异，刘光华又对其中一些章节进行了改写"（《古代西北屯田开发史·后记》）。由此可知，《古代西北屯田开发史》的许多具体工作，尤其是统稿、修改、删减、润色等，都是刘先生承担并完成的，但刘先生并没有与赵先生一起挂主编，也没有听说过刘先生为此自我表彰。我是因当时经常去刘先生家取送《隋史新探》《甘肃古代史》等书稿时，才略知一二的。

刘先生后来协助谷苞先生主编《西北通史》，更是发挥了决定性的作用。说是协助，实际上就是主持或主编。"谷苞先生当时已年近九十，很多编务、协调和统稿、修改的工作，都由刘先生协助完成。"（《陇上学人文存·刘光华卷》）《西北通史》共五卷，每卷约50万字，其内容包括陕西、甘肃、新疆、宁夏、青海五省区，作者也遍及西北五省区，甚至还有远在广州的作者。

《西北通史》的编写动议是刘先生提出的，主编是曾任中国科学院新疆分院副院长、新疆民族研究所所长、新疆社会科学院院长的谷苞研究员。据第二卷主编齐陈骏先生说："撰写《西北通史》是上个世纪九十年代初由任兰州大学出版社总编辑的刘光华教授提出的，由谷苞先生任主编。"刘先生不仅自己撰稿并主编了第一卷，而且后面各卷的组稿、审稿，甚至催稿和修改，刘先生都是像完成自己的专著一样投入了巨大的精力。

刘先生作为第一卷的主编也是不得已而为之的。原计划的第一卷主编是西北大学的王宗维教授，后由于王宗维先生有病而改由刘先生负责。作为第一卷的主编，刘先生不仅实际撰写了许多章节，而且与其他作者一起对大纲、体例进行

"反复酝酿讨论"，是真正的主编。就是其他各卷的主编，也都是在刘先生的谋划下定夺的。

《西北通史》写作的前期，我还在西北师范大学，并与第三卷主编郭厚安先生和第五卷主编宋仲福先生有较多的往来与联系，并常去两位老师府上请教问学，所以对《西北通史》的筹划情况略有所闻，同时还应第五卷主编宋仲福先生的要求，提供了部分资料。①如第三卷的主编之一李清凌先生说，原来本卷的主编是郭厚安先生一个人，他只是一名撰稿人，"本卷的初期设计、章节安排、作者组织和初稿审核都是由郭厚安先生和刘光华先生主持完成的"。后由于"郭先生因病不能更多地参与工作，而书稿的修改、补充、往来联系的事情却很多，经郭先生向刘光华先生推荐，刘先生在甘肃省史学会平凉会议期间与我商量，要我帮助郭先生做一些主编工作。郭先生是长者，他对我走上史学研究的道路曾有过很大的提携和奖掖；刘先生又是我非常尊敬的学人，对于他们的要求，我不能因为自己的浅薄而拒绝"。作为本卷的主编之一，我要感谢"刘光华先生的大力帮助"。②其他各卷的情况也与此类似。另据第四卷主编尹伟先说：在本卷编写中，西北师范大学的吴廷桢、郭厚安教授，兰州大学的刘

---

① 宋仲福在第五卷"后记"中还写道："本书原计划编写文化教育、文学艺术、科学考察三个专题。为此，西北师大刘进宝同志搜集、汇总了科学考察专题方面的详尽资料。我们在此表示感谢。但主要由于缺乏文学方面的资料，加上其他方面的原因，这三个专题未能完稿。"

② 郭厚安、李清凌主编：《西北通史》（第三卷），兰州大学出版社，2005年。

光华教授等"一直关心地指导着本书的写作，审阅书稿"。①

我们反过来想一想，如果没有刘光华先生的亲力亲为，《西北通史》能否顺利完成和出版？真的无法给予明确的答复。我们看看《西北通史》各卷的主编和撰稿人，第一卷主编是刘光华，第二卷主编是兰州大学的齐陈骏，第三卷主编是西北师大的郭厚安、李清凌，第四卷主编是西北民大尹伟先，第五卷主编是西北师大的宋仲福。其中兰州大学和西北师范大学各主编两卷，西北民族大学主编一卷。除了第四卷主编尹伟先外，其余的主编都是与刘先生资历相当，甚至是比刘先生的资历高、年龄大的学者。在我们这个讲究资历的社会，刘先生要完成这项工作的难度和遇到的问题就可想而知了。刘先生依靠的就是不计名利得失的忘我精神，正是这种高尚的人格魅力，才成就了这项伟大的文化工程。

作为甘肃史学界优秀的学术组织者，刘先生最重要的贡献是主持了《甘肃通史》的编写。如果说《古代西北屯田开发史》和《西北通史》是刘先生协助老先生、自己甘做无名英雄的壮举的话，主编《甘肃通史》则是刘先生退出科研教学第一线后，又走向前台，为学术界，尤其是甘肃史学界作出的重大贡献。

早在20世纪90年代末，刘先生就开始策划《甘肃通史》的编写工作，并与甘肃文化出版社达成了初步的出版意向。当时我还在西北师范大学工作，受刘先生之邀，参加了在出版社召开的编写会议。刘先生分配我撰写隋唐五代卷，

①尹伟先主编：《西北通史》（第四卷），兰州大学出版社，2005年。

我也草拟了撰写提纲，后我调离兰州，由于工作重心的变动，还有适应新的工作环境及所需资料的限制等各方面因素，我就退出了《甘肃通史》的写作。

2003年，《甘肃通史》的编写重新启动，由甘肃省新闻出版局和甘肃人民出版社（读者出版集团的前身）共同策划立项，聘请刘光华先生负责其事。刘先生和甘肃人民出版社的李树军学兄还是想让我承担隋唐五代卷的撰稿，由于我当时正在从事国家社科基金项目归义军经济史的研究，实在没有时间和精力，就谢绝了他们的美意。

在刘先生的主持下，经过各位作者五年的认真撰写，到2009年出版了七卷本的《甘肃通史》[①]。

虽然刘先生没有像《古代西北屯田开发史》和《西北通史》那样参加《甘肃通史》具体的写作，但《甘肃通史》能够顺利出版，刘先生的谋划、协调和组织起了决定性的作用。这正如《甘肃通史》总策划周德祥先生所说："《甘肃通史》的主编刘光华先生，以耄耋之年，不惮其劳，总纂大纲，审读稿件，耐心细致地听取各方改进意见，撰稿过程中字斟句酌，呕心沥血，其对读者负责、对历史负责的态度，令人铭念至深。"（《写在〈甘肃通史〉出版之际》，载《甘肃通史》各卷卷首）

周德祥先生的这一评价也从各卷作者处得到了印证，如先秦卷作者祝中熹说：刘光华先生"从内容到体例给予了全

177

---

①刘光华主编的《甘肃通史》，甘肃人民出版社2009年出版了七卷，即先秦卷、秦汉卷、魏晋南北朝卷、隋唐五代卷、宋夏金元卷、明清卷、中华民国卷。2013年再版时增加了当代卷。

面指导，帮助我克服了不少难点。有些深层次的问题，我们曾反复交换意见，诚挚坦率地进行探讨，直到达成认识上的基本一致。刘先生为提高此书质量耗费了大量心血，令人感佩至深"（《甘肃通史》先秦卷"后记"）。宋夏金元卷作者刘建丽说："作为一项大规模的文化工程，《通史》总主编刘光华先生付出了心血与汗水。从编写人员构成，到各卷体例、框架设计与内容构想等，事必躬亲，进行具体的指导。"（《甘肃通史》宋夏金元卷"后记"）魏晋南北朝卷作者赵向群说："编写工作展开之后，刘先生不辞劳苦，与有关部门协调，力争给各卷作者提供经费和资料方面的帮助，还不时与作者交换意见，进行具体指导。这对整个工程的完成起了重要的促进作用。"（《甘肃通史》魏晋南北朝卷"后记"）隋唐五代卷作者尹伟先说："刘光华教授自始至终关心本书稿的写作，并参加了部分章节的修改，倾注了大量心血，其认真负责的态度令人难以忘怀。"（《甘肃通史》隋唐五代卷"后记"）当代卷作者在"后记"中写道："为了编成该书，刘老以古稀之躯往返于金城东西两端的兰大和党校，多次召集相关人士举行会议，协调工作、解决问题，并亲自审阅和修改书稿，让我们再次领略了老学者的风范。"

由此可知，如果没有刘光华先生这样热心、负责的主编，《甘肃通史》的顺利出版是不可能的。

《甘肃通史》是甘肃省第一部贯通古今，从远古到现当代，截至1984年的长时段通史著作，被誉为甘肃文化建设和出版的一座丰碑，既得到了甘肃省委和省政府的高度赞誉，又得到了学术界尤其是甘肃史学界的充分肯定。这样重大的里程碑式的学术工程，由刘光华先生出任主编，也从一个侧面反映出他在甘肃史学界的崇高地位。

《甘肃通史》出版后，刘光华先生并没有停歇，又主持点校整理了260万字的乾隆版《甘肃通志》[1]。该书纂修于雍正末年，因刊行于乾隆元年（1736

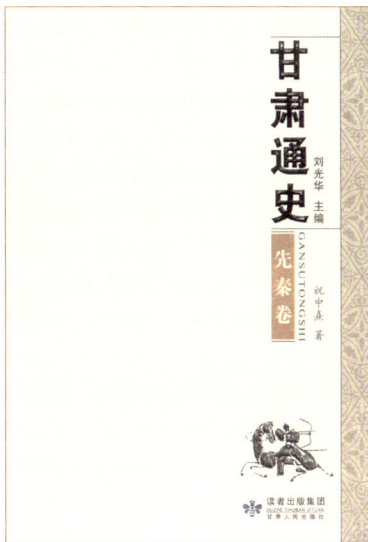

《甘肃通史》封面

年），学界一般称之为《（乾隆）甘肃通志》。这是甘肃省第一部通志，也是清初陕甘分治后第一部全面反映甘肃历史的通志，对研究甘肃历史具有极高的文献价值和学术价值。

由甘肃省地方史志办公室组织策划的《甘肃通志》点校整理本，聘请年过八旬的刘光华先生主持其事，正是看中了刘先生在主编《甘肃通史》等集体项目上不图名、不图利的无私奉献精神和卓越的组织协调能力。

现在，刘先生虽然已经是85岁的高龄了，我2019年7月23日到府上拜访时，仍然精神焕发、思维清晰。我们聊掌

---

[1] ［清］许容监修、李迪等撰，刘光华等点校整理：《（乾隆）甘肃通志》，兰州大学出版社，2018年。

故、谈学问，真的是其乐无穷。盼望刘先生健康长寿！

2019年8月8日初稿

2019年8月15日修订

（原载沈祯云、陈志刚主编：《刘光华先生、李蔚先生八五华寿纪念文集》，兰州大学出版社，2021年）

正直的先生走了，精湛的学问长存

——怀念我的老师朱雷

我认识朱雷老师将近40年了，跟随他学习也已经20多年了。朱老师生病住院后，我两次专程到武汉看望他。2021年7月18日，在武汉大学举行的"纪念唐长孺先生诞辰110周年学术座谈会"上，又与先生见面。当日，先生的精神状态还不错，早上8点多就被家人送到了会场，直到晚上8点多才离开。真没有想到，不到一个月后，8月10日凌晨1点40分，先生竟永远离开了我们。

一、烈士后代，唐门弟子

朱雷老师的籍贯是浙江海盐，1937年5月出生在上海。朱先生的父母都是优秀的中国共产党党员、川北老红军。父亲朱宗彬，生于1913年，他曾就读于苏州东吴大学外文系、北平大学政治系和武汉大学、复旦大学。朱宗彬15岁时就踏上了革命道路，从事宣传工作。他以刘群为笔名，撰写了《告彷徨中的中国青年》《中国在统一中》《战时的宣传工作》等政论、青年问题论著。"九一八"事变后，他于1932年在北平加入中国共产党。1937年9月，他参加抗日救亡演剧队，从上海到常州、镇江一带演出宣传，在常州感染白喉，于9月24日在常州武进医院不幸病逝，年仅24岁。朱宗彬去世后，章乃器在上海《救亡日报》发表了《听到了刘群的死耗》（1937年10月5日第37号）。莫洛（马骅）在《陨落的星辰》中写道："刘群确是个有天才的、有远大前程的青年文化工作者和青年运动的领导者。"新中国成立后，朱宗彬被追认为革命烈士。朱老师每月会领20元的抚恤金，用于生活和学习。后来条件稍微好些后，朱老师主动提出放弃了抚恤金。

朱老师的母亲朱涵珠，四川江安县人，是辛亥革命烈士朱山的女儿。朱宗彬、朱涵珠是北平大学法学院的同学，也都从事过党的地下工作。当父亲去世时，朱老师才出生4个月，母亲带着襁褓中的孩子，一边逃难，一边寻找组织。抗战期间，朱涵珠接受邓颖超的领导，在武汉筹建中国战时儿童保育会，还担任武汉孤儿院的院长，以保育工作为掩护从事地下工作。武汉孤儿院是当时中共地下党的接头、联络点，朱涵珠营救过被捕的地下党员。这时的朱雷老师，还是小孩子，不引人注意，就像电影《鸡毛信》中的儿童团小队员一样，经常帮地下党送信。朱涵珠解放后任武昌区副区长。

师母田苏华也是革命后代，她的父母都是军人，父亲曾是武汉军区后勤部的一位领导。

朱老师就出生在这样的家庭，是烈士的孩子，在母亲的熏陶下，养成了坚强、正直、无私、不随波逐流的高尚品格。

1955年，朱雷老师考入武汉大学历史系；1959年大学毕业后又考取唐长孺先生的研究生，跟唐先生学习魏晋南北朝隋唐史；1962年研究生毕业后留在唐先生创建的魏晋南北朝隋唐史研究室（今武汉大学中国三至九世纪研究所）。从此，他一直在武汉大学从事魏晋南北朝隋唐史和敦煌吐鲁番文书的研究和整理工作。

朱老师初入大学时，对中国早期的历史比较关注，阅读了朱芳圃的《甲骨学商史编》、杨树达的《积微居小学述林》等学术论著。据朱老师说："但听了唐长孺教授的魏晋隋唐史的课，还看了他的文章，就转向3—9世纪史的研究。在看了唐师的《魏晋南北朝史论丛》后，不管当时是否看懂了多少，我却深深喜欢上了这段历史。"

1958年秋，朱老师大学四年级时，武汉大学开始了"教育革命"。作为班长，此时的朱雷老师以为可以在课程设置、讲授内容及方法上做些改革。在讨论中，有些同学说要批倒搞臭王国维、陈寅恪、唐长孺，朱老师忍不住说，我没有你们那样大的志向，如果这辈子能读懂他们的著作，我就心满意足了。当然还有更多其他的"不合时宜"的观点，这样他就成了"大白旗"被批判了。在专用的大批判教室内，在宿舍周边墙上，都贴满了批判他的大、小字报，最后班长也被罢免了。

1960年初，学校组织批判陈寅恪的史学观点，就是要影射唐长孺教授。朱老师是唐先生的研究生，有人动员他参加批判，朱老师说，我根本没有读懂他们的论著，怎么有能力批判？后来，又有人让朱老师批判石泉先生，朱老师说，石先生的东西我没有读过，更没有资格。主事者就提示，石泉祖籍安徽贵池，曾祖刘瑞芬，晚清历官江西按察使、广东巡抚等职，出自淮军系统，早年还做过淮军的粮台，而淮军又参与了镇压太平天国、捻军。想让他从家庭出身上找原因，朱老师还是拒绝了。

老干部陈沂是朱雷老师父母在北平大学的同班同学，也做过党的地下工作。"文革"中，陈沂受到批判，被造反派拘押。朱老师由于了解这位长辈的历史和他对革命的贡献，就积极奔走，希望能为陈沂翻案。朱老师却因此被下放到襄阳农场劳动改造。陈沂的子女说，朱雷"为陈沂平反追求真理奔波了几乎大半个中国"，"在最黑暗、最艰难的时刻他给了我们温暖和希望"。

虽然经历了风风雨雨，朱老师也因此而受到了一些不公正的待遇，但坚持原则、事实求是的优秀品质却一直没有丢失。

在学术界，朱老师也一直以为人正派而著称。他在长期担任系、校的学位、学术、职称评审工作中，始终能够坚持原则，主持公道。朱老师从1988年开始就担任国家社科基金评审专家，1989年担任国家教委（教育部）学位委员会学科评审组成员，随后又是国务院学位委员会历史学科评议组成员，1993年还担任了唐研究基金会学术委员，也担任过几次国家教委（教育部）哲学社会科学优秀成果评奖的历史组组长或副组长。在所有的评审工作中，朱老师都坚持客观公正、事实求是的原则，特别注重学风及学术道德，不仅在海内外史学界享有很高的威望，而且得到了相关管理机构的敬

2010年朱雷老师在上海陈沂墓地前

2010年朱雷老师与陈沂夫人马岚阿姨合影

重。21世纪以来，年龄较大的成员一般不再担任国家社科基金的评审专家，但在中国历史组保留了4位德高望重、公正公平的老年评审专家，朱老师就是北京以外唯一的一位。

二、精研晋唐，学跨文史

朱老师为学严谨踏实、一丝不苟，而且富于创新精神，这是学界的共识。

他长期致力于魏晋南北朝隋唐史和敦煌吐鲁番文书的整理与研究工作。从1974年开始，作为国家文物局"吐鲁番出土文书整理组"主要成员和唐长孺先生的学术助手，他多次赴新疆、北京等地参加吐鲁番出土文书的整理和研究工作，协助唐先生对8000多份古文书断片逐一进行登录、拼合、释文、定名、断代。朱老师还负责撰写了整理录文细则、出土文书之墓葬说明等，为文书整理工作作出了突出贡献。他在整理工作中体现出的文献功底、学术水平和敬业精神，受到唐长孺先生及学界同行的高度评价。

在整理文书的同时，朱老师还围绕敦煌吐鲁番文书和魏晋南北朝隋唐历史，撰写了一系列高水平论文，从中可以看到他敏锐的学术眼光和深厚的学术功力。北京大学考古学专业的宿白先生在一本内部发行的考古学教材中提到，北大图书馆藏有北凉赀簿，这一信息随即引起朱老师的注意。他在宿白先生的帮助下，到北大图书馆查看了原件，结合中国科学院图书馆所藏同组文书，考证其为《北凉高昌郡高昌县都乡孝敬里赀簿》，于1980年发表了《吐鲁番出土北凉赀簿考释》。学术界认为，这篇优秀的研究成果"正在改变着国内外籍账研究的面貌"，"大大推进了十六国时期的田亩赋役制度研究，也为后来吐鲁番文书的整理，提供了一份标本性的文书"。

敦煌文献中有一件奴婢马匹价目的残件，其中将奴婢与马匹放在一起，而奴婢又有"家生"和"蕃奴"的区别，并被写入"时价簿"中。朱老师的《敦煌所出〈唐沙州某市时价簿口马行时沽〉考》，利用出土文书和传世文献，对其进行深入探讨后提出，奴婢不仅被当作会说话的工具，与牛马等畜产为伍，而且其价格还没有一匹马高，可见奴婢地位之低下。姜伯勤先生指出："从作者为本件残纸所作正确定名中，可以看见作者对唐代公文制度和典制的纯熟修养。本文是近年敦煌'市''行'组织研究方面的一篇力作。"

1983年8月，朱老师与唐长孺教授一起应邀出席了在日本京都、东京召开的第31届亚洲、北非研究国际学术会议，并在会上宣读了《论麴氏高昌时期的"作人"》。该文第一次系统地研究了初次发现的六世纪麴氏高昌的私属"作人"，认为他们是被当作财产，可以继承、买卖的，但却有着某种程度不同的私有经济活动。除了主人外，高昌政权也直接对"作人"进行一定程度的赋役剥削。有学者指出，这篇文章"提出了一个有启发性的创见，即指出高昌私属作人与南朝宋齐的'十夫客'相似"，"由于作者找出了上述两种身份的相似性，将会促进今后对此一类型中古依附身份奥秘的进一步揭示"。其结论被中日学者在有关论著中多次引用。

《敦煌两种写本〈燕子赋〉中所见唐代浮逃户处置的变

化及其他》一文，则别开生面，将文学作品中的"赋"作为史学研究的材料，其研究方法和结论都得到了学界的肯定，认为其"赋文与史籍互证，探讨了文学作品《燕子赋》前后迥异、改写的变化，源于实际括逃政策的变化"，"朱雷同志对《燕子赋》的精心分析，生动形象地揭示了武则天与玄宗括户政策的变化，很有说服力"。

除了这篇文章，朱老师还在多篇文章中运用"文史互证"的方法，将变文、话本等文学作品与历史研究有机结

1983年，朱雷老师与唐长孺先生（右）在日本东京

合，开创了敦煌变文与晋唐历史研究的新局面，如《〈伍子胥变文〉、〈汉将王陵变〉辨疑》《〈捉季布传文〉、〈庐山远公话〉、〈董永变文〉诸篇辨疑》《〈李陵变文〉、〈张义潮变文〉、〈破魔变〉诸篇辨疑》等。学界认为，这些系列论文"对敦煌变文做历史学考察，发掘出其中有关历史的资料，别开生面"，"突破了旧有变文研究的方法，有开创意义"。

朱老师的论文，可以说每篇都是精品，既具有深厚的文献功底，又有极强的思辨能力，经过大浪淘沙，三四十年以后，仍能经得起时间的检验，是研究相关问题无法绕开的学术成果。我在给朱老师编辑论文集时曾感慨：有的学者的论著，如果我有资料或从事相关研究，也能取得大体同样的成绩；有的学者的论著，就是给我相关的资料，我也从事相关的研究，还是无法企及，达不到那样的水平。朱老师的论著就是我无法企及的。

朱老师虽然离开了我们，但他坚持真理、正直无私的精神还在，他严谨踏实、一丝不苟并富于创新精神的学问还在。这些，都是值得我们永远铭记和学习的。

（原载《光明日报》2021年8月23日）

一位纯粹、可敬的学者

——缅怀朱雷老师

2021年8月10日凌晨1:40，朱雷老师在武汉去世，享年85岁。早上得到消息后，我心情久久不能平静。不敢相信，敬爱的朱雷老师真的走了。

一

近年来，虽然朱老师身体已大不如前，也曾几次住院治疗，但朱老师非常坚强，又得到师母无微不至的照顾，每次都挺了过来。

2020年初，武汉是疫情最严重的地方，我一直担心朱老师，也多次与朱老师和师母电话联系，感觉朱老师各方面还可以。

2020年下半年，朱老师再次因脑中风而住院，由于疫情的原因，治疗、住院各方面都不是很顺利，但在师母的努力下，这些问题都解决了。

朱老师生病住院后，我一直想去武汉看望老师，但因各种事情干扰久未成行。10月已经做好了赴武汉的准备，给师母打电话，师母说，最近朱老师比较平稳，她要去新疆办理朱老师国家社科基金重点项目的结项手续，如果她不在武汉的话，我无法进到医院，只好放弃了。

　　2020年11月，由于一个机缘，我和夫人赴武汉看望朱老师。11月26日上午，我和太太，还有学兄刘礼堂、师妹张宇到医院后，看到朱老师虽然说话比较困难，但精神还可以，

　　2021年4月23日，作者与夫人张晓莹到疗养院看望朱老师，后排中为师母

床头柜上放着荣新江兄刚赠送的《从学与追念——荣新江师友杂记》。我就问，您现在还能看书吗？他说可以看一点。由于疫情期间医院的规定，我们不能在医院待过长的时间，再加上朱老师的身体状况，也无法做更多的交谈。当天晚上，我们将朱老师接出来，与刘礼堂、刘玉堂、徐少华、魏斌、吴成国、马志立、邢勇等一起陪朱老师吃饭、聊天。

今年春节后，朱老师入住汉口的一家疗养院，相对而言条件好多了。4月有机会去武汉时，我与师母联系提前向疗养院备案。4月23日下午，携太太，与师母、马志立一起到疗养院看望朱老师。去疗养院前，我在朱老师家里拿到了中山大学出版社出版的100余万字的《广州图书馆藏朱雷教授藏书目录》，到医院后，朱老

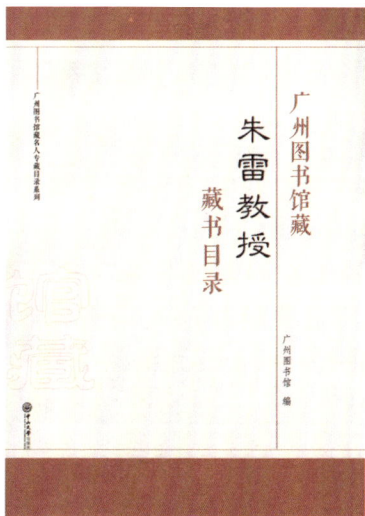

《广州图书馆藏朱雷教授藏书目录》封面及扉页

师还在上面签名"惠赠刘进宝同志。朱雷，2021.4.23"。虽然朱老师由于脑中风写字很困难，尤其是第一个"惠"字几乎难以辨认，但后面的字还是比较流畅。我当时的心情很复杂，可以说是既心酸又欣慰。

在聊天中，朱老师念念不忘的还是唐长孺先生和吐鲁番出土文书的整理。说到参加文书整理的各位学者时，提到"邵怀民同志负责全书的清抄"。我没有听说过邵怀民先生，就专门向朱老师请教，朱老师说："邵怀民是银行退休职工，毛笔字好，其兄是北京大学历史系的邵循正教授。"参加短期整理工作的还有陈建放，我也不知道，朱老师告诉我：陈建放是上海的工人。

7月18日，武汉大学举行"纪念唐长孺先生诞辰110周年学术座谈会"，我和孙继民学兄提前联系，计划去疗养院看望朱老师。17日到达武汉后，就和师母约好晚上到家里面商量。晚饭后我们到朱老师家，师母说朱老师听说许多学者要来，他也想与大家见面，已经约好明天早上去汉口接朱老师，八点半到学院。

18日上午，朱老师到了学院会议室，他一直坚持听会。会议结束后，还与大家一起聚餐，直到晚上八点半才离开。我送朱老师下楼时，还下着雨。我当时就想，这样的天气，武昌到汉口大约要一小时，朱老师从早上七点多出门，回去就晚上九点多了，对于一个八十多岁并一直生病住院的老人来说，需要多么强大的毅力啊！

2021年7月18日，朱老师参加唐长孺先生诞辰110周年学术座谈会

二

朱雷老师是一位纯粹的学者。他一生最可称道的工作是吐鲁番文书的整理与研究。

1973年秋，为编写中国古代史教材，朱老师与武汉大学历史系党总支书记彭神保一起赴西北地区搜集考古资料，当看到新疆博物馆展厅里的吐鲁番文书时，立即将在新疆的见闻写信向正在北京整理"二十四史"的唐长孺先生做了汇报。唐先生学术眼光极其敏锐，马上意识到吐鲁番文书蕴含巨大学术价值，就向国家文物局领导王冶秋、刘仰桥做了汇报，同时让朱老师等赶到北京，详细说明相关情况。1974年元月中旬，朱老师等到北京向唐先生做了汇报，并见到了国家文物局的领导。王冶秋决定在国家文物局成立吐鲁番出土文书整理组，唐先生任组长，由新疆博物馆和武汉大学合作，文物出版社负责经费，开展吐鲁番文书的整理工作。唐先生在1990年12月所写《吐鲁番出土文书》编后记中说："《吐鲁番出土文书》录文本全十册至今已全部出齐。它收集了新中国成立以来在新疆吐鲁番阿斯塔那、哈拉和卓等古墓地二〇三座墓葬中出土的由前凉升平十一年（三六七年）到唐大历四年（七六九年）的一千八百余件文书。""在当时的形势下，如果没有冶秋同志的热心组织和大力支持，这项工作是根本不可能开展的。"

由于要全身心地投入吐鲁番文书的整理，从1974年至1986年春，朱老师由武汉大学借调至国家文物局，作为国家文物局"吐鲁番出土文书整理组"（组长为唐长孺教授）主要成员，并作为唐长孺先生的学术助手，在新疆、北京等地参加吐鲁番出土文书的整理和研究工作。其中的艰辛，外人很难想象。1975年4月底，朱老师随唐先生赴新疆，陪唐先生在吐鲁番哈拉和卓、阿斯塔那墓葬区看发现文书的古墓。在南疆的库车考察时，由于"机耕道"的路况非常差，他们坐在手扶拖拉机挂带的斗车上，强烈的颠簸致使唐先生右眼眼底出血，造成失明。由于新疆医疗条件差，不得已，唐先生只得返回北京诊治。朱老师则留在新疆，在吐鲁番地区文保所进行文书的清理、拼合和抄录。有了这次意外，认识到在新疆整理文书的确有许多的不便，王冶秋局长专门给国务院写了报告，经李先念和邓小平两位副总理批示和圈阅，吐鲁番文书的整理工作就转至北京继续进行。1976年唐山大地震时，北京震感强烈，整理组因避地震入驻故宫武英殿，随后又转至上海继续工作，直到年底才返京。在北京整理文书时，唐先生的"晚饭都是由朱老师亲自烧菜并加以安排的"。因为文书整理研究工作的劳累、生活的艰苦，朱老师8次胃出血。

正是在唐先生的领导下，朱老师将自己最宝贵的年华献给了吐鲁番文书的整理工作，协助唐先生对8000多份古文书断片逐一进行登录、拼合、释文、定名、断代。朱老师还负责撰写了整理录文细则、出土文书之墓葬说明等，为文书的整理完成作出了突出贡献。1974—1986年，朱老师是37岁到49岁，可以说是人生最美好的阶段。在这十多年中，朱老师抛家舍子，跟随唐先生赴新疆、北京整理吐鲁番文书。偶尔回家，两个孩子都不认识他了，还偷偷地问妈妈，这个人怎么还不走？还要住在我们家？

吐鲁番出土文书主要是1959—1975年新疆博物馆考古队在吐鲁番发现的，由新疆博物馆保存。1975年后，新疆博物馆又陆续搜集了部分吐鲁番文书，主要是21世纪新挖4个墓葬的出土文书。还有20世纪70年代未带到北京整理的断纸残片，非常零碎，整理拼接难度很大。由于朱老师从头到尾参加了吐鲁番文书的整理工作，又长期从事相关研究，与新疆同仁关系密切，所以新疆博物馆仍然希望由朱老师来负责整理这批文书。本来朱老师身体不好，退休后应安度晚年，但他却将学术视为生命，毅然答应下来，于2010年赴新疆开展工作。凭借长期的学术积累和认真负责的精神，朱老师完成了这项艰巨的任务。

毕竟年龄大了，身体又不好，所以朱老师每年去新疆，都需要师母陪同和照顾。朱老师考虑到这批文书残缺较多，整理费时，而新疆博物馆经费有限，不可能完全承担所有的费用，朱老师又退休了，也没有其他的经费来源。没办法，在2017年80岁时，他又以新疆博物馆的名义申请承担了《吐鲁番出土文书补编》的国家社科基金重点项目，不顾年老体弱和身体抱病，每年都去新疆工作四五个月。去年住院后，他还让师母去新疆做最后的结项工作。今年还一直关心、安排《吐鲁番出土文书补编》的出版工作。7月初，出版社的领导到医院签订了出版合同，朱老师才放心了。遗憾的是，现在，书还没有出版，朱老师却已经离开了。

朱老师长期从事吐鲁番文书的整理和研究，又有亲炙唐先生教泽的优势，使他在吐鲁番文书整理和研究方面站在了国际学术前沿，发表了一系列高水平、有影响的学术论文。我在帮朱老师编辑相关论文集时，感受到朱老师的论文，真正是传世文献与出土文书有机结合的典范。他的论文都是以小见大，既具有深厚的文献功底，又体现出极强的思辨能力，提出了一系列独到见解，推动了相关问题研究的深入，为同行所折服和认同。

20世纪80年代中期，曾有学者言及唐门弟子对唐先生治学的承传问题，称唐先生治学主要涉及魏晋南北朝史、隋唐史和敦煌吐鲁番文书三大领域，"继承魏晋南北朝的是高敏，继承唐史的是张泽咸，继承敦煌吐鲁番文书的是朱雷"。王素先生在为朱老师《敦煌吐鲁番文书论丛》写的书

20世纪70年代朱雷老师在北京整理吐鲁番文书

评中说:"朱教授的很多论文,尽管经过了十多年甚至二十多年,学术价值还是难以超越……学界师友常言:唐长孺先生门下,论文风格与唐先生最为接近者,莫过于朱雷教授。读罢本书,深信此言非虚。"

三

朱老师是一位非常单纯的学者。

经历过历史的风风雨雨后,各单位肯定会有各种各样的人事纠纷或矛盾,有的老师也曾在我面前埋怨过朱老师,但朱老师在我面前却从来没有说过别人的不是。当我们聊天说到某单位或某位学者的研究有不足时,朱老师马上说,不能这样看,人家也是做出了成绩的。

朱老师严以律己,宽以待人,延伸开来,对自己亲近的人和学生要求很严。曾经有人问朱老师:不少人文学科的学者谈到做研究都会感叹没有钱,您长期从事研究工作,缺钱吗?朱老师回答说:"我还没有觉得缺钱,我这一屋子全是常用书,还有好多放在地下室,基本够用了。""以前没有钱,家人开玩笑,说我们做研究,一张纸,一支笔,一支烟,一杯茶就可以了。改革开放后,国家富了,关心知识分子,工资给的多些,还给一些科研经费。我们现在是投入多产出少,如今出的书谁看啊,一般都堆在图书馆,刚出版就可在旧书店买到减价新书。像我的老师唐长孺先生,像陈寅恪先生,抗日战争时候,多困难啊,经费是很少的,还不是做出了成果。我觉得有钱好,生活安定一些。但过分强调缺钱，发牢骚啊，不好。"

朱老师是这样说的，也是这样做的。朱老师曾长期为国家社科基金评审专家，又曾任中国唐史学会会长、唐研究基金会学术委员，还是武汉大学国家重点学科中国古代史的学科带头人，当过武汉大学三至九世纪研究所所长，手上掌握着"211""985"科研经费，但他从未为自己谋过任何利益，也没有申请学校和唐研究基金会的经费出版自己的学术论著。他在甘肃人民出版社出版的《敦煌吐鲁番文书论丛》、上海古籍出版社出版的《朱雷敦煌吐鲁番文书论丛》、浙江大学出版社出版的《敦煌吐鲁番文书研究》，基本上都是我经手的。如果他要动用手中权力出版个人的学术论著，

朱雷先生八十华诞学术座谈会会场一角（2016年5月21日）

2010年朱雷先生在新疆博物馆整理文书

既是符合规定的，也是非常容易的，但他不仅没有申请任何出版经费，而且连给学界师友赠书，都是自己掏钱购买。

2000年，朱老师到敦煌参加学术研讨会后，又赴天津参加学术会议。会后，又到北京请启功先生给《唐长孺文集》题签。回到武汉后，才发现从兰州到天津的车票找不到了，我就问朱老师如何处理，朱老师说那这次外出的开支就不报销了。

朱老师虽然离开了我们，但他治学、为人的精神永存！他永远是我们学习和效仿的榜样。

（原载《中华读书报》2021年8月18日）

朱雷先生与敦煌吐鲁番文书研究

朱雷老师的籍贯是浙江海盐，1937年5月出生在上海。出生4个多月，父亲就去世了。1955年，朱老师考入武汉大学历史系，1959年大学毕业后又考取唐长孺先生的研究生，跟唐先生学习魏晋南北朝隋唐史。1961年春节后，由于贯彻高教"六十条"，唐长孺先生提出成立魏晋南北朝隋唐史研究室的建议被批准。正是有此机缘，1962年朱老师研究生毕业后留在了成立不久的魏晋南北朝隋唐史研究室（今武汉大学中国三至九世纪研究所）。从此一直在武汉大学从事魏晋南北朝隋唐史和敦煌吐鲁番文书的整理与研究工作。

一、朱雷先生与《吐鲁番出土文书》

唐长孺先生早就重视敦煌文书的利用，1957年夏在给本科生讲授隋唐五代史课程中，讲到"均田制"时就引用过敦煌户籍残卷中的"应授""已授"等；讲到农村中的雇农问题时，引王梵志诗为证；讲到五代辽之"投下军州"时，说"投下"亦作"头下"，同时讲到敦煌文书中的"寺户"记载，犹云"某某团头下某某"之意。①

　　由于唐先生是中国科学院历史研究所的兼职研究员，在得知科学院图书馆入藏英、法敦煌文书缩微胶卷后，就于1957年夏赴北京阅读、抄录敦煌文书。当1961年魏晋南北朝隋唐史研究室成立后，即通过北京图书馆购买了英、法所藏敦煌文献的缩微胶卷。武汉大学魏晋南北朝隋唐史研究室可能是北京图书馆、中国科学院图书馆和敦煌文物研究所以外第四家拥有敦煌缩微胶卷的单位。同时，唐先生还于1962年"嘱人由香港购回日本西域文化研究会所编的《敦煌吐鲁番社会经济资料》上、下两册"②，这是石滨纯太郎主持编辑的《西域文化研究》中的第二、三册。日本的《西域文化研究》六卷7册主要刊布和研究的是大谷探险队在新疆获取的文书，且以吐鲁番地区的为主。

　　1962年朱老师研究生毕业留校后，唐先生就给朱老师布置了两项工作，"一是通读《全唐文》，并作出分类资料卡片；二是整理校对补充唐师所抄录的敦煌文书资料"。从此，朱老师"白天上班去大图书馆缩微阅读室看拷贝，晚上则阅读《全唐文》并作资料卡片"。至1963年夏，完成了敦煌文书的校补任务。（《唐长孺师与敦煌文书的整理》）

　　1973年夏，朱老师在新疆博物馆看到吐鲁番文书后，立即报告唐长孺先生。"朱雷最先接触敦煌吐鲁番文书，他向唐先生建议接受整理该文书任务，并成为整理文书的主要助

----

①朱雷：《唐长孺师与敦煌文书的整理》，武汉大学文科学报编辑部：《魏晋南北朝隋唐史资料》第21辑，2004年，第41页。

②朱雷：《唐长孺师与吐鲁番文书》，载《河北学刊》2005年第5期，第80页。

2010年朱雷老师参观交河故城

手，直至任务完成。"①

为了全身心地投入吐鲁番文书的整理工作，从1974至1986年春，朱老师由武汉大学借调至国家文物局，作为国家文物局"吐鲁番出土文书整理组"（组长为唐长孺教授）主要成员，并作为唐长孺先生的学术助手，在新疆、北京等地参加吐鲁番出土文书的整理和研究工作，其中的艰辛，外人是无法理解的。

朱老师晚年回忆说：出土文书整理是个大工程，要把那些千头万绪的纸片一点一点看明白，理出头绪，抄录到稿纸

①杨剑虹：《〈敦煌吐鲁番文书论丛〉评价》，本书编委会主编：《敦煌吐鲁番文书与中古史研究：朱雷先生八秩荣诞祝寿集》，上海古籍出版社，2016年，第102页。

上，根据纸质、字迹、内容有序归类，完成释文、拼对后，再融合自己的历史知识、文献资料，给文书断代、定名，必要的注释，等等，要想把文书整理成精品谈何容易！在漫长的十几年文书整理中，我体会最深的一点是："要耐得住寂寞，甘愿清贫，不为名不为利，只为求得真知，寻找人生的乐趣。我从初识出土文书，经过艰难跋涉，一步一个脚印地向事业的顶点迈进，终于走进敦煌吐鲁番学，成为一名研究敦煌吐鲁番学的学者。"①

吐鲁番出土文书主要是1959—1975年新疆博物馆考古队在吐鲁番发现的，由新疆博物馆保存。根据整理工作的要求，新疆博物馆将文书初步整理后，于1976年"全部携至国家文物局进行全面整理"。这就是《吐鲁番出土文书》所收1800多件文书。

2006年，新疆博物馆考古部和吐鲁番地区文物局阿斯塔那文管所联合对阿斯塔那古墓葬进行了考古发掘。这次共发掘了五座墓葬。同时，因收集资料的需要，对以前发掘过的一些墓葬、遗迹进行了清理。因为吐鲁番阿斯塔那发掘报告整理小组最初是吴震先生负责的，所以这次发掘所获出土文书，原计划由吴震先生整理，不幸的是吴先生于2018年1月25日去世。"吴震先生去世后，其遗孀武敏先生一直在考虑这批文书的整理工作；由于朱雷先生和吴震先生曾在1959—1975年间整理吐鲁番出土文书时就已经熟识，相互都非常了解。经过深思熟虑，最后武敏先生推荐了令人敬重、信任的

①朱雷著：《吐鲁番出土文书补编》，巴蜀书社，2022年，第2页。

朱雷先生来主持这批文书的整理工作。"①所以新疆博物馆邀请朱老师负责整理这批文书。

本来朱老师身体不好，退休后应安度晚年，但他却将学术视为生命，毅然答应下来，于2010年赴新疆帮助整理新发现的出土文书。这次的整理任务，除了新发掘五座墓葬的文书外，还有两部分，"一是发现在1975年将出土文书送京以便整理时，犹有若干墓葬出土文书漏遗在保管室，总数达到50余件，为晋唐时期的官私文书；二是在清理馆藏棉、麻、

2013年朱雷老师在新疆考察

①鲁礼鹏：《邂逅西域　源于文书——深切缅怀朱雷老师》，载刘进宝编：《朱雷学记》，浙江古籍出版社，2022年，第142页。

丝织品与器物上，剥出不少文书残片，约廿余座墓葬文书残片，经过认真辨识，不少可与已刊布的文书拼合。"①这两部分文书，基本上都是非常零碎的断纸残片，整理拼接的难度很大，是一件吃力不讨好的事。凭借长期的学术积累和认真负责的学术精神，朱老师最终还是完成了这项艰巨的任务。

朱老师毕竟年龄大了，身体又不好，所以每年去新疆，都需要师母陪同和照顾。朱老师考虑到这批文书残缺较多，整理费时，而新疆博物馆的经费有限，不可能完全承担所有的费用，朱老师又退休了，也没有其他的经费来源。没办法，就在2017年80岁时，又以新疆博物馆的名义申请承担了《吐鲁番出土文书补编》的国家社科基金重点项目，不顾年老体弱和身体抱病，每年都去新疆工作四五个月。

朱老师在吐鲁番文书整理工作中所体现出的文献功底和学术水平及敬业精神等，曾受到唐长孺先生及学界同行的高度评价。据武汉大学历史系杨剑虹先生记述："连唐先生

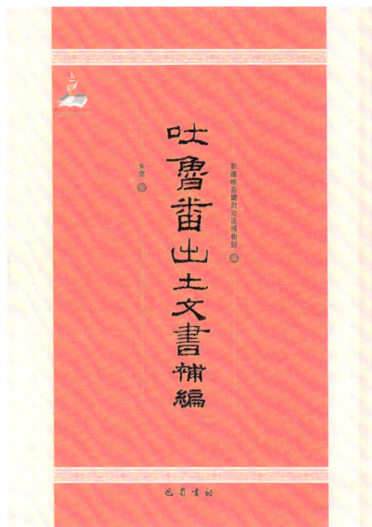

《吐鲁番出土文书补编》封面

---

① 鲁礼鹏：《邂逅西域 源于文书——深切缅怀朱雷老师》，载刘进宝编：《朱雷学记》第142页。

也称赞他对敦煌吐鲁番文书熟悉得很，大多数文书都能默诵，所以得到唐先生看重。因为朱雷具备了传承唐先生事业的基本条件，所以唐先生倾囊相授了。"（《〈敦煌吐鲁番文书论丛〉评价》）

2004年9月，武汉大学举行纪念唐长孺先生逝世十周年学术研讨会，"也是在这次会上，听到学界对唐长孺学生门人传承的评价：高敏传承了唐先生的魏晋南北朝史研究，张泽咸继承了唐先生的唐史研究，而朱雷先生则是唐先生在敦煌吐鲁番文书研究方面的直接传人。这应是学界对朱雷先生学术成就的中肯评价"。①

二、朱雷先生敦煌吐鲁番文书研究的成就与贡献

朱老师长期从事吐鲁番文书的整理和研究，又有亲炙唐先生教泽的优势，使他在吐鲁番文书整理和研究方面站在了国际学术前沿，发表了一系列高水平、有影响的学术论文。我在帮朱老师编辑相关论文集时，感受到朱老师的论文，真正是传世文献与出土文书有机结合的典范。他的论文都是以小见大，既具有深厚的文献功底，又有极强的思辨能力，提出了一系列富有创意的独到见解，推动了相关问题研究的深入，为同行所折服和认同。

从朱老师的论文中，可以看到他具有非常敏锐的学术眼光和深厚的学术功力，如北京大学考古专业的宿白先生在内

①李华瑞：《我所认识的朱雷先生》，载《朱雷学记》第68页。

1994年，作者与朱雷先生（中）、吴震先生（右）在敦煌

部发行的考古学教材中，曾提到北大图书馆所藏的北凉赀簿，这一信息即引起朱雷老师的注意。朱老师在宿白先生的帮助下，在北大图书馆看到了原件，并结合科学院图书馆所藏同组文书和《宋书》所载刘宋大明年间羊希建议，凡官吏及百姓，按规定占有山泽，"皆依定格，条上赀簿"，结合文书末"赀合八十斛，薄（簿）后别"，将该批文书准确定名为"赀簿"。同时根据这批文书的书法风格、墨色和文书中所见的"石田""沙车田""无他田"等名称，推断它们的制作年代必在麹氏高昌以前，即十六国时期的北凉承平年间（443—460年），考证其为《北凉高昌郡高昌县都乡孝敬里赀簿》，于1980年撰写发表了《吐鲁番出土北凉赀簿考释》。

朱老师在文中指出："'赀'同'资'，本意即是'资产'，按照资产多寡划分等第，据此以征发赋役等等，是汉魏以迄于南北朝所通行的一种制度。""居延出土汉简中，已见汉代算赀简。古楼兰故地所出残书信中，亦可见到西晋时期计赀制度的某些情况。吐鲁番出土十六国时期北凉赀簿残片的发现，为我们研究这一制度的演变以及北凉税制提供了宝贵的资料，同时为赀簿某些细节进一步的考释提供了若干新情况。"①

日本学者池田温教授给予了高度评价，认为这是一篇优秀的研究成果，"将历来被视作麴氏高昌末期的该件文书考定为北凉承平年间的赀簿文书，作者详尽地搜集了中国科学院图书馆、北京大学图书馆所藏有关文书残片，对其用语、性质作了周全的探讨"②，并认为作者对该赀簿内容的理解也是极深刻的。它的学术价值正如姜伯勤教授所说："正在改变着国内外籍帐研究的面貌。"③

王素先生指出，这篇论文"是朱教授的成名作。该文在贺昌群、宿白、池田温、堀敏一等先生探讨的基础上，首次将中国科学院图书馆藏三件计赀文书与北京大学图书馆善本室藏二件计赀文书综合加以研究，并定名为'北凉承平年间（443—460年？）高昌郡高昌县赀簿'，得到学术界普遍赞

①朱雷：《吐鲁番出土北凉赀簿考释》，《武汉大学学报》（哲学社会科学版）1980年第4期，第33页。

②冻国栋：《朱雷教授》，《武汉大学学报》1988年第5期。

③姜伯勤：《评〈敦煌吐鲁番文书初探〉》，《中国史研究》1984年第3期，第164页。

1983年，（左起）任大熙、唐长孺、马雍、池田温、朱雷在日本东京

同。"①荣新江先生认为，朱老师的这篇论文"大大推进了十六国时期的田亩赋役制度的研究，也为后来吐鲁番文书的整理，提供一件标本性的文书"。②

朱老师的《唐代"点籍样"制度初探——吐鲁番、敦煌

①王素：《敦煌吐鲁番文书论丛》（书评），《敦煌吐鲁番研究》第六卷，第402页。

②荣新江：《考古撼大地　文献理遗编——纪念宿白先生》，《敦煌吐鲁番研究》第十八卷，上海古籍出版社，2019年，第61页。

两地出土"点籍样"文书的考察》一文，在充分利用吐鲁番出土文书的基础上对唐代乡帐与籍帐制度进行了探索，提出了一些颇具启发性的意见：提出"样"指标准，"点"是"简点""检点"，"点籍样"就是对"户籍"进行"简点"后做成的"定簿"，主要登记户内的丁、中男口和已受田数，其目的在于政府的赋税征收和徭役征发。这一研究得到了学界的好评，如姜伯勤先生指出，本文"以大量篇幅进行了古文书学的本体研究"，"朱先生的论文使我们认识到对文书本体进行文书学研究的科学意义"。[①]杨际平先生也认为，"'点籍样'文书，传世文献从未记载，在众多的吐鲁番出土文书中也仅见此一件，朱雷同志的论考，使我们对唐代户口户籍制度的认识，在原有基础上又增添了新的内容。"[②]

敦煌文献中有一件奴婢马匹价目的残件，其中将奴婢与马匹放在一起，而奴婢又有"家生"和"蕃奴"的区别，并被写入"时价簿"中，朱老师的《敦煌所出〈唐沙州某市时价簿口马行时沽〉考》，利用出土文书和传世文献，对其进行了深入探讨后提出，奴婢不仅被当作会说话的工具，与牛马等畜产为伍，而且其价格还没有一匹马高，可见奴婢地位之低下。姜伯勤先生指出："从作者为本件残纸所作正确定名中，可以看见作者对唐代公文制度和典制的纯熟修养。本

①姜伯勤：《读〈敦煌吐鲁番文书初探二编〉》，《中国史研究动态》1992年第8期，第27—31页。

②杨际平：《敦煌吐鲁番学研究的又一成果——〈敦煌吐鲁番文书初探二编〉评介》，《中国社会经济史研究》1991年第3期。

2004年，作者与朱雷先生在敦煌研究院院史陈列室

文是近年敦煌'市''行'组织研究方面的一篇力作。"[1]

《敦煌两种写本〈燕子赋〉中所见唐代浮逃户处置的变化及其他》一文，则别开生面，将文学中的"赋"作为史学研究的材料，其研究方法和所得结论都得到了学界的赞扬和肯定。韩国磐先生指出，本文将"赋文与史籍互证，探讨了文学作品《燕子赋》前后迥异、改写的变化，源于实际括逃

①姜伯勤：《评〈敦煌吐鲁番文书初探〉》，《中国史研究》1984年第3期。

政策的变化。"①齐陈骏认为："朱雷同志对两种写本《燕子赋》的考证，却令人耳目一新"。"作者将两种写本的不同处与当时整个社会经济形势紧密地联系起来了，这不仅使我们加深了优秀的民间作品能充分反映了现实的认识，也使我们更具体地了解到唐代前期对浮逃户处置的变化过程和勋官地位日益下降的状况。这样的考证文章，我以为是应当大力提倡的。"②

朱老师的《〈伍子胥变文〉、〈汉将王陵变〉辨疑》《〈捉季布传文〉、〈庐山远公话〉、〈董永变文〉诸篇辨疑》《〈舜子变〉、〈前汉刘家太子传〉、〈唐太宗入冥记〉诸篇辨疑》《〈李陵变文〉、〈张义潮变文〉、〈破魔变〉诸篇辨疑》等一系列论文中，运用"文史互证"方法，将变文、话本等文学作品与历史研究有机结合，开创了敦煌变文与晋唐历史探讨的新局面，同样受到学术界的高度重视和好评。韩国磐认为"文史互证，裨益甚大"（《〈敦煌吐鲁番文书初探二编〉介评》）。郝春文认为，朱老师的这些"系列论文，对敦煌变文做历史学考察，发掘出其中有关历史的资料，别开生面"，"突破了旧有变文研究的方法，有开创意义"。③其中所取得的结论或考释，也被相关论著多引用。

①韩国磐：《〈敦煌吐鲁番文书初探二编〉介评》，《武汉大学学报》1992年第1期，第122页。

②齐陈骏：《补典籍之遗阙，倡缜密之学风——读〈敦煌吐鲁番文书初探〉（二编）》，《敦煌学辑刊》1992年1、2期合刊，第108页。

③郝春文：《敦煌文献与历史研究的回顾与展望》，《历史研究》1998年第1期。

朱老师以历史学家的视角，通过"以史证文""文史互证"方式，不仅对敦煌文学作品进行历史学的个案考察，而且还上升到理论的高度予以总结，认为敦煌的变文、传文、话本、赋等讲唱文学作品，固然取材于佛典史传，其目的是宣扬佛教。而在宣扬即"讲唱"中为了得到大家的喜爱、获得"布施"，讲唱者"为取悦世人，自然蔓生枝叶，添加杜撰，不顾史实真实，而作文艺夸张。至于取材民间传说之作，更貌似荒诞无稽。在这些作品中，也就往往出现或子虚乌有之处，或张冠李戴之处，因而往往易为世人忽视其真实性。如果揭去这层面纱，就会发现作者往往因时而作，总是直接间接反映了时代之特征。如世人所关心的现实问题，时代风尚变化发展与社会现实的变化发展、制度变化等等。特别是作者总是往往于有意无意中，把当代风俗及现行之各种制度糅掺于自己作品之中，看似'无知'却又'有知'。因此，在进一步探讨这一批民间文艺瑰宝时，还应从历史角度去考察，方能进一步深入认识其价值，同时也更有利于对文字、标点、断句以及创作时代与动机的准确判断。"①

朱老师跟随唐先生多年，唐先生去世后，他不仅与唐先生的公子唐刚卯选编了《唐长孺文存》，而且还为《唐长孺文集》的出版费心尽力，甚至亲自到启功先生家里去取题签。2000年，河北教育出版社出版唐先生的《魏晋南北朝史论丛（外一种）》时，朱老师应邀写了"前言"，2006年上

①朱雷：《敦煌藏经洞发现之民间讲唱文艺作品的历史考察——二十一世纪的展望》，项楚、郑阿财主编：《新世纪敦煌学论集》，巴蜀书社，2003年，第259—260页。

海古籍出版社出版的《唐长孺文存》，还是由朱老师撰写了"前言"。此外，朱老师还专门撰写了《唐长孺师与敦煌文书的整理》《唐长孺师与吐鲁番文书》，不遗余力地表彰唐先生的学术贡献，尤其是其为学术不顾一切的奉献精神。如在《唐长孺文存》"前言"中写道："20世纪70年代初，唐师年逾六旬，并早已名播海内外，但他出于对史学执着追求的热忱，以其敏锐的学术眼光，在初步了解到吐鲁番出土文书的学术价值后指出：对这批文书加以整理研究，'将导致唐史研究为之改观'。……他所主编的《吐鲁番出土文书》十册的出版，使沉睡千年的古冢遗文经科学整理，公诸中外学人，并创造了文书整理的一套科学规范，受到国际学术界的高度评价。"[①]唐先生是1911年出生的，1974年提出整理吐鲁番文书时，已经63岁了。"这时他在学术上早已功成名就，但他在学术上永不止步，永不满足于已取得的成就，始终保持高度而敏锐的学术洞察力，始终肩负着强烈的学术责任感。"[②]

榜样的力量是无穷的。唐先生这种为学术献身的忘我精神，也深深地影响了朱雷老师。朱老师出生于1937年，2010年开始在新疆博物馆整理散存的吐鲁番文书时，已经是73岁的高龄了，而且退休，还多次因病住院。经过十年的努力，到2019年终于完成了《吐鲁番出土文书补编》的整理工作。2020年住院后，还让师母去新疆做最后的结项工作。2021年

①唐长孺著，朱雷、唐刚卯选编：《唐长孺文存》，上海古籍出版社，2006年，第2页。

②朱雷：《唐长孺师与吐鲁番文书》，《河北学刊》2005年第5期，第82页。

4月我去武汉探望朱老师时，他还一直在关心《吐鲁番出土文书补编》的出版事宜。7月初，巴蜀书社的领导来到武汉，在医院签订出版合同后，朱老师才放心了。可惜的是，朱老师于8月10日凌晨匆匆离开了我们，他一直惦念的《吐鲁番出土文书补编》，最后却没有看到书出版。

附朱雷教授论著目录

一、专著

1.《敦煌吐鲁番文书论丛》，甘肃人民出版社，2000年。（以下简称"陇版"）

2.《朱雷敦煌吐鲁番文书论丛》，上海古籍出版社，2012年。（以下简称"沪版"）

3.《敦煌吐鲁番文书研究》，浙江大学出版社，2016年。（以下简称"浙版"）

4.《吐鲁番出土文书补编》，巴蜀书社，2022年。

二、主编、参编

1.《吐鲁番出土文书》（唐长孺主编，参编）录文本1—10册，文物出版社，1981—1991年；图录本1—4册，文物出版社，1994—1996年。

2.《中国通史参考资料（古代部分）》第三册（魏晋南北朝分卷）（唐长孺主编，参编），中华书局，1965年；中华书局，1983年第2版。

3.《中国大百科全书·中国历史·隋唐五代史》（唐长孺主编，朱雷副主编之一），中国大百科全书出版社，1988年。

4.《唐代的历史与社会——中国唐史学会第六届年会暨国际唐史学术研讨会论文选集》（主编），武汉大学出版社，1997年。

5.《唐长孺文存》（朱雷、唐刚卯选编），上海古籍出版社，2006年。

6.《湖北文征》（全本），（湖北省人民政府文史研究馆、湖北省博物馆整理，朱雷主审），湖北人民出版社，2014年。

三、论文

1.《敦煌石室所出〈唐某市时价簿口马行时沽〉书后》，《魏晋南北朝隋唐史资料》第2期，1979年，第22—26页。修改后为《敦煌所出〈唐沙州某市时价簿口马行时沽〉考》，载唐长孺主编：《敦煌吐鲁番文书初探》，武汉大学出版社，1983年，第500—518页。收入陇、沪版。

2.《吐鲁番出土北凉赀簿考释》，《武汉大学学报》（哲学社会科学版）1980年第4期，第33—43页。收入陇、沪、浙版。

3.《跋敦煌所出〈唐景云二年张君义勋告〉——兼论"勋告"制度渊源》，《中国古代史论丛》1982年第3辑，福建人民出版社，1982年，第331—349页。收入陇、沪、浙版。

4.《北凉的按赀"配生马"制度》，《魏晋南北朝隋唐史资料》第3期，1981年，第11—13页。后修改为《吐鲁番出土文书中所见的北凉"按赀配生马"制度》，《文物》1983年1期，第35—38页。收入陇、沪、浙版。

5.《麴氏高昌王国的"称价钱"——麴朝税制零拾》，《魏晋南北朝隋唐史资料》第4期，1982年，第17—24页。收入陇、沪版。

6.《唐代"手实"制度杂识——唐代籍帐制度考察》，《魏晋南北朝隋唐史资料》第 5 期，1983 年，第 26—34 页。收入陇、沪、浙版。

7.《唐"籍坊"考》，《武汉大学学报》（哲学社会科学版）1983 年第 5 期，第 114—119 页。收入陇、沪、浙版。

8.《论麹氏高昌时期的"作人"》，《敦煌吐鲁番文书初探》第 32—65 页。收入陇、沪、浙版。

9.《释"不良人"与"白水郎"——读〈唐大和上东征传〉质疑》，《魏晋南北朝隋唐史资料》第 6 期，1984 年，第 24—28 页。

10.《出土石刻及文书中北凉沮渠氏不见于史籍的年号》，载文化部文物局古文献研究室编《出土文献研究》，文物出版社，1985 年，第 204—212 页，收入陇、沪、浙版。

11.《唐开元二年西州府兵——"西州营"赴陇西御吐蕃始末》，《敦煌学辑刊》1985 年第 2 期，第 1—10 页。收入陇、沪版。

12.《〈伍子胥变文〉、〈汉将王陵变〉辨疑——读敦煌变文札记（一）》，《魏晋南北朝隋唐史资料》第 7 期，1985 年，第 19—25 页。收入沪、浙版。

13.《〈捉季布传文〉〈庐山远公话〉〈董永变文〉诸篇辨疑——读敦煌变文札记（二）》，《魏晋南北朝隋唐史资料》第 8 期，1986 年，第 20—25 页。收入沪、浙版。

14.《敦煌藏经洞所出两种麹氏高昌人写经题记跋》，《魏晋南北朝隋唐史资料》第 9、10 期合刊，1988 年，第 19—22 页。收入陇、沪、浙版。

15.《〈舜子变〉、〈前汉刘家太子传〉、〈唐太宗入冥记〉诸篇辨疑——读〈敦煌变文集〉札记（三）》，《魏晋南北朝隋唐史资料》第9、10期合刊，第23—27页。收入沪、浙版。

16.《东晋十六国时期姑臧、长安、襄阳的"互市"》，载黄惠贤、李文澜主编：《古代长江中游的经济开发》，武汉出版社，1988年，第197—208页。收入陇、沪版。

17.《释道安与襄阳》，载〔日〕谷川道雄主编：《地域社会在六朝政治文化上所起的作用》，日本玄文社，1989年，第154—158页。又载刘进宝、张涌泉主编：《丝路文明的传承与发展》浙江大学出版社，2017年，第13—20页。

18.《吐鲁番文书》，载邓广铭、田珏编：《中国历史研究知识手册》，河南人民出版社，第313—327页，1990年。收入浙版。

19.《唐代"点籍样"制度初探——吐鲁番、敦煌两地出土"点籍样"文书的考察》，载唐长孺主编：《敦煌吐鲁番文书初探二编》，武汉大学出版社，第335—369页，1990年。收入陇、沪、浙版。

20.《敦煌两种写本〈燕子赋〉中所见唐代浮逃户处置的变化及其他——读〈敦煌变文集〉札记（六）》，载唐长孺主编：《敦煌吐鲁番文书初探二编》第503—532页。收入陇、沪、浙版。

21.《释道安南投襄阳疑年考》，《魏晋南北朝隋唐史资料》（第11期），武汉大学出版社，1991年，第59—68页。

22.《汉末行政区划疆界之更易与诸葛武侯"卧龙处"考》，《魏晋南北朝隋唐史资料》第12期，武汉大学出版社，

1993年，第46—53页。

23.《龙门石窟高昌张安题记与唐太宗对鞠朝大族之政策》，载黄约瑟、刘健明合编：《隋唐史论集》，香港大学亚洲研究中心，1993年，第49—53页。收入陇、沪、浙版。

24.《敦煌所出〈索铁子牒〉中所见归义军曹氏时期的"观子户"》，《武汉大学学报》（哲学社会科学版）1993年第6期，第72—79页。收入陇、沪、浙版。

25.《〈李陵变文〉、〈张义潮变文〉、〈破魔变〉诸篇辨疑——读〈敦煌变文集〉札记（四）》，《魏晋南北朝隋唐史资料》第13期，武汉大学出版社，1994年，第48—55页。收入沪、浙版。

26.《〈北齐书〉斛律羡传中所见北齐"私兵制"》，《武汉大学学报》（哲学社会科学版）1995年第5期，第37—40页。

27.《唐代"均田制"实施过程中"受田"与"私田"的关系及其他》，《魏晋南北朝隋唐史资料》第14期，武汉大学出版社，1996年，第80—85页。收入陇、沪、浙版。

28.《吐鲁番出土天宝年间马料文卷中所见封常清之北庭行》，《魏晋南北朝隋唐史资料》第15期，武汉大学出版社，1997年，第100—108页。收入陇、沪版。

29.《〈唐律疏议〉中有关"部曲"法律条文的现实意义》，载武汉大学中国三至九世纪研究所编：《中国前近代史理论国际学术研讨会论文集》，湖北人民出版社，1997年，第465—476页。收入陇、沪版。

30.《唐"职资"考》，载朱雷主编：《唐代的历史与社会：中国唐史学会第六届年会暨国际唐史学术研讨会论文选集》，武汉大学出版社，1997年，第130—138页。收入陇、沪版。

31.《唐末光州人入闽史实考》，《魏晋南北朝隋唐史资料》第16期，武汉大学出版社，1998年，第57—61页。

32.《唐代"乡帐"与"计帐"制度研究》，载饶宗颐主编：《敦煌文薮（上）》，台北：新文丰出版公司，1999年，第85—103页。

33.《P.3964号文书〈乙未年赵僧子典儿契〉中所见的"地水"——唐沙、伊州文书中"地水""田水"名义考》，《魏晋南北朝隋唐史资料》第17期，武汉大学出版社，2000年，第105—111页。收入陇、沪版。

34.《唐代"乡帐"与"计帐"制度初探——吐鲁番出土唐代"乡帐"文书复原研究》，《敦煌吐鲁番文书论丛》第159—189页。收入沪、浙版。

35.《敦煌所出〈万子、胡子田园图〉考》，《敦煌吐鲁番文书论丛》第306—320页。收入沪、浙版。

36.《吐鲁番出土唐"勘田簿"残卷中所见西州推行"均田制"之初始》，《魏晋南北朝隋唐史资料》第18期，武汉大学出版社，2001年，第100—105页。收入沪、浙版。

37.《敦煌研究院藏〈唐景云二年张君义勋告〉真伪辨》，载敦煌研究院编：《2000年敦煌学国际学术讨论会文集——纪念敦煌藏经洞发现暨敦煌学百年（历史文化卷上）》，甘肃民族出版社，2003年，第257—263页。收入沪、浙版。

38.《敦煌藏经洞发现之民间讲唱文艺作品的历史考

察——二十一世纪的展望》，载项楚、郑阿财主编：《新世纪敦煌学论集》，巴蜀书社，2003年，第258—265页。收入沪、浙版。

39.《唐代前期的"差科"——吐鲁番敦煌出土"差科簿"的考察》，载张国刚主编：《中国中古史论集》，天津古籍出版社，2003年，第39—40页。

40.《唐长孺师与敦煌文书的整理》，《魏晋南北朝隋唐史资料》（第21期·唐长孺教授逝世十周年纪念专辑），2004年，第41—44页。后收入刘进宝主编：《百年敦煌学：历史、现状、趋势》，甘肃人民出版社，2009年，第32—36页。收入沪、浙版。

41.《唐长孺师与吐鲁番文书》，《河北学刊》2005年第5期，第80—82页。收入沪、浙版。

42.《敦煌写本〈庐山远公话〉中之惠远缘起及〈涅槃经〉之信仰》，载刘进宝、〔日〕高田时雄主编：《转型期的敦煌学》，上海古籍出版社，2007年，第279—281页。收入沪、浙版。

43.《丝路文明研究二题》，载刘进宝主编：《丝路文明》第二辑，上海古籍出版社，2017年，第1—3页。

44.《五代后周〈刘光赞墓志铭〉所见之"涡口都商税使"考》，《广州文博》（拾贰），文物出版社，2018年，第18—22页。

45.《我所认识的姜伯勤先生（代序）》，载向群、万毅编：《姜伯勤教授八秩华诞颂寿史学论文集》，广东人民出版社，2019年，第1—3页。

46.《记良师益友李征先生二三事》,《吐鲁番学研究》2019年第2期,第1—2页。

47.《岑仲勉先生论著学记》,载《纪念岑仲勉先生诞辰130周年国际学术研讨会论文集》,中山大学出版社,2019年,第11—12页。

48.《跋西州"白涧屯"纳粮账中的"执筹数函"》,载《纪念岑仲勉先生诞辰130周年国际学术研讨会论文集》,中山大学出版社,2019年,第303—305页。

49.《自述》,本书编委会主编:《敦煌吐鲁番文书与中古史研究:朱雷先生八秩荣诞祝寿集》,上海古籍出版社,2016年,第1—2页。

50.《法门寺两通周唐碑跋(提要)》,载韩金科主编:《98法门寺唐文化国际学术讨论会论文集》,陕西人民出版社,2000年,第92页。

四、序引、书评类

1.《〈魏晋南北朝史论丛〉前言》,唐长孺:《魏晋南北朝史论丛(外一种)》,河北教育出版社,2000年,第1—6页。

2.《〈区域历史地理研究:对象与方法〉序》,鲁西奇:《区域历史地理研究:对象与方法》,广西人民出版社,2000年,第1—2页。

3.《〈唐长孺文存〉前言》,载《唐长孺文存》,上海古籍出版社,2006年,第1—4页。

4.《〈吐鲁番出土文献词典〉序》,载王启涛著:《吐鲁番出土文献词典》,巴蜀书社,2012年,第1—9页。

5.《忆陈翔》,载陈翔著:《陈翔唐史研究文存》,花木兰文化出版社，2013年，第1—2页。

6.《求其真义，集其大成——王启涛〈吐鲁番出土文献词典〉评介》，2014年5月6日《光明日报》第16版。

7.《〈碑志与唐代政治史论稿〉序》，载黄楼著：《碑志与唐代政治史论稿》，科学出版社，2017年。

8.《从"走近"到"走进"——敦煌吐鲁番文书的追求历程》，载朱雷著：《敦煌吐鲁番文书研究》，浙江大学出版社，2016年，第1—6页。

9.《〈吐鲁番文献合集〉总序》，载王启涛主编：《吐鲁番文献合集·契约卷》，巴蜀书社，2019年，第1—9页。

10.《关于我的藏书》，广州图书馆编：《广州图书馆藏朱雷教授藏书目录》，中山大学出版社，2020年，第1—2页。

说明：

1.《魏晋南北朝隋唐史资料》第1—7期，于1979年至1985年由武汉大学历史系魏晋南北朝隋唐史研究室内部发行，香港中华科技（国际）出版社1992年重新排印合订出版。本目录所标页码以1992年合订本为据。

2.本目录的编制得到了马志立师弟的协助。

（载郝春文主编：《敦煌吐鲁番研究》第二十一卷，上海古籍出版社，2022年）

认识的局限

——编辑《朱雷学记》的感想

朱雷老师，浙江海盐人，1937年5月24日出生于上海，2021年8月10日在武汉去世，享年85岁。

一、朱雷先生与《朱雷学记》

朱雷老师于1955年考入武汉大学历史系本科，1959年考取著名历史学家唐长孺先生的研究生，主攻魏晋南北朝隋唐史。1962年研究生毕业后留校任教。曾任武汉大学历史系主任，武汉大学中国三至九世纪研究所所长，兼任国务院学位委员会历史学科评议组成员、国家社科基金评审专家、全国古籍整理出版规划领导小组成员、中国史学会理事、中国唐史学会会长、中国敦煌吐鲁番学会理事、（美）唐研究基金会学术委员、湖北省中国史学会会长、湖北省文史馆副馆长等职。

朱雷老师毕生致力于魏晋南北朝隋唐史、敦煌吐鲁番文书整理与研究。1974—1986年，他被国家文物局借调至乌鲁木齐、北京等地，作为"吐鲁番出土文书整理组"主要成员和唐长孺先生的学术助手，协助唐长孺先生整理吐鲁番文书，经十年寒暑，最终整理完成《吐鲁番出土文书》释文本1—10册，图录本4巨册。这套书史料价值之珍贵、整理工作之艰辛，为海内外学术界所公认和推崇。以此为契机，朱雷先生进入敦煌吐鲁番学研究领

《朱雷学记》封面

域，发表了一批高质量的研究论文，著有《敦煌吐鲁番文书论丛》《敦煌吐鲁番文书研究》《吐鲁番出土文书补编》等。

朱雷先生去世后，我撰写了怀念文章，在《光明日报》2021年8月23日"光明学人"版发表了《正直的先生走了，精湛的学问长存——怀念我的老师朱雷》，在《中华读书报》2021年8月18日发表了《一位纯粹、可敬的学者——缅怀朱雷老师》。

在撰写和发表怀念文章的同时，我还收到了兰州大学郑炳林教授、陕西师范大学拜根兴教授和敦煌研究院张小刚师兄的怀念文章。郑炳林教授提出，可以在《敦煌学辑刊》出版纪念专号。一些学界同仁在微信聊天中也表达了撰写怀念文章的意愿。浙江古籍出版社王旭斌社长看了我撰写的两篇

怀念文章后，也提出可以编辑出版一本纪念文集，他认为"让朱老师的治学精神一直传承下去，是对朱老师最好的纪念"。正是由于有了王旭斌社长的鼓励，我才与孙继民、程存洁等师兄沟通和商量出版纪念文集事，得到了他们的认可和支持后，就于8月23日晚向与朱先生有交往的学界同仁和师友们发出了约稿函。

约稿函发出后，得到了学界同仁的积极响应。最终我收到朱先生生前友好撰写的文章23篇，学生撰写的纪念文章13篇，共计36篇。我将这批文章分为两组，每组文章均以作者的年龄排序，同时还收录了朱先生去世后海内外学人和相关单位、学术团体发来的唁函、唁电。为了便于读者了解全书，现将《朱雷学记》的目录转录如下：

本书所配照片，除各位作者提供之外，大部分是2016年为庆祝朱雷先生80华诞编辑祝寿文集时，师母田苏华女士从家藏照片中整理挑选的。若干照片涉及的学人比较多，许多是与先生同辈的国内外学人。遗憾的是，我们不知道他们的姓名，拍照的时间也不甚清楚。为了使这批照片更具学术史价值，我们请相关学者帮忙辨认，尽可能补齐相关信息。

出版社拟定的本书"内容简介"，简明扼要地反映了本书的特色和内容，现转录如下：

本书收录著名魏晋南北朝隋唐史和敦煌吐鲁番文书研究专家朱雷先生（1937—2021）生前好友、学生撰写的纪念、回忆文章36篇，并配有近百幅珍贵照片，比较全面地反映了先生的学术人生。全书记述了先生在魏晋南北朝隋唐史和敦煌吐鲁番文书研究方面的卓越贡献，反映了先生高尚的人格、宽广的胸怀、无私奉献的精神和深厚的学术造诣。文章语言生动，感情真挚，读来令人感动。书后附有先生逝世后国内外学者和相关学术单位发来的唁函、唁电以及先生的论著目录，供读者参考。

本书的出版，得到了浙江古籍出版社王旭斌社长的大力支持，责任编辑伍姬颖女士做了大量细致、认真的编校工作，不仅纠正了书稿中的若干错误，而且在保证质量的前提下，还加班加点，使本书顺利出版。从2021年8月底约稿到2022年5月初本书的出版，只用了9个月。5月24日是朱雷老师的生日，这也是对朱老师最好的纪念。

二、认识的局限

在编辑《朱雷学记》的过程中，我感触最深的一点，就是人的认识永远是有局限的。

我第一次见朱雷老师是1983年8月在兰州召开的中国敦煌吐鲁番学会成立大会和全国敦煌学术研讨会上，比较多的接触是1994年在敦煌参加会议期间及其后。1995年，我赴武汉大学参加朱老师主持的中国唐史学会第六届年会暨国际唐史学术研讨会，1997年随朱老师做访问学者，1998—2001年跟朱老师攻读博士学位。1997—2001年的四年，是我与朱老师接触最多的时期。就是毕业离开武汉大学后，我还是与朱老师有比较多的联系。我到南京师范大学工作后，由于各种机缘，朱老师曾到过南京七八次，2013年我到浙江大学工作后，朱老师也曾来杭州四五次。2018年4月，朱老师还来杭州参加我主持的国家社科基金重大项目"敦煌学学术史资料整理与研究"开题会议。同年11月，我在浙江大学主办中国唐史学会第十三届年会暨"唐代中国与世界"国际学术研讨会，朱老师也莅临杭州参会了。2019年5月，我在杭州主持召开敦煌学学术史研讨会时，朱老师和师母已经买好了从武汉到杭州的车票，后因朱老师生病而取消。

我离开武汉大学后，一直与朱老师有比较多的联系，除了特殊的情况，一般情况下，每周会与朱老师通电话，我们聊学术，聊相关的信息，当然主要还是我向朱老师请教问学。

在武汉大学读博士期间，我帮朱老师编了《敦煌吐鲁番文书论丛》，在2000年敦煌藏经洞发现100周年前夕由甘肃人民出版社出版；2012年，上海古籍出版社出版的《朱雷敦煌吐鲁番文书论丛》（兰州大学敦煌学研究所主编"当代敦煌学者自选集"之一），我也曾协助编辑；2015年我在浙江大学主持编辑"浙江学者丝路敦煌学术书系"时，又帮朱老师编了《敦煌吐鲁番文书研究》。在朱雷老师八十华诞前夕，我与孙继民、程存洁等师兄一起策划编辑了《敦煌吐鲁番文书与中古史研究：朱雷先生八秩

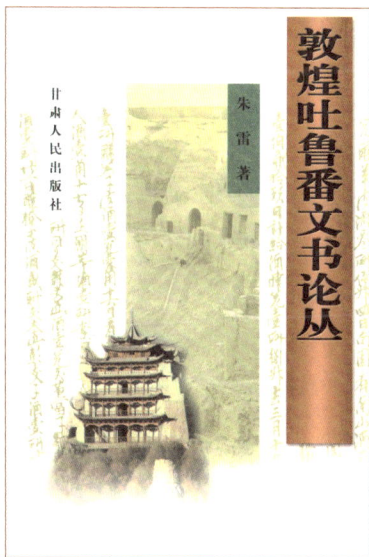

《敦煌吐鲁番文书论丛》封面

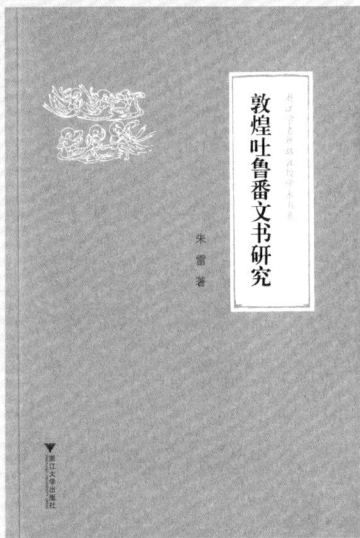

《敦煌吐鲁番文书研究》封面

《敦煌吐鲁番文书与中古史研究——
朱雷先生八秩荣诞祝寿集》封面

荣诞祝寿集》，并于2016年5月21日在武汉大学参加了"敦煌吐鲁番文书与中古史研究——朱雷先生学术成就座谈会"。

由以上所述可知，我和朱老师接触比较多，自认为对朱老师很了解。在编辑朱老师八秩荣诞祝寿集时，除了向学界同仁和朱老师的学生约稿外，我本人也撰写了《我所了解的朱雷先生》。我将文章写好后给朱老师，请朱老师看看所写是否准确，朱老师对内容没有修改，只在标题上加了"点滴"二字，改成了《我所了解的朱雷先生点滴》。当时我还不大理解，朱老师为什么要加"点滴"二字，难道我对朱老师了解不全面吗？

在编辑《朱雷学记》的过程中，我从各位师友的来稿中，逐渐了解了许多我以前根本不知道的事情。如好几位师友的记述中，都讲到了朱老师对武侠小说的喜爱，甚至到了痴迷的地步。朱雷老师是最早的国家社科基金评审专家，李华瑞是2000年增补的国家社科基金评审专家。据李华瑞在《我所认识的朱雷先生》一文中记述，当时给他深刻印象的是朱雷先生喜读武侠小说。"当时正值读武侠小说甚为流行的时期，其中金庸、古龙、梁羽生的小说最受欢迎，据说朱雷先生更喜欢古龙的，因为我虽然也翻过几本金庸的小说，但是确实不甚喜欢，所以朱先生是喜欢古龙还是喜欢金庸无从知晓。有一次，傍晚时分，我去朱雷先生房间取材料，房间坐着几位评审专家正在听朱雷先生讲武侠小说，我现在确实记不清讲的是哪部书，但是印象很深的是朱先生讲得很细，绘声绘色，我不敢打断朱先生，便坐下来听。那天我差不多听了半个小时，其实在我之前已开讲半个小时了，由此可见朱先生对武侠小说迷恋之一斑。更重要的是那时朱先生已年过六旬，记忆力之好也令人钦佩。坊间曾传说朱雷先生当年读敦煌卷子，有一残卷分藏在国内和国外，朱先生看到国外所藏残卷，当下指出国内所藏残卷的卷号。当时听了由衷佩服其功力和记忆。"[1]

兰州大学敦煌学研究所所长郑炳林教授也说，对朱先生"印象最深的不是学术，而是他对武侠小说的熟悉"，"改革开放后的二十年，最风靡的就是武侠小说，但是我自己是武

---

①刘进宝编：《朱雷学记》，浙江古籍出版社，2022年，第66页。以下凡引用本书，只注明页码。

侠小说盲，没有看过一本"，"但是我喜欢听别人吹武侠小说。特别是朱雷先生和姜伯勤先生的博士万毅谈武侠，追根溯源，入微梳理，听得我目瞪口呆，只有撅着屁股磕头的份，真是佩服得五体投地，心想还有这样业余爱好的历史学家，他在武侠小说上的造诣完全可以赶上从事文学研究的专家，同吐鲁番文书研究相媲美。我对朱雷先生学术非常佩服，能将学术研究做得那样精湛。我更佩服朱雷先生将业余爱好武侠小说研究得细致入微，条理得那样清晰，他讲武侠小说人物关系叫人拍案叫绝"（第60页）。

郑炳林所说朱雷老师和万毅谈武侠小说，从姜伯勤先生的博士、万毅的师兄向群的文章中也得到了印证。向群说："记得有一次博士论文答辩结束后，大家一身轻松聚在一起吃饭，席间谈天说地，不知怎么就聊到了近现代的武侠文学。朱老师认为新派武侠小说不如旧派武侠作品，这与他少年时代的阅读经历有关。对于这一另类的、非主流的看法，我是大不以为然的，因为我是金庸的铁粉。正与朱老师商榷时，一旁的万毅兄居然'见风使舵'，开始附和朱老师的'高论'，两人一唱一和，如数家珍地讨论起还珠楼主、宫白羽等这些民国文人的武侠作品如《蜀山剑侠传》的情节内容，好像很享受的样子。从那次'煮酒论武侠'之后，每次见面，朱老师开口言必称'万小侠'，其性情中潇洒、随性的一面令人印象深刻。"（第113页）

万毅自己则说，有次朱雷先生、姜伯勤先生和万毅在一起聊天时，朱雷先生"讲到从近代公案小说到现代武侠小说的发展流变，虽似漫谈闲聊，却是引经据典，旁征博采，言说有据，娓娓道来，听得我如醉如痴"。中间姜先生也不失时机地对万毅说："看看，小巫见到大巫了吧？""而自此以后，朱雷先生见到我也不再陌生，并开玩笑地叫我'大侠'，令我如沐春风"。（第134—135页）

武汉大学的余西云教授是朱老师的同事。他也谈到了朱老师对武侠小说的熟悉，在《如果有来生》一文中写道：有次去朱老师家，"我们聊了很长时间，话题主要是武侠小说。朱先生是个武侠迷，会在街边的书摊租武侠小说看。他比较喜欢古龙的小说，不太欣赏金庸的小说。那会电影《卧虎藏龙》刚刚上映，我们自然聊到这部电影，他如数家珍般讲到原作的来龙去脉。那一次，我才知道武侠小说也是渊源有自"（第105页）。

我与朱老师接触比较多，在武汉大学读书时，也经常到朱老师的书房中问学、聊天，也在朱老师的书柜里取书查阅资料，但从来没有见过武侠小说。因为我没有看过武侠小说，在朱老师面前，我也没有提到过武侠。可能是因为这一原因吧，朱老师也从未给我说过武侠小说。就是陪着朱老师到西安、敦煌、天津开会，或请朱老师来南京、杭州讲学的过程中，朱老师也从未给我说到过武侠小说。2006年我在南京师范大学主办"转型期的敦煌学：继承与发展国际学术研讨会"时，会务组规定两人住一房间。我提前征求朱老师愿意与哪位代表住，朱老师提出与万毅住，我当时还比较奇怪，朱老师为什么要与年轻的万毅住，朱老师说他和万毅都抽烟，住在一起方便。现在从李华瑞、郑炳林、向群、万毅等学者的文章中，我才知道，原来朱老师和万毅都是武侠迷。

在师生之间的联系中，我与朱雷老师肯定是比较多的，我对朱老师也是比较了解的。即使如此，我对朱老师的认识还是不全面的，尤其是对朱老师喜爱甚至着迷的武侠小说，我则根本不知道，这正说明了人的认识的局限。有时候同一导师的不同学生，说到导师的某些事时，另外的同学会提出反对意见：你说的不对，这个事我怎么不知道。我也是老师的学生，既然我不知道，你说的就不是真实的。对此说法，以前我虽然也有疑惑，但似乎又无法解释。这就如我们读了一本书，不同的读者有不同的理解、不同的启发；听了一场报告，不同的听众也会有不同的感受。每个读者、听众的文化程度不同，见解和意识各异，所关注和研究的重点不同，从事的职业差别，对同一本书、同一个报告，也就会有不同的理解和解读，会各取所需，会根据自己的需要来解读和理解，甚至发挥。

（载刘进宝主编：《丝路文明》第七辑，上海古籍出版社，2022年）

敦煌学的珍贵历史记录

——读《敦煌人生：我的父亲段文杰》

"2011 年 1 月 21 日，父亲吃了早餐后，像往常一样坐在桌前翻看了一会儿书，就说想躺下休息。我把他扶到床上躺下，看他慢慢睡着了。中午饭好了，他说不想吃，继续睡觉。下午阳光很好，葆龄见他醒来就给他理了发，我们像往常一样扶他解手，之后他说累了，要休息一下。到床上不久，我们还没离开就看

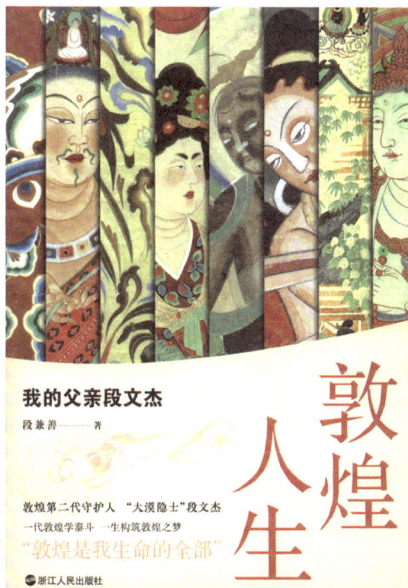

《敦煌人生：我的父亲段文杰》封面

见他闭上双眼，轻轻呼了一口气，就再没有动静了。葆龄说：'爸爸走了！'我还不相信，拉着他的手腕，确实没有了

脉搏，这才知道他老人家真的去世了。"①一代敦煌人的代表、"大漠隐士"段文杰先生，在95岁高龄时就这样安详地离开了这个世界，没有遭受任何的痛苦，简直就是佛的涅槃，这是几世修来的福分！

一

说到敦煌和敦煌学，常书鸿、段文杰和樊锦诗是无法绕开的，"敦煌守护神"常书鸿和"敦煌的女儿"樊锦诗，可以说是家喻户晓，妇孺皆知。相对而言，被誉为"大漠隐士"的段文杰，知名度则没有常书鸿和樊锦诗高，甚至认为"大漠隐士"的比喻，并不能反映段文杰对敦煌的贡献，应该有一个更加响亮的名称。

对于段文杰，我是既熟悉又陌生。说熟悉，我曾经与段先生有过近距离的接触，在莫高窟与段先生有合影，在兰州的家里拜访过段先生，段先生的回忆录《敦煌之梦》我认真读过。段先生去世后，敦煌研究院于2011年8月23日召开追思会时，我也应邀参加，并作了《敦煌研究院史上的"段文杰时代"》的发言，将段文杰从1980年开始主持敦煌文物研究所的工作到1998年从敦煌研究院院长岗位上退下来的18年，称为敦煌研究院史上的"段文杰时代"，同时还撰写了《段文杰与敦煌研究院》的长文。说陌生，我毕竟与段先生

---

①段兼善著：《敦煌人生：我的父亲段文杰》，浙江人民出版社，2022年，第293—294页。以下凡引本书仅注明页码。

年龄相差比较大，尤其是80年代初我开始涉足敦煌学领域时，段先生已经是大名鼎鼎的敦煌文物研究所所长，我们之间的距离比较远。再加上所从事的专业又不同，段先生的专业是石窟艺术，我是历史文献，没有学术上的交集。所以与段先生虽然相识，但没有个人之间的交往，他的论文我基本上都读过，有些甚至不止一遍。我读段先生的论著，是仰望，是学习，是吸收。

近年来，我关注和研究的重点是敦煌学学术史，敦煌研究院的院史是绕不过去的，段文杰也是我研究的对象，甚至是重点之一。在段文杰先生的公子段兼善老师的支持下，我正在整理段文杰的书信，自认为对段先生是比较了解的。但看了段兼善老师的《敦煌人生：我的父亲段文杰》时，仍然很震撼，感觉这是一本了解段文杰、了解敦煌、了解敦煌学的好书，值得推荐和阅读。

现在有许多的传记、回忆录，都会对传主有意或无意地拔高，使传主本人都感觉脸红，同事或知情人看了摇头。拿到本书前我就想，儿子眼中的段文杰会是怎么样的？作者能否客观地描写段文杰的学术与人生？看完本书，知道这是一本冷静客观，以事实为依据，以第一手资料为支撑，能够比较全面反映段文杰与敦煌研究院发展史的好书，真正做到了"自己看了不脸红，别人看了不摇头"，达到了传记的基本要求。

二

段文杰是四川绵阳人，抗战时期的1940年，考入在重庆

段文杰先生在书房

的国立艺专学习五年，并以人物画为主。1944年，他先后看了王子云和张大千在重庆举办的敦煌壁画展览后，受到了感染，认为应该到敦煌去做一番实地的考察与研究。

　　1945年7月段文杰从国立艺专毕业后，直奔敦煌。到兰州后，时逢抗战胜利，国立敦煌艺术研究所大多学者复员返乡，又遇到敦煌艺术研究所改隶主管单位，直到1946年中秋节前夕才到达莫高窟。

　　段文杰先生到莫高窟后，曾任国立敦煌艺术研究所考古组代组长。1950年后，历任敦煌文物研究所美术组组长、代理所长；1980年任敦煌文物研究所第一副所长，主持研究所的工作；1982年4月任敦煌文物研究所所长。1984年敦煌文物研究所升格为敦煌研究院后，为首任院长；1998年以后任名誉院长。

作为管理者的段文杰，他是忙碌又充实的。作为敦煌文物研究所所长、敦煌研究院院长，段文杰首先是一位学术领导人和学术组织者，再加上敦煌的国际影响和在丝绸之路上的特殊地位，一些重要活动也在敦煌进行，参观访问的人很多，尤其是许多国际友人和中央相关部门的领导，来敦煌时段文杰都要亲自接待并带领参观和讲解，为此而耗费了大量的时间与精力。如1988年，他既有"频繁的外事交流和接待外宾活动，还要召开院务会议，研究部署各部门工作的同时，挤出时间亲自写书信与有关方面联系"。仅仅是与日本方面的联系，就有很多，如"接洽平山郁夫率日本国际协力事业团访问敦煌，石川六郎率日本文化财保护振兴财团访问考察敦煌，圆城寺次郎、木村佑吉、东山健吾、松本和夫等组团访问敦煌，越智嘉代秋和越智美都江夫妇为其已故女儿越智佳织代捐文物保护款事宜，高田良信率团访问敦煌演出问题，还有安排研究院副院长率团访日进行环境保护科学研究考察事宜等"，都需要段先生亲自致函联络。另外还有许多国内外学者、艺术家和各方面友好人士的来信，涉及文化交流、援建项目、学术探讨、人才培养、中外友谊等，都需要段文杰认真对待，及时回复。"这些工作烦琐细碎，费时费力，基本都要在业余时间加班加点才能完成。"（第235页）

由于莫高窟于1987年被列入世界文化遗产，受到了各方面的高度关注。以"保护、研究、弘扬"为己任的敦煌研究院，对外的展览、宣传，也是弘扬敦煌文化艺术的重要举措。仅1988年，研究院就与甘肃、宁夏、内蒙古等省区文博单位联合在日本举办了"中国敦煌、西夏王国展"，段文杰参加了在日本奈良举办的"奈良丝绸之路国际博览会"。段文杰还应日本文化厅、东京艺术大学和东京国立文化财研究所的邀请，前往日本讲学。出席平山郁夫画展并剪彩、致辞；再次与池田大作先生晤谈；拜会日本首相竹下登，并邀请竹下登访问敦煌。同年秋天，陪同竹下登首相参观莫高窟，竹下登宣布日本政府援建项目。

就是在这样忙碌的日子里，作为学者的段文杰，不仅于1988年在甘肃人民出版社出版了《敦煌石窟艺术论集》，而且还发表了《谈敦煌早期壁画的时代风格》《飞天在人间》《敦煌学回归故里》《八十年代的敦煌石窟研究》《莫高窟保护工作进入新阶段》《敦煌石窟保护的历史进程》《解放前后的莫高窟》等学术文章。

段文杰先生将一生献给了敦煌。《敦煌人生：我的父亲段文杰》比较全面地介绍了段先生在管理、研究方面的贡献。现仅就自己阅读中比较有收获的部分略做阐述。

1.段文杰的临摹实践和成就

段文杰先生到敦煌后，所从事的主要工作首先是临摹。通过初步的观察和实践后，他认识到，"临摹一定要忠于原作，不要随意在临本上改变壁画的造型原貌和色彩。临本是要给别人看的，要让观者看到敦煌壁画的真实状态，看到古

1955年5月26日，段文杰在莫高窟第285窟临摹壁画

人的敦煌画风，而不是让观众看我们进行了加工改造过的所谓的敦煌壁画。"（第28页）

为了学习临摹，段文杰开始时主要临摹一些局部形象，如一尊佛像、一身菩萨、一组舞蹈、几个天宫伎乐、几个力士、几个动物等。这主要是因为局部的构图和形象比较好掌握，一般不容易出错，而整幅壁画内容繁多、场面大，不好把握。而在临摹大型壁画的时候必须要全面了解尺幅、构图、色彩配置关系等一系列画面因素，只有这样，才能成竹在胸，避免失误。也只有多花费一些时间和功夫，反复观察，上下比较，左右对照，反复推敲，才能准确起稿。

为了临摹的作品更加真实，段文杰在实践中认识到，在动笔前，首先要搞清楚古代画师创作的画面形象的思想来源和生活依据。如在临摹《维摩诘经变》时，他先查阅《佛说维摩诘经》中十四品的内容，掌握画面的结构规律。其次要辨别各时代壁画的风格特征。由于时代不同，有些壁画变色严重，有些变色则相对小一些。再次要了解各时代壁画制作的流程和方法。如早期壁画的起稿基本上是用土红作人物大体形象，然后是上色和定型。隋唐时期开始用粉本，从而有了画稿和白画。只有清楚了古代画师的作画程序，临摹时才会心中有数，乃至得心应手。

所谓"粉本"，一种是在厚纸或羊皮上画出形象，用针沿线刺孔，再将羊皮钉上墙壁，用土红色拍打留痕，再以墨笔连点成线，完成了墙壁上的画稿。还有一种"粉本"即小样画稿，也就是"白画"。画师参照白画在墙面上自由作画，给墙面白画着色后，稿线会模糊。最后就要用深墨线定

型并开脸传神，才算完成。(第32页)

从到莫高窟的1946年至1957年的十余年，是段先生壁画临摹的黄金时期。他主要的临摹作品如莫高窟第130窟的《都督夫人礼佛图》、158窟的《各国王子举哀图》、第217窟

1959年，段文杰临摹《都督夫人礼佛图》

北壁的《观无量寿经变》、榆林窟第25窟的《观无量寿经变》等，都是这一时期完成的，也是青年段文杰留下来的宝贵文化财富。尤其是《都督夫人礼佛图》，更是"临本中的典范之作"，广为世人所推崇。

所谓《都督夫人礼佛图》，就是莫高窟第130窟进口处甬道南壁的一幅大型唐代壁画，画面高3.12米、宽3.42米。宋

段文杰临摹的《都督夫人礼佛图》（第130窟 盛唐）

或西夏时又在此画上面重新绘画。1942年张大千在敦煌时，无意中将上层壁画剥离，使盛唐时期"朝议大夫使持节都督晋昌郡诸军事守晋昌郡太守兼墨离军使赐金鱼袋上柱国乐廷瓌"的夫人礼佛图显露出来。这幅画场面宏大，人物面相丰腴，体态健壮，服饰艳丽，对复原临摹的要求很高。

在临摹前，段文杰对此画所反映的历史进行了探讨研究，对画面形象不清晰的地方，还力争从其他相似并保存完整的画面中找出根据，再经过反复考证后将其补全。在复原临摹中必须实事求是，要有历史依据，不能随意添补或减少画面内容。

有人曾经问段文杰："你临摹得最多，速度又快，有什么诀窍？"段文杰是这样回答的："哪来的什么窍门，只不过是要多花些精力时间去研究琢磨而已。对一幅要临摹的画，首先要把他的主题内容搞明白，还要把握好此画的构图全局。对画面风格的时代特征要做到心中有数，线描运笔要沉稳有力，一气呵成。色彩晕染要丰润雅致，注意层次变化。人物神态的刻画要注意面部表情和身姿动态变化。把握了这些重要的关节点，就容易画好了。"（第60页）这既是段文杰能够成为一代临摹大师的诀窍，也是所有能在某一行干好本职工作、成为某一方面专家的不二法门。

如《都督夫人礼佛图》刚剥出来时，画面比较清楚，色彩绚丽夺目，后来壁画开始脱落，色彩褪变。为了留存这幅有重要价值的壁画，段文杰先生决心将其临摹。"但当时壁画的现状，形象已经看不清楚了，无法临摹。要保存原作，只有复原，把形象和色彩恢复到此画初成的天宝年间的面

1956年7月19日，段文杰在榆林窟第25窟临摹

貌"。段先生就"开始了复原的研究工作，在八平方米斑驳模糊的墙面上去寻找形象"。这幅画共有十二个人物，经过历史的风雨后，有的面相不全，有的衣服层次不清，有的头发残缺，这样就没有了复原的依据。虽然有许多的困难和不便，但段先生没有放弃，他首先"对盛唐供养人和经变中的世俗人物进行调查，掌握了盛唐仕女画的脸面、头饰、帔帛、鞋履等等形状和色彩，把残缺不全的形象完整起来"。然后又"查阅了历史、美术史、服装史、舆服志和唐人诗词"等。正是因为有了"这一切的历史依据，这样就提高了临本的艺术性和科学性"①。

段文杰不仅是敦煌壁画临摹事业的开创者，他的临本，技艺纯熟，形神兼备，代表了敦煌壁画临摹的最高水平。他主导并与同事合作完成整窟临摹的莫高窟第285窟、榆林窟第25窟，成为敦煌壁画临摹的标杆。而且还将临摹提升到理论的高度，撰写了《谈临摹敦煌壁画的一点体会》《临摹是一门学问》《谈敦煌壁画临摹中的白描画稿》等学术论文。在这些论文中，段文杰通过自己的临摹实践，对前人不曾留意的"临摹学"进行了探讨，初步呈现了"临摹学"的印迹轮廓。②当然，"临摹学"的学科建设还任重道远，需要进一步深化、发展。"段文杰先生在敦煌壁画临摹艺术实践和理论方面的突出成就，为保存、传播敦煌艺术做出了卓越贡献。"（第297页）

---

①段文杰：《敦煌石窟艺术论集》，甘肃人民出版社，1988年，第5页。

②段文杰著，杜琪、赵声良编选：《陇上学人文存·段文杰卷》，甘肃人民出版社，2010年，第5—8页。

段先生临摹壁画的原则是："一要对得起古人，二要对得起观众。他的目的是准确地反映古代匠师的艺术成就，让现代观众感受到传统的精彩。"（第90页）

2. 对敦煌艺术来源的思考

敦煌文化的来源，是敦煌艺术工作者值得重视的问题，以前主要流行"西来说"。"一谈敦煌石窟艺术，便是希腊式、罗马式、波斯式、印度式或者犍陀罗式、抹菟罗式。有人认为连石窟形制、制壁方法也都是西方传来的，有人认为佛教艺术从外国传入中国后，不得不沾上一些中国色彩。"段文杰先生指出，敦煌艺术是外来种子在中国土地上开放的花朵，也吸收了外来艺术的营养，但这只是问题的一个方面。我们应该清楚，"佛教艺术作为世界性的宗教艺术，同一种子，播撒在不同的国家和民族的土壤里，由于不同的雨露阳光的滋润和培养，便开放出艺术上的同形而异质的花朵，形成世界佛教艺术的百花园。如果用中国古典文艺的一种形式作比较，佛教艺术好像曲牌子，同一《沁园春》《菩萨蛮》，不同时代，不同的人填入不同的内容，则表达出不同的思想感情，呈现不同的艺术风格，给人以不同的审美感受。"①为此，段文杰先生撰写了《略论敦煌壁画的风格特点和艺术成就》《谈敦煌早期壁画的时代风格》等论文，予以专门探讨。

敦煌石窟是佛教东传的结果，敦煌的壁画、雕塑等，也主要反映的是佛教艺术。敦煌壁画最早的确呈现出印度味很浓的西域风格，但中国汉晋以来的线描造型、以形写神等优

---

① 段文杰：《敦煌石窟艺术论集》，甘肃人民出版社，1988年，第7页。

秀的艺术手法，很快就和西域传来的印度佛教艺术相融合，"逐步形成了基于敦煌特有的历史文化积淀、时代思潮和审美意趣基础而创造出来的敦煌壁画造型艺术体系。这种体系和流派，其实就是外来艺术的种子，在中国土地上发育生长，接受了中华民族传统文化阳光雨露的抚育滋养后，开放出来的有鲜明中国特色和民族风格的绚丽花朵。"（第94页）

虽然敦煌艺术的本质是佛教艺术，但古代艺术家在创作敦煌壁画时，为了宣扬佛教，引导人们信佛，就要画出普通百姓看得懂又喜欢看的画面。"所以佛经故事画均以现实生活中不同时代的各类人物、动物、植物、衣冠、服饰、各种器具用品、各类人工建筑设施和自然生态环境来构成多种多样的社会生活场景。"（第95页）在塑像方面，北魏孝文帝改制后，"中原汉式衣冠风行于北方，南方'秀骨清像'的艺术风格也一并传入敦煌，因而，敦煌早期彩塑也发生了南方化的改变。"（第104页）

3. 提供了莫高窟编号的新材料

说到莫高窟的洞窟编号，此前一般的出版物中都是492个洞窟，莫高窟北区考古中又发现了243个，从而成为现在的735个。实际上，这中间的变化我们并不清楚。最早为莫高窟编号的是伯希和，后来又有甘肃官厅、张大千的编号。国立敦煌艺术研究所筹备和成立初期的"1943—1944年，史岩和李浴又在张大千编号的基础上编了一次，共计437号"（第49页）。段文杰等到敦煌后，除临摹壁画外，还于1947年下半年到1948年四五月间，进行了洞窟测量和洞窟内容调查工作。在调查中发现，以前对洞窟的编号很不一致，各位编号者多是根据自己的需要编的，其取舍标准不同，如张大千在编号时，有些"耳洞"（大洞里套的小洞）没有单独编号，"其实有些耳洞的内容比较完整，有独成一洞的价值"。"再加上新发现的被沙淹没的洞窟，总数变成469个，这是当时的情况。至60年代初，配合崖壁洞窟加固工程进行考古清理时，又发现了一些洞窟，总的编号达到492个。那个时候，给洞窟编号是根据艺术价值和有无文献资料来确定的。在莫高窟的北区还有不少空闲的洞窟，里面没有艺术遗迹和文献资料，于是被判定为过去僧人和画工的居所，所以没有编号。"（第49页）通过本书的记述，我们对莫高窟的编号更加清晰了，尤其是知道了从469个到492个的变化，丰富了敦煌研究院院史的内容。

4. 敦煌艺术与新疆石窟的联系

敦煌石窟是佛教东传的产物，而佛教从印度发祥后通过中亚、阿富汗、西域再到敦煌，即敦煌石窟与新疆境内的石窟关系最为密切，段先生一直想探究和比较。1975年，段先生曾与关友惠、马世长、潘玉闪、祁铎等赴吐鲁番、库车考察。1984年，段先生又与关友惠、孙国璋、李云鹤等赴新疆考察，对新疆各处石窟做了比较充分、全面的考察，想"从多角度的比较中来研究敦煌文化艺术"（第234页）。通过考察，段先生认识到，"由于新疆位于古代我国中原、埃及、美索不达米亚及希腊这几个重要东、西方的文明中心和文化艺术发祥地之间，自然地就成为这些中心向外扩散、辐射其创造成果的交汇处和集散地。而印度的佛教艺术传播到这里时，也必然要同这些因素混合起来。再加上当地审美追求的影响，就形成了这种新疆高昌、龟兹、焉耆地区特殊的艺术现象。在柏孜克里克、西克辛、雅尔湖等处壁画中可以看出似有敦煌壁画某些痕迹，汉风影响明显。克孜尔石窟和库木吐喇等处虽然也受到汉风的影响，但在人物造型上又有犍陀罗艺术的印痕"。①

由此可知，段文杰先生不仅重视敦煌的石窟艺术，还注意与新疆地区的石窟进行比较。正如段先生自己所说："我在观看新疆壁画时，比较注意与敦煌壁画进行比较，通过比较，对敦煌艺术个性的认识也就更明确而深刻了。"②

5. 敦煌石窟与印度佛教艺术的关系

作为敦煌艺术史家的段文杰，不仅重视敦煌与周边新疆石窟的比较，而且非常重视佛教发祥地印度的石窟艺术，尤其是敦煌石窟艺术与印度佛教艺术的比较研究。他不仅推荐研究院的青年学者赴印度德里大学学习梵文和石窟考古，积极促成敦煌研究院与印度英迪拉·甘地国家艺术中心的合作，联合主办"中印石窟艺术学术讨论会"，还亲赴印度考察。1991年11月考察印度时，段先生为考察印度的佛教艺术，曾游览恒河。因为"恒河是印度文化的诞生之地，释迦传播佛教时讲的许多故事都与恒河有关，九色鹿救溺人的故事据说也是发生在恒河"。他不仅观察恒河两岸的一些古建筑，还注意到"河中有许多印度民众，男男女女在沐浴、洗衣，还看到几个白衣男子在岸边空地上料理茶毗（茶毗，音

①②段文杰：《敦煌是我生命的全部——段文杰回忆录》，青海人民出版社，2022年，第181—182页。

tu pi,佛教用语，指僧人死后火化），就是佛经上说的香水荼毗，也就是人尸火焚。这块场地后面耸立着一排排高楼，里面都住着上了年纪的老人，意思是等待上天堂"。这一现象引起了段先生的深思，他马上"联想到敦煌壁画中送老人入住墓茔的画面，原来老人等候升天是印度风俗，由此可见佛教对中国艺术影响之深。"（第250页）

鹿野苑是印度笈多王朝晚期的佛教寺院遗址，唐代玄奘到印度取经时曾在此修习过佛典。鹿野苑博物馆不仅藏品丰富，而且最重要的是藏品风格多样，"有早期佛教的本土朴实风格，有受希腊影响的犍陀罗风格，还有笈多王朝的印度民族风格"（第251—252页）。参观孟买的佛教石窟时，他发现这里人物造像的身姿不论男女都呈S形。段先生从而联想到，孟买佛像的"这种动态，对敦煌的佛教雕像和壁画人物体姿有一定影响"（第252页）。由此可知，文化与文明的交流与交融是各民族、各文化都需要的。

阿旃陀石窟是印度最重要的石窟，也是世界佛教艺术上最有影响的石窟。"阿旃陀石窟规模巨大，一个洞窟的大小相当于敦煌石窟的几个大，且石质坚硬，修建不易"，是段文杰先生等赴印度考察的重点。他们用了三个多小时，观览了29个洞窟。（第253页）通过大概的浏览，段先生发现阿旃陀石窟的"壁画里不仅表现了宗教题材，世俗社会生活也是其创作的重要内容"，如宫廷生活、山林田园、风俗小景、战争场面、音乐舞蹈、骑象出行、乘船出海等都有所表现。"所以它不仅有艺术价值，也有历史价值，对东方各国的佛教艺术有重大影响。"（第254页）

2021年4月，"敦煌壁画精品公益展"在段文杰的家乡——四川绵阳展出，（右起）段文杰之子段兼善、刘进宝、段文杰之弟段文俊

作为敦煌石窟艺术研究专家和敦煌研究院的掌门人，段文杰先生特别注意观察阿旃陀石窟和敦煌石窟的联系与区别。段先生在浏览中观察、比较了二者的区别：第一，在石窟形制方面，"阿旃陀多为马蹄形廊柱大殿，而敦煌早期为中心柱窟和多层楼阁或塔，汉式阙形龛，倒斗顶殿窟，窟顶华盖式藻井。唐代设须弥坛、背屏、围栏等，更具宫殿式"。第二，在飞天造型上，"阿旃陀为天歌神、天乐神头顶

圆光，身托云彩。敦煌早期为西域式飞天与羽人合成飞仙，头无圆光，继而天宫伎乐与飞仙结合"。第三，在绘画技法方面，"阿旃陀主要用明暗衬托法，而敦煌主要用层次晕染法"。第四，在壁画的裸体表现方面，"阿旃陀人物裸体形象较多，男性肩宽腰壮，强健有力；女性则丰乳大臀，眼大唇厚。敦煌裸体较少，多是裙袍裹体"。第五，在塑像和供养人画像方面，"敦煌石窟中有大量供养人画像，其中不少是等身大像、超身大像"，"而阿旃陀则少有供养人画像和题名"。段文杰先生虽然是走马观花式的观察，但由于其深厚艺术素养和学术功底，将敦煌和阿旃陀两大石窟艺术的相似和不同之处已经比较明显地勾勒了出来。

通过这些具体的分析比较后，段先生还注意到了一个更加重要的不同，即"敦煌是东西文化的交汇点，阿旃陀则不具备此特点"。（第254—255页）

三

为什么本书比较客观、真实，成为一本实事求是，不拔高、不虚美的优秀传记呢？首先，作者段兼善也是一位艺术家，供职于甘肃画院，曾担任甘肃画院副院长。长期与父亲生活在一起，对父亲的工作、生活、交往，乃至喜怒、爱好等比较了解，能够写出一个真实的、活生生的父亲。如1998年，段文杰从敦煌研究院院长的岗位上退下来后，段兼善老师就将父亲接到兰州，与他们一起生活。段文杰虽然离开了敦煌，但他在莫高窟生活、工作了50多年，可以说他将一生都献给了敦煌，所以常常会在睡梦中惊醒。据段兼善记述："他经常梦见自己置身于三危山下的莫高窟中，半夜醒来就喊着要去看洞窟。怕他夜里起身会摔倒，我在他床前放了一张长沙发，每天夜里我都在沙发上睡觉，这样他有动静我就知道。"（第 275 页）

其次，段文杰先生有一个非常好的习惯，即"他习惯看书时查资料、做卡片，处理公务时留存记录，写日记也是他常年坚持的习惯"。段兼善说："我每每翻看父亲的日记、资料卡片和工作笔记都敬佩和感动不已。"（第 253 页）这些卡片、日记成了兼善老师写作的基本素材，所以在阅读本书时，会感到其材料扎实、脉络清晰。

再次，从 2001 年开始，段文杰先生开始写回忆录，初定书名是《情结敦煌》，并在台北《艺术家》杂志 2002 年第 7 期至 2003 年第 2 期连载过 8 期。初稿完成后，都是段兼善帮助整理，并由兼善老师的夫人史葆龄录文。史葆龄也为了照顾段先生的生活并为段先生的回忆录录入文字，提前退休。当 20 万字的初稿完成后，段兼善"竭力帮父亲查阅日记、笔记、文章和信件……经过修改校对后的第三稿，被父亲定名为《敦煌之梦》"（第 283—284 页）。本书中的部分内容就是根据段先生的回忆录或根据回忆录改写的。这说明，段兼善的创作是有基础的，有缘由的，有依据的。

另外，为了研究段文杰，我提出从整理段文杰先生的书信开始，并得到了段兼善老师的大力支持。他将段先生所有的信件分类整理后全套复印。我让学生录文后打印出来，再请段兼善老师审阅订正。段兼善老师对已有的段文杰先生的书信、照片等都很清楚，也多次地阅读、思考。

正是因为段兼善老师掌握许多第一手的材料，所从事的专业又与其父一致，尤其是他又有一个常人无法做到的"孝心"，对父亲的工作充分理解和尊重，愿意为父亲、为敦煌、为敦煌学，保留一份珍贵的历史记录，并为此竭尽全力，所以才有了我们能看到的这本《敦煌人生：我的父亲段文杰》。

当然，作为一本人物传记，本书还有提高的空间，现将笔者阅读中的问题提出，供段兼善老师修改时参考。

《敦煌人生：我的父亲段文杰》除了段兼善老师的亲历外，主要是根据段先生的日记、笔记和学术论文写成。但有时候计划不如变化，由于段先生担任敦煌研究院院长，会有许多临时的、甚至意想不到的突发情况而打乱其计划，还有一些临时插进来的会议、接待、出访等，也会改变段先生的安排。如1991年12月下旬，从印度考察后，段先生一行回到国内。"12月31日，父亲和史苇湘返回敦煌途中，在兰州参加了甘肃省敦煌学会成立大会。父亲被推举为会长，名誉会长为吴坚。姚文仓、于忠正、樊锦诗、李永宁、齐陈骏、颜廷亮、强宗恕、周丕显为副会长。父亲向与会者汇报了这次访问印度的情况。"（第256页）实际上，甘肃省敦煌学学会成立大会并不是12月31日召开的，而是12月24—25日在兰州召开的，当时段先生还在印度，并未出席会议。笔者曾参加了本次会议并参与了前期的会务工作。会议报道中专门说明，"正在国外访问的敦煌研究院院长段文杰同志也委托有关同志祝贺成立大会的召开"①。会议选举的甘肃敦煌学学会领导名单也与段兼善老师的记述略有差异，正确的名单及排序（均以姓氏笔画为序）：

顾问：史苇湘、金宝祥、陈绮玲、赵俪生、常书鸿；

名誉会长：吴坚；

会长：段文杰；

第一副会长：姚文仓；

副会长：于忠正、马文治、齐陈骏、张炳玉、张鸿勋、
李永宁、周丕显、康明、颜廷亮。②

另如1993年"8月下旬，香港大学主办了'第34届亚洲及北非国际学术会议'，父亲和孙儒僩、李永宁、施萍婷、谭蝉雪、张学荣，还有西北师范大学的学者刘进宝、马英昌也应邀参会。香港学者饶宗颐主持会议，父亲和各位学者先后发表了自己的学术研究成果"（第264页）。

---

①张先堂：《团结协调队伍　开拓深化研究——甘肃敦煌学学会成立大会综述》，《敦煌语言文学研究通讯》1992年第1期，第14页；张先堂：《甘肃敦煌学学会成立大会在兰州举行》，《中国敦煌吐鲁番学会研究通讯》1992年第1期，第32页。

②《甘肃省敦煌学学会领导机构名单》，《敦煌语言文学研究通讯》1992年第1期，第12页。甘肃敦煌学学会的领导，除学者外，还有部分相关部门的管理者。吴坚当时任甘肃省顾问委员会副主任、敦煌研究院首席顾问，陈绮玲当时任甘肃省人民政府秘书长（随后任甘肃省副省长），姚文仓当时任甘肃省委宣传部长，于忠正当时任甘肃省人民政府副秘书长，马文治当时任甘肃省文化厅副厅长（分管文物工作，随后成立甘肃省文物局时，又兼任省文物局局长），张炳玉当时任甘肃省文化厅厅长，康明当时任甘肃省社科联副主席。

矗立在三危山下的段文杰夫妇墓碑

1993年8月在香港召开的"第34届亚洲及北非国际学术会议"，段先生原计划是参加的。会议邀请了敦煌研究院段文杰、孙儒僩、李永宁、施萍婷、李正宇、谭蝉雪、张学荣7位学者，当时任教于西北师范大学敦煌学研究所的笔者和历史系研究世界史的马英昌老师也在邀请之列。在甘肃省外事办公室办理相关手续时，由于西北师范大学的我们两位和敦煌研究院的七位学者是参加同一个会议，所以省外办就编为一个组团参会，并由段文杰先生任团长。段先生向大会提交了《临摹是一门学问》的论文。但段先生在1993年初由于胃癌而做了肿瘤切除手术（第263页），可能是考虑到身体，后来段先生决定不赴香港参会了。当时由于各种原因，在出发前还没有拿到签证，李永宁先生带大家从兰州乘车赴广州，我从兰州去北京办理签证。在北京办签证时很不顺利，在朋友的帮助下，我还给香港大学的会议工作人员打电话，希望给予协助。我报的名单就是段文杰团，工作人员马上说段先生不来了。我拿上签证后直接飞广州，晚上到达广州，入住中山大学，次日由姜伯勤先生带领一起坐火车赴香港。会后，敦煌研究院李永宁先生在会议纪要中说："我院被邀请与会的段文杰、李永宁、张学荣、孙儒僩、谭蝉雪、李正宇等七位学者，都安排在'敦煌研究'会，其中除段文杰先生因病未能赴会外，其余六位都在会上宣读了论文。"①敦煌研究院专家提交的7篇论文都在《敦煌研究》1993年第4期发表，敦煌组其他的论文由饶宗颐主编为《敦煌文薮》下"第34届亚洲与北非研究国际学术会议敦煌组论文专集"，由台湾新文丰出版公司于1999年出版。②

（原载《敦煌学辑刊》2022年第4期）

---

① 李永宁：《五洲学者聚香江　亚非研究遍寰宇——"第三十四届亚洲及北非研究国际学术会议"简记》，《敦煌研究》1993年第4期，第9页。

② 收入本书的文章作者是：姜伯勤、高明士、项楚、郑阿财、张涌泉、荣新江、陈国灿、刘进宝、方广锠。另有未参加会议的唐耕耦、府宪展二位的札记和书评各一篇。饶宗颐先生在"编后记"中说："由于第34届亚洲与北非研究国际学术会议没有出版全部论文计划，提交本次大会敦煌组的论文，本拟在《九州学刊》发表，并按《学刊》要求补入札记、书评各一篇。由于种种原因，现改以《香港敦煌吐鲁番研究中心丛刊》的形式出版。限于本刊的中文形式，提交大会的英文论文只能割爱；而遗憾的是有些中文论文在我们征稿前已交其它刊物发表，不能再在本丛刊发表。"

敦煌大众思想："大众思想史"的一个个案

——读杨秀清《唐宋时期敦煌大众的知识与思想》

敦煌学是以敦煌遗书、敦煌石窟艺术、敦煌史地和敦煌学理论为研究对象的一门学科，其中又以敦煌遗书和敦煌石窟艺术为研究重点。在今天分科治学的时代，除了通论性的《敦煌学通论》《敦煌学十八讲》《当代中国敦煌学研究》外，基本上以分科研究为主。最近读到敦煌研究院杨秀清先生的《唐宋时期敦煌大众的知识与思想》（甘肃人民出版社，2022年）一书，颇有耳目一新之感。与传统的研究范式不同，该书是从文化史、社会史的视角来研究敦煌，将时代限

《唐宋时期敦煌大众的知识与思想》
封面

定在敦煌最发达的唐宋时期；探讨的对象是敦煌大众，而不仅仅是社会精英。

《唐宋时期敦煌大众的知识与思想》共40多万字，由引言、余论和七章组成，第一章"唐宋时期敦煌大众思想史研究的几个问题"，第二章"唐宋时期敦煌文化的大众化特征"，第三章"唐宋时期敦煌大众的历史知识与历史观"，第四章"数术：敦煌大众的宇宙观及其支配下的秩序观"，第五章"社会生活的常识、经验与规则及其思想史意义"，第六章"佛教的大众化与唐宋时期敦煌大众的佛教知识与思想"，第七章"道教的大众化与唐宋时期敦煌大众的道教思想"。由此可知，这是一部体系完整，重点突出，作者综合运用多学科的研究方法，对唐宋时期敦煌大众的知识与思想予以全方位、多角度考察的敦煌学论著。

一、思想史研究的新视角

20世纪60年代后，新社会文化史的兴起，引起西方思想史研究向大众文化、大众观念研究的转向；20世纪90年代以来，中国大陆的思想史研究也出现了由研究精英思想向研究大众观念史的转变。但是，迄今为止，专门研究大众思想史的成果并不多见。1998年，葛兆光先生在《中国思想史》第一卷中提出了"一般知识与思想"的概念，并利用多种类型的史料来描述历史时期人们的知识、观念和信仰。杨秀清先生正是在此学术思潮的启示下，试图以敦煌文献为依据，以唐宋时期的敦煌为对象，把敦煌学研究的范围扩展到思想史特别是大众思想史领域。

以前史学界关注的重点是政治史和经济史，而秀清先生则对思想史情有独钟，这与其学术养成期的社会氛围和学术环境有着比较密切的关系。作者读书的20世纪80年代，正是一个思想的时代，以"走向未来""文化：中国与世界"两套丛书的编辑出版和"中国文化书院"的成立及相关出版物的问世为标志，学术界掀起了一股"文化热"。秀清与我都在20世纪80年代中期随金宝祥先生读隋唐五代史的研究生。金先生是隋唐史领域的大家，但又非常注重对黑格尔、马克思、列宁哲学著作的研读，认为历史研究不是材料的堆砌，而是思想的不断升华。史学研究要做到主客相通、古今相通，就是要把"具体的历史，变为哲学的抽象"。这些，都对作者从事思想史研究有着潜移默化的影响。正是因此，当1995年秀清从甘肃省社会科学院调入敦煌研究院后，自然而然就将关注的重点转移到中国思想文化史领域，而着力最多的则是敦煌大众的知识和思想。

20世纪90年代兴起的文化热，使地域文化研究大放异彩。作者将敦煌作为一个单独的地域文化区对待，认为"按照文化社会学的有关理论，根据敦煌地区的历史文化特质，可以把唐宋时期的敦煌地区作为一个特定的文化区来考察"（《唐宋时期敦煌大众的知识与思想》第19页。以下凡引本书，只注页码）。由于敦煌地处丝绸之路的要冲，接纳了各种不同的外来文化。"在开放的背景下，外来文化与本土文化在敦煌和平地交流，没有发生冲突，从而产生了多种文化交相辉映的敦煌文化"（第53页）。

作者提出："在敦煌文化区中，其主流文化是大众文化。"（第19页）这主要是，唐宋时期，全国的文化中心是长安，敦煌远离这一中心，从而使民众对精英文化的理解和接受受到限制，精英文化在敦煌被简约化、通俗化、生活化，成为能够被普通大众接受的大众文化。秀清先生以唐宋时期敦煌大众的社会生活观念与普遍想法为切入点，对唐宋时期敦煌大众的宇宙观（世界观）和历史观，社会生活的常识、经验、规则与敦煌大众的伦理道德观念，祭祀、节庆、仪式与敦煌大众的思想，佛教的大众化与敦煌大众的佛教思想，道教的大众化与敦煌大众的道教思想，唐宋时期敦煌大众思想的价值及意义，等等，展开深入探讨，自成一家之言，从而显示了作者学术研究的目标和努力的方向，值得肯定。

二、敦煌大众与大众文化的新探索

本书所探讨的是"敦煌大众"，但如何理解"敦煌大众"？"敦煌大众"是否就是普通百姓？或者说是与社会精英相对应的概念？作者提出："大众不是阶级划分，而是一个文化概念。大众的构成，并不仅仅是我们传统意识中的普通民众和下层百姓，也包括官宦世胄和普通知识分子，涵盖了社会各阶层。"（第218页）由此可知，作者心目中的"大众"既有一般的普通民众和下层百姓，也有普通知识分子，甚至还有官宦世胄。可以说，几乎包含了社会的全部，当然，将"少数社会精英"排除在"大众"之外了。

敦煌自汉代设郡以后，直到14世纪明代洪武年间划嘉峪关而守，一直是丝绸之路的要冲，有着重要的地位。但敦煌最有特色和影响的还是唐宋时期。敦煌艺术到唐代达到了最高峰，敦煌文献最多、最重要的是唐到宋初，尤其是吐蕃和归义军时期的781—1036年。所以杨秀清先生并没有从整个敦煌的历史着眼，而是聚焦于唐宋时期。正如作者所说："根据敦煌地区的历史文化特质，按照文化社会学的有关理论，我们把唐宋时期的敦煌地区作为一个特定的文化区来考察，在这一时段内，其主流文化是大众文化。"（第406页）

以前，当提到大众思想、大众文化时，总是将其预设为民间的、非主流的思想或文化，一般的研究和解释也基本上是在这一预设下进行的。杨秀清先生并不同意这样处理。他认为把精英思想大众化、通俗化，成为人们生活的常识和习俗，并不会变为民间的、非主流的思想。如中唐时期元稹、白居易倡导新乐府运动，主张"文章合为时而著，歌诗合为事而作"。白居易的诗歌通俗易懂，妇孺能解，但无论是文学史还是思想史，从来都没有将白居易称为民间诗人。所以作者提出："既然精英思想大众化并未改变其主流思想的性质，那么，那些被大众化了的精英思想怎么能称为民间思想呢？"（第189页）

传统社会所留存下来的基本上都是精英的材料，从史学的角度来说，有"二十四史"、《资治通鉴》，各种典制类文献如政书等。文学史方面则是汉赋、唐诗、宋词、元曲等所谓的雅文学。这些材料所反映的当然主要是精英的思想。正因为资料的缺失，大众思想史的研究缺乏文献支撑，所以学术界曾有质疑，是否存在着一个与精英思想相对应的大众思想系统？而敦煌文献中有许多民间契约以及社邑、婚丧礼俗等普通百姓生活的真实记录。文学方面也有真正受到大众喜爱的变文，它大量采用民间俗语，在民间说唱，拥有众多的听众，是我国历史上真正的人民文学。正是敦煌藏经洞文献和敦煌的壁画，为研究大众思想提供了不可多得的第一手材料。

唐宋时期的敦煌文化区，一方面，精英思想被大众化、通俗化，成为人们的常识和习俗；另一方面，在日常生活中对民众产生影响的知识、技术与思想，在长期的流传过程中，成为日常生活的基本知识和思想，并对大众的日常生活起着支配与解释的作用，决定着他们的价值取向。这些知识与思想并不是支流余绪，而是反映着主流文化的方向，并且对精英思想产生影响。如敦煌流行的数术知识和文化、各种宗教信仰等，正是大众思想的内容。

当作者换了一个视角后，研究的对象虽然相同，但对原有的材料可以重新分类与组合，所得出的结论自然也就不一样。如从敦煌文献《搜神记》所记孔子与一位老人的对话可知，普通的敦煌民众，所追求的并不是终极的精神超越，而是现实生活的利益。通过进一步的分析和考察，可知对于唐宋时期的敦煌大众来说，家族的兴旺、子孙的繁衍、五谷的丰登、个人命运的改变，正是其人生目标。由此作者认为，"历史不是按照大众的意志写就的，许多历史的真实被湮没在历史的进程中，消失在历史的长河里"（第416页）。传统"思想史所描述的都是精英和经典的思想，或者说是思想家的思想史"，但从敦煌文献可知，"唐宋时期，影响敦煌大众社会生活的恰恰是大众的知识与思想，而不是精英思想的记录与阐释"（第6页）。"在敦煌学研究领域，社会史、宗教史、文化史及图像学的研究成果，为我们更深入地探讨唐宋时期敦煌大众的知识与思想提供了依据。"（第19页）

作者对敦煌大众和大众文化的新探索，不仅扩大了思想史的研究视野，更是敦煌学领域的新成果。虽然可能还有论述不完善、概念不够严谨之处，但这种对新领域的开拓，是非常难能可贵的。

三、如何理解佛教的大众化

敦煌莫高窟是佛教东传的产物，敦煌石窟是佛教艺术，敦煌文献的90%以上也是佛经。唐代是中国佛教发展最辉煌的时代，探讨唐宋时期的敦煌大众文化，不可能离开敦煌佛教。我们注意到，以往对唐宋时期敦煌佛教的研究，几乎都侧重于经典、宗派、僧团等，但通过对敦煌的佛经统计可知，抄写种类和数量最多的是经常供养和信奉的不多几种。"从写经题记来看，大量佛教经典都是社会各阶层人士作为一项功德活动抄写供养的，而非研读佛教义理之用。"（第192—193页）在敦煌和中国佛教史上，昙旷和法成是很有建树的佛教大师，但他们的名字并没有在莫高窟的洞窟中或敦煌的寺院中出现。就是在敦煌为大家熟知的高僧悟真，虽然留存下来的著作很多，但也几乎没有一件是有关佛教义理方面的，基本上都是碑、铭、赞、记、诗一类的作品。按照佛教的戒律规定，僧尼必须出家修行，但敦煌地区的许多僧侣则出家不离家，仍然过着世俗生活。

一方面，为了让普通大众能够了解佛教教义，佛教高僧们采取各种方式，使深奥的佛教思想和佛教义理大众化，变成大众能够理解并掌握的常识，如敦煌石窟中的壁画和敦煌文献中的变文，为了让文化程度较低或没有文化的普通民众能够接受，就尽可能接近生活，通俗易懂；另一方面，在佛教不断中国化的过程中，高僧大德和知识精英们又将中国传统的思想观念融入其中，并通过大众化的传播方式，使之深入大众头脑。另外，由于佛教在汉代初传中国时，即被民众认为和神仙方术同类，佛教在向大众传播过程中，正是借助了民众对传统神仙方术的认同来推进其传播的。经过魏晋南北朝时期，到隋唐时期，佛教终于完成了大众化的进程。

关于敦煌佛教的特点，李正宇先生曾将其称为"敦煌世俗佛教"。杨秀清认同李先生的这一观点，只是将"敦煌世俗佛教"称为"敦煌大众佛教"。秀清先生所说的佛教的大众化，"是指佛教在传播过程中，向大众传播一般的佛教知识与佛教思想，这些佛教知识与思想在大众社会生活中普遍流行，并由此支配着社会大众的佛教信仰与佛教实践。唐宋时期，大众化的佛教信仰成为敦煌地区主流的佛教信仰，这种佛教既不同于过去我们所说的传统意义上的佛教（或称经典佛教），也不是非主流的所谓'民间佛教'。"（第420页）

既然敦煌的佛教已经大众化了，那在信仰方面有何特点？作者认为，敦煌大众的佛教信仰，首先是不奉一宗一派，各派一视同仁。在莫高窟中，往往会出现同一洞窟绘有不同宗派的经变画，如归义军节度使曹议金的功德窟（第98窟）中就绘有弥勒经变、阿弥陀经变、法华经变、报恩经变、天请问经变、药师经变、华严经变、思益梵天问经变、维摩诘经变、贤愚经变等，这是大众信仰不重宗派的典型反映。其次是真经、伪经一体信仰。唐宋时期，对敦煌大众来说，不分真经、伪经、疑经，一律信奉，甚至到五代宋初，疑伪经的流行呈现出压倒优势。再次是轻义理而重实践。敦煌虽然是丝绸之路的要冲，但与长安、洛阳相比，整体文化水准相对较低，不会注重对佛教义理的阐释，而是通过佛教实践活动来表达自己的信仰（第203—205页）。

通过对敦煌佛教和僧人生活的研究可知，敦煌僧人的生活方式似乎与传统的佛教戒律所规定的不同，即没有完全按佛教戒律的规定行事。其主要表现是：僧人拥有私人财产，并蓄养奴婢；僧人饮酒食肉，并开酒店营利；僧人出家不离家，和家庭有着密切联系。晚唐五代宋初，敦煌有许多僧尼虽挂籍寺院，却常年居住于世俗家庭，只是在夏安居和其他一些特殊的日子才暂时回到自己所隶属的寺院。更值得注意的是僧人还娶妻生子，或收养子女。唐宋时期敦煌僧人的这些生活方式，与佛教义理的规定完全不同，也就是一般所说的敦煌僧人的违戒生活。但这些违戒生活，"既没有得到政府管理，也没有得到都司的约束，更没有受到僧俗各界的谴责，至少说明唐宋时期僧人违戒生活在当时是一种普遍现象，或者说在当时敦煌人们的观念中，这些都是僧人正常佛教生活的一部分，说僧人违戒，或许只是我们现代人的观念而已"（第242页）。

总之，杨秀清先生将敦煌佛教命名为"敦煌大众佛教"，认为唐宋时期敦煌佛教的特征，就是以社会大众为主体，以一般佛教思想为指导，以佛教信仰与实践为特征的大众佛教。并从一个独特的视角进行了比较全面的探讨，如从信仰群体、信仰内容、信仰目的、信仰方式等方面探讨了唐宋时期敦煌佛教与经典佛教的不同；通过对唐宋时期敦煌各阶层佛教生活的探讨，认为这些全民共同参与的佛教生活背后，必然有一个为他们所认同的知识和思想；同时，以经变画为中心，探讨了佛教的大众化与佛教石窟的关系。

作为佛教圣地的敦煌，除了信仰佛教外，还有道教、景教、摩尼教、祆教，这些宗教也与佛教一样，具有大众化的特点。如流行于敦煌的祆教，直到归义军统治时期，仍然在进行着"赛祆"活动。西域祆神崇拜在敦煌地区和当地民俗结合，以其大众化的特征，成为当地民俗生活的一部分。

不仅仅是宗教，还有文学、数术等，都具有了大众化的特征。正因为如此，作者"认为唐宋时期敦煌地区的主流文化是大众文化，与此相适应，影响社会生活的知识与思想就应当是大众的知识与思想，这才是唐宋时期敦煌历史的本来面目"（第191页）。

由此可知，秀清先生在学术界关于"民间佛教""世俗佛教""庶民佛教"研究的基础上，从思想史的视角出发，以敦煌文献和石窟壁画、题记为据，提出了"大众佛教"的概念，并对佛教的大众化做了比较翔实的论证。这种跳出佛教义理和戒律规定，从僧尼实际生活和民众基本信仰着手的研究方法，是敦煌佛教研究的新尝试，取得了意想不到的收获。

敦煌史学研究者曾将归义军政权作为晚唐五代藩镇的"一只麻雀"来解剖。现在，秀清先生又以唐宋时期敦煌大众的知识与思想，作为大众思想史的"一个个案"来探讨。把敦煌藏经洞文献纳入思想史研究的视野，这不仅使敦煌文献的研究价值得到新的凸现，具有新材料的意义，而且也扩大了思想史研究的范围，在敦煌研究方面开辟了一个新的领域。特别是将思想史研究与文化史、宗教史、社会史等学科相结合，这在分科治学的当下，值得大力表彰。

（原载《中华读书报》2022年10月19日，发表时略有压缩）

敦煌山水画：中国山水画的缩影与留真

——读赵声良《敦煌山水画史》

　　敦煌石窟是集壁画、雕塑、建筑于一体的艺术宝库。相对于敦煌文献的研究来说，敦煌石窟研究的生力军主要是我国学者，尤其是长期驻守在莫高窟的敦煌研究院的学者，因为他们有得天独厚的条件，能够长年面壁石窟，可以十年、数十年如一日地流连在壁画前仔细观察和感悟，从而产生了一批能够留存后世的传世之作。如段文杰先生1946年到敦煌后，一直坚守在莫高窟，从事石窟保护、壁画临摹和艺术研究，他的系列论文已经结集出版，包括《敦煌石窟艺术论集》（甘肃人民出版社，1988年）、《段文杰敦煌艺术论文集》（甘肃人民出版社，1994年）和《敦煌石窟艺术研究》（甘肃人民出版社，2007年），其中的一些论点到今天还是无法超越。

　　与段文杰先生一样，赵声良于1984年大学毕业后，自愿到敦煌工作。如果说段文杰先生是国立艺专国画科的学生，临摹、绘画和艺术研究是其本行，赵声良则是北京师范大学中文系的毕业生，完全可以从事当时敦煌学最热门的语言文学研究。但他并没有走这样一条当时来看能够较快出成果的敦煌语言文学研究，而是一头扎进相对比较陌生的敦煌石窟艺术领域，心无旁骛，默默耕耘。蓦然回首，已近40年，在敦煌石窟艺术研究方面取得了丰硕的成果。

与前辈学者一样，声良君也是从敦煌石窟艺术的整体学习和研究着手，这样便于从总体上把握石

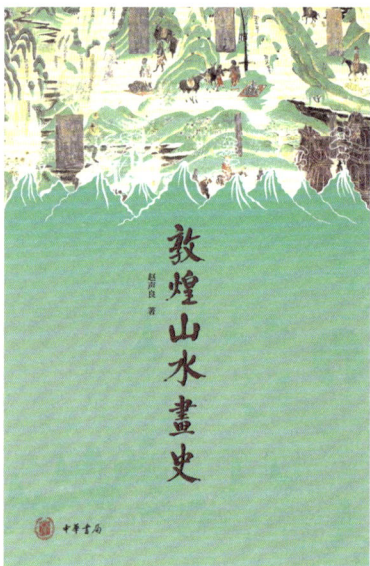

《敦煌山水画史》封面

窟艺术的全貌，撰写出版了《敦煌石窟艺术总论》《敦煌艺术十讲》《敦煌谈艺录》等综合探讨石窟艺术的著作，并从纵向视角研究敦煌艺术产生、发展、演变的过程，出版了《敦煌石窟艺术简史》《敦煌石窟美术史：十六国北朝卷》，主持翻译了日本学者松本荣一的《敦煌画研究》。

在对敦煌艺术总体把握和研究的同时，声良君还较早地认识到了个案研究的价值和意义，即能更深入和细致地对敦煌艺术进行解剖，从而推进敦煌艺术研究的深度和广度。他在日本从事艺术学博士阶段的学习时，就以《敦煌壁画风景研究》作为博士论文，后经过打磨整理，于2005年由中华书局出版。随后又出版了《飞天艺术——从印度到中国》，主编出版了《敦煌壁画五台山图》，在敦煌艺术的个案研究方

面作出了重要贡献。

正是在这种深厚的学术基础上，声良君最近又在中华书局出版了《敦煌山水画史》，对敦煌壁画中的山水画做了专题探讨。捧读之后，顿觉耳目一新，有了向读者推荐和介绍的冲动。需要说明的是，笔者主要从事敦煌历史文献的整理和研究，对敦煌艺术虽有兴趣，但并无专门的研究，对相关的研究成果也没有全面的学习和掌握。因此，笔者对本书很难全面、准确地予以介绍，这里谈的仅是笔者阅读本书后的一隅之得。

一、新视角下的独特见解

一本优秀的学术论著，首先要看是否提出了新的见解？作者的研究是否超越了前人，站在了同时代学人的前列。在敦煌学蓬勃发展的当下，每一个专题或个案的研究，要想取得突破都是比较困难的。但我们通读全书后，不得不说，《敦煌山水画史》是一本优秀的学术著作，提出了一些新的见解。如在莫高窟开凿之初的东晋十六国时期，正是中国山水画蓬勃兴起的时代，一些著名的画家如顾恺之、戴逵、宗炳、王微等，都长于山水画，但他们的山水画迹到唐代就已经很难看到了。所以学术界对此时的山水画发展状态，长期以来都没有明确的认识。声良君则在全面考察敦煌壁画后提出，"敦煌壁画中的山水图像，则是这一时期留下的最真实可靠的山水画资料，我们从中可以更全面地了解中国山水画萌发期的状况"（《敦煌山水画史》第9页。以下引用本书仅注明页码），并从敦煌壁画中梳理出了魏晋时期山水画发展的轨迹，明确了这一时期山水画发展的脉络。对于中国山水画史来说，无疑是填补了一项空白。

唐朝的山水画，虽然也有少数画家的作品（摹本）传世，而且在西安、洛阳一带也出土了不少唐代壁画墓，其中就有山水画迹。但要全面认识唐朝山水画，这些资料毕竟太零星了，很难得到一个比较全面的认识。声良君通过大量的资料分析后指出，由于唐代努力经营西域，作为丝绸之路"咽喉"之地的敦煌，"不仅中原的艺术新风能迅速传到敦煌，而且中原的著名画家到敦煌作画的可能性也是很大的。此时的山水画不应看作是边陲地区之作，而是当时具有普遍意义的流行风格"（第5页）。同时对唐代不同阶段的山水画风格，以及唐代流行的一些山水画构成形式，进行了分析探讨。

作者在宏观上探讨山水画的同时，还特别揭示了以前不为人知的唐朝山水画在表现山、树、云、水、屏风等方面的重要成就，从而向读者全面展示了唐代青绿山水画的原貌。如《唐朝名画录》中曾记载唐明皇对李思训说："卿所画掩障，夜闻水声。"一般来说，水声只能听到，在绘画中看到或体味到水声则是无法理解的。声良君对此解释说，由此"可知唐代李思训画水曾达到很高的造诣，使观者仿佛能听到流水的声音"（第80页）。即在观看李思训有关水的绘画时，仿佛就能听到水流的声音，这需要多么高的绘画技巧！关于绘画中水的表现形式，南宋画家马远的《水图》中，共描绘了水的12种不同形态。如果将马远所描绘的水图，与敦煌唐代壁画进行比对，不仅大部分形态都可以见到，而且敦煌壁画中水的种类比12种还多。作者通过对莫高窟第172窟东壁文殊变的仔细考察，指出："在文殊菩萨和圣众的身后有广袤的山水背景。图中共画出三条河流，由远而近流下，在近处汇成滔滔洪流，左侧是一组壁立的断崖，中部是一处稍低矮的山丘，画面右侧是一组山峦，沿山峦一条河流自远方流下，近处则表现出汹涌的波浪，远处河两岸的树木越远越小，与远处的原野连成一片，表现出无限辽远的境界。河流的表现引人注目，特别是近景处波涛汹涌，画家通过线描表现出波浪的动感，同时以色彩的晕染表现出波光的辉映。"（第82页）如果在一个无人打扰的时段，观众站在莫高窟的壁画前静静地观察与思考，可能也会有听到水声的感受吧！

　　另如早期敦煌壁画中关于树的描绘确实很少，就是在北魏的山峦中，树的形象也较少，"表明在山水画诸要素中，树木的表现发展得较晚"（第13页）。但在北魏后期，由于孝文帝大力推行汉化政策，南方的文化艺术便大规模地影响到北方，从而在洛阳出现了新的山水树木表现手法，并传到了敦煌。在敦煌壁画中，"唐代后期的树木画得很多，特别是对来自南方的树木如芭蕉等描绘较多"（第108页）。

　　《敦煌山水画史》不仅有水、树这样细致的个体描写，而且还将敦煌山水画的发展置于中国历史文化的总体发展中进行分析。如作者认为，唐代前期由于国家统一，经济向上，文化艺术得到了长足的发展，敦煌艺术也达到了一个高峰。这一时期敦煌壁画中的山水画也同样充满了创造性，已达到了构图和技法的高度，体现出极为灵活而又丰富的表现力。在敦煌的经变画中，"我们可以看到山水画在表现宏大构图上的重大成就，特别是在表现佛国世界与人间世界的融合中，达到了非常完美的程度"（第91页）。

作者提出，唐前期的山水画，其特色就是画史记载的"青绿山水"，唐代的李思训、李昭道父子，也以画青绿山水著称。"当然敦煌作为边远地区，壁画难以达到李思训那样的水平，但从中我们也可以探索唐代青绿山水的发展状况。"（第74页）

由于作者长期工作、生活在敦煌，不仅对敦煌壁画的背景、所反映的史实非常熟悉，而且对壁画中一些看似不合理的现象也是了然于胸。如莫高窟第249窟中有狩猎图的画面，按一般的理解，佛教主张慈悲而反对杀生，狩猎就要杀死动物，这似乎与佛教的教义相悖。声良君对此却有独到的解释，即敦煌"壁画中出现狩猎图，与山水狩猎图的传统有关"（第22页），并从狩猎图产生的背景、文化视角做了阐释，认为在绘画或雕刻中表现狩猎场面，是很多民族早期艺术中的常见题材。西亚的亚述王国在公元前8世纪的尼姆鲁德宫殿雕刻中，就有许多表现狩猎的内容。直到萨珊波斯时代，在不少金属器皿的雕刻中，仍可看到狩猎形象。"在狩猎图中，骑马者回身射箭的形式成为一种经典样式，经常出现于雕刻、绘画或装饰物中，研究者把这样的射猎形式称为'帕提亚式射箭'，或称'波斯式射箭'。"（第25页）

在西亚出现狩猎图不久，中国本土也有了狩猎图的画面。在中国汉代以后的绘画、雕刻中，狩猎图已经成了常见的画面，其形象均与帕提亚式射箭十分相似。由于西亚的实物相对来说时间跨度较大，作品也不成体系，要想探讨狩猎图发展的脉络，勾勒狩猎图形象的历史变迁，还是比较困难的。相比之下，中国从汉到唐的各个时代都有狩猎图的形象，"说明尽管狩猎图有可能最初受到西亚的影响，但在长期发展中，已形成了中国的特色，而且往往与山水的表现相关。魏晋以后，狩猎图作为山水风景的有机组成部分，与山水画一道进入了佛教壁画之中。莫高窟第249窟、285窟的窟顶都绘有山峦风景，在这些风景中同时描绘出猎师们弯弓射箭的场面。此处的狩猎场面已成为风景表现的一种定式，在当时的人们看来，有山水风景就必然要有狩猎图，于是就忽略了其杀生内容与佛教教义相抵牾之处"（第26页）。

由以上的分析可见，《敦煌山水画史》视角新颖，见解独到，对于中国绘画史特别是中国山水画史来说都具有填补空白的意义。它不仅对山水画的认识和研究具有重要的参考价值，而且对于我们认识中国传统绘画、体现中国艺术精神都具有积极的借鉴作用。

二、一部简明的中国山水画史

从中国艺术史可知，古代有许多的山水画名家，但由于历代战乱和自然灾害，如长安、洛阳等中原古都及南京、杭州等江南都市的唐宋宫殿和名刹古寺大都荡然无存，其中的壁画真迹也已化为泥土，使我们很难了解唐宋名家作品的具体面貌。就是东晋的顾恺之，唐代的王维、李思训、李昭道等众多山水画的名家，也都没有可靠的真迹保存下来。非常幸运的是，由于莫高窟的存在，敦煌壁画中的山水画正好可以填补这一段历史空白，为我们留存了古代山水画的可靠资料。通过敦煌壁画，我们可以对中古时期的山水画史梳理出一个系统的脉络，进而了解山水画的变迁。

莫高窟是佛教东传过程中的产物，它是一座佛教石窟，壁画表现的核心内容是佛像以及相关的佛教故事等，其主旨是宣传佛教。但画家在描绘佛教内容的同时，总是要以山水图像作为背景。本书正是在全面调查敦煌壁画山水画资料的基础上，按时代发展顺序，较为系统地阐述了敦煌壁画中山水画发展演变的历程，不仅展示了敦煌壁画中极其丰富的山水画资料，而且紧密结合中国山水画的发展历史，对4—14世纪中国山水画发展史中很多不清楚或不明确的问题进行了论证。

《敦煌山水画史》用较多的笔墨对敦煌壁画中山水画的发展变迁做了描述，即在敦煌石窟持续一千多年的营建中，每个时代都有山水画迹留下。这些作品所反映的中国山水画面貌，则随时代的不同而有程度不同的变化。如北朝后期，中原画风强烈地影响敦煌地区，此时的山水画大致与中原一致。"东晋南朝山水画家的创作，随着中原艺术的西传而影响到敦煌。所以，在西魏、北周、隋代的壁画中，可以看到山水画技法在不断地进步，也展示了山水画空间表现的发展轨迹。"（第52页）隋唐时代的山水画不应看作是边陲地区之作，而是当时具有普遍意义的流行风格。唐前期的山水画，大多是以细线描出轮廓，然后填彩，用笔一般较柔和，这种方法一直延续到盛唐，如以"莫高窟第217窟、第103窟为代表的山水画，线描细腻，以青绿色为主，画面绚丽灿烂，这样的山水画也就是画史记载的'青绿山水'"（第74页）。五代以后，中国的山水画发生了深刻的变化，在敦煌曹氏归义军统治时期，由于"曹氏家族又十分崇信佛教，在莫高窟和榆林窟大肆兴建洞窟，并仿照中原建立画院，此时的壁画主要是曹氏画院的画工绘制的。但这一时期敦煌与中原的交流时断时续，中原的新的绘画技法似乎对敦煌地区没有产生多大的影响。曹氏画院的画家们努力保持前代绘画的传统，但缺乏创新，用色单调，总的来说，趋向于衰落"（第135页），从而使此时壁画中的山水画因循守旧，缺乏新意，与中原的山水画差距很大。西夏晚期至元代，两宋以来山水画的传统影响及于西北，出现了一些与传统青绿山水画风格迥然不同的山水画，"特别是榆林窟第3窟的大型水墨山水画，标志着崭新的时代风格，代表了敦煌壁画晚期山水画的主要成果"（第135页）。

　　作者不仅对敦煌山水画的发展演变进行了简明扼要的阐述，而且还不断地进行前后对比分析，从而显现出每个时代的不同特点。如相对于唐前期和归义军时期，西夏、元代的山水画虽然数量不多，但和五代、北宋时期相比，则出现了一些新的艺术风格和表现技法。声良君对此解释说："榆林窟西夏和元代的洞窟，在艺术上具有较高的造诣，一改五代以来敦煌壁画因循守旧的倾向，可以说是异军突起，不仅在人物画方面出现了十分精彩的作品，而且在山水画方面留下了十分珍贵的资料，对于研究中国山水画史来说意义重大。"（第154页）也就是说，由于敦煌与中原的隔阂，五代北宋时期中原绘画艺术的巨大变化，在这一阶段的敦煌壁画中基本上没有反映出来。"直到西夏占领敦煌，带来了一些新的样式，展示了两宋绘画的新风格，榆林窟第3窟、第29窟等处壁画，也成为宋元时期中国山水画巨变的重要见证。"（第154页）

对于敦煌山水画在中国绘画史尤其是山水画史上的地位与价值，声良君做了比较剀切的总结："在敦煌石窟持续营建的一千年间，是中国山水画由萌发到兴盛和转变的时代，特别是南北朝到唐代，那些画史上著名的山水画家的作品几乎都没有保留下来，敦煌壁画就成了探索了解这一时期中国山水画发展的重要依据，世界上还没有任何一处古代遗址保留了这样丰富的山水画资料。迄今为止对敦煌壁画中的山水画研究还是远远不够的。"（第157页）由此使我们对敦煌山水画有了更加清晰的认识，它既是中国山水画史的一个缩影，又是目前仅见的山水画实物，具有非常重要的文物和艺术价值。

总之，《敦煌山水画史》按时代顺序，分为四个阶段对敦煌壁画中的山水画发展历程进行了全面探讨，即：（1）从北朝至隋朝，在佛教故事画等主题画面中，多以山林景物为背景，山水的样式源自汉代绘画，反映了山水画初期的面貌。（2）唐代前期，在大型经变画中，出现了气势宏伟的全景式山水画。造型表现出山峰、断崖、沟壑、坡地、河流、泉水等多种复杂的地形地貌。部分画面可以看作是独立的山水画。（3）唐代后期，山水画沿着青绿山水画的道路发展的同时，产生了具有水墨画特征的新因素。（4）五代北宋时期，由于中原内乱，敦煌地方政治势力衰弱，与中原的来往不易，敦煌壁画的制作也趋向保守。西夏晚期至元代，山水画又出现新的气象。

这样概念清晰，史实准确，既简明又深入的学术著作，确实是难能可贵的，也是在当下应该大力提倡的。

三、强调了敦煌文化之魂和敦煌艺术之根

近代以来，曾经有中国文化西来说，甚至敦煌文化西来说。实际上，汉末魏晋时期，中原大族、文化世家避乱西迁，"区区河右，而学者埒于中原"（《北史》卷八三《文苑列传》）。他们带来的中原文化构成了敦煌文化的底色。敦煌石窟的创建者乐僔法师是"仗锡西游至此（敦煌鸣沙山）"，即从敦煌的东面（或中原）来到敦煌的，因看到三危山"金光如千佛之状"的"佛光"才停下来，开凿了莫高窟的第一个洞窟。随后的法良禅师也是"从东届此"，即从东面（中原）来到了敦煌。由此可知，敦煌文化是中国传统文化在敦煌吸收了外来的佛教文化后的产物，其根本的文化元素是中国传统文化。

本书在研究敦煌的山水画史时，也特别关注中原文化对敦煌文化的影响和联系。如作者指出，开凿于西魏大统四年和五年的莫高窟第285窟，"可以说是受中原风格影响的典型洞窟"（第26页），它表现的是中国传统的神仙世界，以伏羲、女娲为中心，还有中国传统的雷神、电神、飞廉、开明等神兽以及持幡的仙人与飞天，等等。在敦煌艺术最为发达

的盛唐时期，莫高窟壁画中的"青绿山水大多是从中原传来的样式，或丘峦秀丽，绿树环合；或烟霭雾锁、山水迷蒙；或大海扬波，舟楫帆影……这些都不是西北地区的自然风光，但是敦煌的画家们受到内地山水审美意识的深刻影响，自觉或不自觉地把西北的风光融入了青绿山水画中，尽管经过了美化加工，但仍能寻其端倪"（第91页）。"敦煌壁画中的水墨山水画显然是受到长安一带画家影响的产物。"（第120页）

在探讨敦煌壁画的具体问题时，作者也时刻关注着敦煌艺术与传统文化的联系，如敦煌早期壁画中的山水画，以须弥山的形象最具特色，但"须弥山是产生于印度的佛教宇宙观，可是在印度却看不到须弥山的造型"（第16页），"在佛教传入中国的初期，人们往往把佛教思想与神仙思想混为一谈，佛教圣山与神仙的仙山也被同等看待。东晋王嘉的《拾遗记》就有这样的记载：'昆仑山者，西方曰须弥山。'"（第17页）即将昆仑山与须弥山等同起来。在绘画中对昆仑山的描述，也与壁画中的须弥山一致。"所以，当时的画家借普通人十分熟悉的神仙所居的昆仑山形象来表现佛教的须弥山，便自然会产生某种亲近感了。"（第17—18页）

作者关于中国传统文化是敦煌文化之魂和敦煌艺术之根的这些见解，并没有刻意地专门论述，而是贯穿于全书之中，从字里行间无意中流露出来，从而显现了声良君的学术思想。

任继愈先生在潘桂明《智顗评传》的序中指出："佛教自印度次大陆传入中国，经历了一段漫长过程，终于在这块土地上生了根并产生广泛而深远的影响，形成'中国佛教'。中国佛教有佛教外来文化因素，又有中国文化特色。我们称之为中国佛教，并不是'佛教在中国'，因为它是'中国化的佛教'，已不同于古印度佛教的精神面貌。"声良君在探讨敦煌艺术时，也有相似的看法，提出："唐代以来，佛教艺术在中华文化的强大影响下不断进行融合与改造，逐渐形成了中国式的佛教艺术，如果说唐前期是在洞窟结构布局以及壁画中宏大主题方面完成了中国化的进程，唐代后期则是在更加具体和深入的方面体现着中国文化的影响。"（第131页）这样宏大的叙述既反映了敦煌艺术的真实面貌，又体现了敦煌文化的价值所在。这种跳出"敦煌"而研究敦煌艺术的理念和思想，是值得大力表彰的。

总之，《敦煌山水画史》是赵声良先生在敦煌艺术研究方面的又一力作，它不仅填补了中国山水画史的空白，而且在敦煌艺术的许多方面都提出了一些新的见解，值得认真研读和体味。正如樊锦诗院长在本书序言中所说："赵声良自大学毕业就来到莫高窟，扎根敦煌近40年，潜心研究敦煌艺术，取得了丰硕的成果。敦煌山水画的发展历史是他长期研究的课题，他自幼学习书画，对敦煌壁画中的笔法、色彩等绘画技法，以及各时期的艺术风格有着深入的感悟。此前，他撰写的《敦煌石窟艺术简史》……体现了他对敦煌艺术发展史的宏观把握。作为分类绘画史的研究成果，《敦煌山水画史》的出版，也必将推动敦煌艺术研究更加广泛深入地发展。"

（原载《中华读书报》2023年3月1日，发表时略有压缩）

家庭、社会与国家

——读一位普通农民的家史

一

　　中国古代的学术传承主要是家学和师承。家学主要是世家大族由于经济和文化的优势，非常重视子女们的文化教育，即重视门第和家风。进入近代以后，由于对外交流扩大，人们的眼界更加开阔，经济交流的频繁等，在东南沿海出现了许多的文化世家，如新会梁家（梁启超、梁思永、梁思成等）、义宁陈家（陈宝箴、陈三立、陈寅恪等）、德清俞家（俞樾、俞平伯等）、东至周家（周叔弢、周叔迦、周一良、周珏良、周绍良等），都在近现代政治、文化、学术史上占有重要的地位。

　　相比于东南沿海来说，地处内陆西北的甘肃，自从唐中叶以后逐渐封闭，直到近现代都处于相对落后的状态，虽然没有出现像新会梁家、义宁陈家、德清俞家和东至周家这样的文化大族，但也出现了文化世家——水氏家族（水梓、水天同、水天明、水天长、水天中、水天达等）。

这些家族由于在中国近现代政治、经济、文化方面占有一定的地位，尤其是子女后代从事文化教育的比较多，他们家族的历史被记录了下来。如水家的家族史，由于水天长是我的老师，再加上我与水家的下一代也有来往和接触，故也知道一些，但是读了水天中编的《煦园春秋——水梓和他的家世》（中国艺苑出版社，2006年）后，才有了更加明晰的了解。

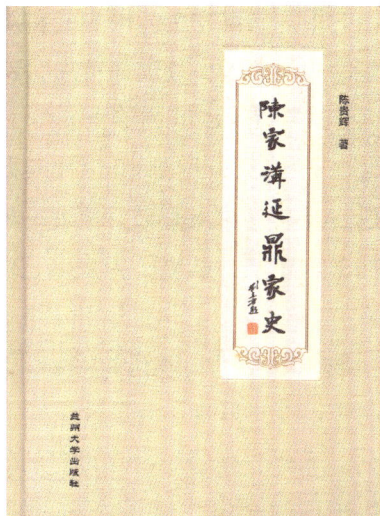

《陈家沟延鼎家史》封面

以上的传主都是政治人物或文化、学术名人，其所写的也基本上是大场面，对于我们了解近现代文化学术史有很大作用。但我们欠缺的恰好是对普通民众生活史的了解，因为普通民众的生活史，更加贴近社会现实，是更加真实的历史写照。正是从这个意义上，当我拿到陈贵辉的《陈家沟延鼎家史》（兰州大学出版社，2018年）时，有一种特别的亲近感。

《陈家沟延鼎家史》（以下简称《陈家沟史》）不是宏大的叙事，传主也不是显赫的人物，如果按照中国传统的写史方法，是不可能入史的，但《陈家沟史》所记述的就是甘肃永靖县陈井乡陈家沟村一位普通农民的历史，也是为一位普通的中国农民立传。因为我和作者的家庭、年龄、经历有许多的相似之处，读起来更加感到亲切，似乎写的就是我的家庭、我的经历、我的感受。

书中对20世纪80年代初陈家沟农村"玩社火"的描述，尤其是对太平鼓、舞龙、舞狮、跑旱船、高跷、竹马、推车、跑驴、妖婆子等表演艺术的详细记述（《陈家沟史》第122—124页，以下注引本书只注明页码），对父亲丧事的办理，如停尸、邀请村民和"照事"、邀请阴阳、上神主、制作铭旌、吊丧、迎接骨主、领羊、念经、入殓、待客、起灵、下葬、宴请等丧事过程的叙述（第138—142页），是当代中国社会史、民俗史研究的绝好材料。其中的"照事"（婚丧事管家，一般是本村有威望的人）、骨主（父亲的舅父家，俗称"外家"），可能现在的青年人都不知道了吧。

二

父母是家庭的核心和主心骨，也是孩子的第一位老师。一个家庭的生活，尤其是家风的好坏与父母有着非常密切的关系。作者的母亲"自幼接受过良好的家庭教育和乡学教育，养成了贤惠、勤劳、俭朴、宽厚、仁慈的品德"（第78页）。这种品德正是"良好的家庭教育和乡学教育"的结果，也是绝大多数旧式中国妇女的真实写照，即心中只有长辈、丈夫和子女，唯独没有自己。如"母亲白天在生产队里劳动，下工后回到家里，跪在地上扫羊粪和树叶，为年迈的爷爷、奶奶填炕取暖"；从地里劳动回来，背上还要背一些柴草，到家放下背篓后"也不休息，就开始忙着做饭"（第79页）。中国的农民是没有休息日的，当天阴下雨不能下地干活时，就在饲养院里除粪、修路。"晚上，母亲在煤油灯下捻麻绳、纳鞋底、做衣服，常常是干到深夜。母亲每年给全家八口人，每人至少做两双鞋。每次饭做熟后，先端给我爷爷、奶奶和我父亲，然后再分给我的兄弟姐妹，有剩余了她就吃一点，没有了她就不吃。"（第80页）这是作者写自己的母亲，但似乎又是我母亲的真实写照。正是这样真实而细腻的描述，中国北方农村一个小脚老奶奶的形象就定格在了我们的眼前，既是那样的清晰，又是那样的朦胧。一个中国母亲的形象顿时高大起来，有这样的母亲，自然能培养、教育出孝顺的子女。

俗话说，家庭是最好的学校，如果仔细观察就会发现，一个人的聪明主要取决于母亲，而品行则主要来自父亲。父亲在一个家庭中的支柱作用是任何人无法取代的。作者的父亲虽然是农民身份，但他读过初小，在那个时代的农村不仅是一个文化人，而且还可以算是个"秀才"。初小毕业后，曾在兰州西关什字钟表店、丝绸店干过活，新中国成立后又到兰州市西固百货公司、白银汽车运输公司、刘兰公路、刘家峡水电工程局筹备处等单位工作。1962年因刘家峡工程下马就回了家，在陈井供销社当会计，1966年因家庭成分原因回家。正是这些丰富的人生经历，使陈延鼎走出了山沟，与外面的世界相接触，从而见了世面，知道了外面世界的精彩，这是一笔宝贵的人生财富。

正因为陈贵辉的父亲陈延鼎见过世面，与长期生活在山沟沟中、没有出过山的农民相比，具有见识和智慧。他知道"多读书、学技术"是改变命运的唯一渠道，所以就想方设法让大儿子学兽医，让二儿子学画棺材。当"科学的春天"到来后，又省吃俭用，尽最大力量供三个小的儿女上学读书。

从本书的记载可知，虽然作者陈贵辉兄弟姊妹5人，由于时代的原因，走上了不同的生活道路，但都有勤学、悟道、乐善、聚力、健康、富强的品行。他们的下一代8人，全部通过学习改变了生活的命运。虽然没有大红大紫者，但都与其父辈们一样，都有勤俭持家、奋发向上、团结友爱的品行，这也是人性最基本的，但又是现代家庭最需要的。

俗话说，父母是最好的导师。家庭是人生的第一所学校，家风是人生的第一堂课。作者及其下一代陈家人的良好品行，正是父亲吃苦耐劳、积极进取、与人为善的品格潜移默化的结果。如在聚力方面，作者1982年考入临夏民族学校（中专），"大哥送我去临夏上学，给我买了一条新裤子，二哥为我准备了一件旧的蓝夹克和一件黑条绒上衣。这三件衣服，我一直穿到了毕业"（第131页）。在当时的经济条件下，大哥、二哥的这种付出，是一种无私的爱和亲情的具体体现，今天的大学生可能无法体味。也正是大的带了好头，为小的做出了榜样，使小的更加尊敬大的，大的也更加关心小的。正是这样的互相帮衬，才使失去父母的兄弟姊妹能够身心健康地长大成人，而且还养成了互敬互帮的好传统，并一直延续下来。作者的父亲去世（1985年）三十多年来，"兄弟姊妹五人，五个家庭，有事没事常联系，生活工作互帮助。乡亲们、亲戚们对我们姊妹和睦相处、心凝力聚充分认可，有的还发自内心的羡慕"（第172—173页）。

家庭是社会的细胞。只有细胞健康了，社会才能稳定，国家才能发展。正是从这个意义上说，我们要重视家庭教育，培养健全的人格和品行。

三

如果说，《陈家沟史》只是一个家庭或一个家族生活的反映，那也仅仅是家族内部或亲朋好友之间赠送、阅读或保存的纪念品。可喜的是，《陈家沟史》虽然是陈贵辉写他的家庭、他的父母，但其在家庭写作的同时，还具有史家的眼光和识见。如在撰写其家族的前史时，不仅想法找到了家族在明代最权威的资料《兰州卫右千户所陈伯勋供状》，为了了解供状，还专门购买了《明代卫所武官世袭制度研究》等专业书籍，请教陕西师范大学梁志胜教授等专家，从而使其写作具有了史家的严谨。

作者在撰写其家族从安徽合肥作为军户迁兰的原因、过程及到兰后的生活时，不仅引用了大量的史料，查阅了许多地方志的记载，而且还走访了一些老人，这样就使其写作更具客观性。作者从《永靖县志》查阅到：陈家祖籍安徽合肥，"明洪武二十五年（1392年）兄弟二人随官来兰，老大陈超以军功百户职定居兰州陈官营，老二定居今永靖县西河乡黄草岭陈家沟。明末陈超部分后裔从兰州陈官营迁居今永靖县陈井乡陈家沟村和小岭乡陈家山村"（第4—5页），这样就对陈家的来龙去脉有了明晰的了解。从此入手，对陈家以军户身份迁兰、明代兰州的军户、明长城及后来"军屯转变为乡村的营，军屯官兵亦随之转变为甘肃的劳动人口"的历史就有了比较清晰的认识。而这样从一个普通家庭史所提供的视角，显然是传统的史学论著无法比拟的，可以补充已经出版的《西北通史》《甘肃通史》《甘肃古代史》等史学著作，为以后甘肃历史的写作提供了一个样本。

虽然本书的时间跨度比较长，"全书从明朝初年太始祖父陈超从庐州府合肥县军屯迁徙兰州开始写起，止笔于2016年底，时间跨度几近七个世纪六百余年"（第209页）。但最主要或最丰富的还是近70年的生活画卷，即陈延鼎和作者陈贵辉两代人的故事，因此，这又是一部当代中国的乡村史、社会史、风俗史。国人的习惯是当代人不写当代史，都是代代人在写前代的历史。当后代人写前代历史时，由于所保存档案资料的局限，写史者的喜好、史观、史识等的不同，都会对本来就稀少的材料有所取舍，留存下来的基本上都是干巴巴的条文，缺少的正是丰富细腻的底层生活的真实记录。而本书恰好对我们了解近70年甘肃农村的发展变迁提供了一个鲜活的样本，从而使其超越了家族史的范围，进入了中国社会乡村史的视野，这可能是作者没有预料到的吧。

2020年1月30日

（原载《中华读书报》2022年5月4日，发表时有压缩）

《转型期的敦煌学》后记

由南京师范大学、日本京都大学人文科学研究所、台湾南华大学敦煌学研究中心、敦煌学国际联络委员会、中国敦煌吐鲁番学会联合主办的"转型期的敦煌学：继承与发展国际学术研讨会"，于2006年9月7—11日在南京师范大学举行。

"转型期的敦煌学：继承与发展国际学术研讨会"是2003年3月敦煌学国际联络委员会积极倡议、具体策划并精心举办的一次国际学术研讨盛会。

本次会议经过了两年多时间的充分协商和筹备。2004年8月，各方初步商定研讨会在南京举行；同年12月，在台北举行的敦煌学国际联络委员会干事扩大会上决定：会议地

刘进宝　高田时雄　主编

轉型期的敦煌學

上海古籍出版社

《转型期的敦煌学》封面

点南京，时间为2006年9月；2005年7月，在俄罗斯圣彼得堡举行的敦煌学国际联络委员会干事扩大会议上，进一步讨论并通过了代表名额分配原则及具体人数。

为了办好本次国际学术研讨会，经各方面协商，成立了由高田时雄（敦煌学国际联络委员会总干事、京都大学人文科学研究所教授）、柴剑虹（敦煌学国际联络委员会干事、中国敦煌吐鲁番学会秘书长、中华书局编审）、郑阿财（敦煌学国际联络委员会干事、台湾南华大学敦煌学研究中心教授）、郝春文（敦煌学国际联络委员会干事、中国敦煌吐鲁番学会副会长、首都师范大学教授）、刘进宝（中国敦煌吐鲁番学会理事、南京师范大学历史系教授）5位教授组成的会议筹备组。根据会议经费等具体条件，经会议筹备组郑重推荐，并广泛征求各方面的意见，决定邀请60名在国际学术界有影响的学者作为正式代表参加本次研讨会，其中中国大陆30人，中国台湾10人，国外20人。世界上主要研究敦煌学和收藏敦煌文献的国家，如日本、英国、俄罗斯、德国、美国、哈萨克斯坦等国，都有代表出席。可以说，这是一次高规格的国际学术会议。敦煌学国际联络委员会目前共有世界各国的干事12人，其中中国4人：樊锦诗、郝春文、柴剑虹、郑阿财；日本2人：池田温、高田时雄；法国1人：戴仁；英国1人：吴芳思；俄罗斯1人：波波娃；美国1人：梅维恒；德国1人：茨默；哈萨克斯坦1人：克拉拉·哈菲佐娃。我们的第一次会议邀请发出后，除法国的戴仁先生已另有安排外，其他11位敦煌学国际联络委员会的干事都决定参加研讨会。后来，池田温先生由于工作原因未能莅会，吴芳思教授由于母亲生病而不能离开伦敦。他们都对会议的成功举行表示了祝贺。

中国敦煌吐鲁番学会会长季羡林教授由于身体原因不能前来参会，但为大会发来了热情洋溢的贺词。

9月8—10日，本次学术研讨会共进行了8场专题报告，与会者提交的50多篇论文中有49篇进行了大会报告。

本次会议的另一议题是纪念潘重规先生百年诞辰，潘先生曾在南京学习与工作，作为华夏国学章黄学派的杰出传人，半个多世纪里不仅在我国港台地区的教育园地辛勤耕耘，培养了大批文史俊才和优秀的敦煌学专家，而且积极推进两岸及国际学术交流，德高望重，深受学界敬仰。会议强调：抓紧培养年轻的学术接班人，既是学术发展的迫切需要，也是对前辈学者的最好纪念。

会议期间，主办方还安排参观了南京博物院和南京师范大学文学院所藏尚未公布的敦煌文献，得到了与会学者的高度赞扬。

会议期间，还假南京师范大学社会发展学院会议室举行了两个专题会议："敦煌学国际联络委员会干事扩大会"和"《敦煌学大辞典》修订座谈会"。

本次研讨会的召开，得到了学术界的广泛关注，《文汇报》《中国教育报》《社会科学报》及有关网站都对研讨会做了介绍报道。

会议结束后，许多刊物都刊载了有关学术研讨会的介绍和讨论综述，据我目前所见，发表学术讨论综述和会议简况的就有：《国外社会科学》2007年第1期、《中国史研究动态》2007 年第 2 期、《敦煌研究》2006 年第 5 期、《敦煌学辑刊》2006 年第 4 期、《南京师大学报》2006 年第 6 期、《普门学报》第 38 期、《新疆师范大学学报》2007 年第 1 期、《南京师范大学文学院学报》2006 年第 4 期、《丝绸之路》2006 年第 12 期及敦煌研究院的内部刊物《信息与参考》第七期等。

"转型期的敦煌学：继承与发展国际学术研讨会"的举办，得到了各方面的大力支持。筹备组邀请的代表都积极参会，许多学者还通过不同方式表达了参会的愿望。为此，我们尽力增加了部分列席代表。但由于会议经费及接待能力的限制，还有一些学者未能前来参会，在此我代表会议筹备组和主办单位表示深深的歉意。

本次研讨会得到了"蒋经国基金会"、南京师范大学和日本京都大学 21 世纪 COE 东亚世界人文信息学研究教育基地的经费资助；作为主办和承办单位，南京师范大学及所属社会发展学院、社会科学处做了大量的工作；《南京师范大学报》还为研讨会的召开出版了专号，这在以往的学术研讨会上还是不多见的。

本次学术研讨会共收到世界各国学者提交的论文 50 多篇，虽然由于会议论文集实行首发原则，个别论文已在其他刊物上发表，或作为学术专著中的一节而出版，但绝大多数学者都乐意把他们的新作奉献给论文集，从而保证了论文集的质量。最后，经过作者修改、编委会审定，共有 48 篇论文入选。

为了编好论文集，成立了编委会。编委们通力合作，认真负责，尤其是高田时雄教授在日本和欧美学者论文的收集、审核、校对方面，郑阿财教授在台湾地区学者论文的收集、审核、校对方面，柴剑虹教授在总体筹划方面用力甚多。

论文集的出版，得到了南京师范大学和日本京都大学21世纪COE东亚世界人文信息学研究教育基地经费资助。由于上海古籍出版社领导的大力支持，敦煌文博编辑室主任府宪展编审的积极调度，责任编辑刘景云先生、吴长青先生的认真审读，使得论文集能够尽快地高质量出版。对此，我代表编委会深致谢意。

2007年6月20日

附：中国敦煌吐鲁番学会会长季羡林教授的贺词

贺　词

南京师范大学历史系刘进宝教授转"转型期的敦煌学——继承与发展"国际学术研讨会筹备组：

欣闻"转型期的敦煌学——继承与发展"国际学术研讨会即将在南京师大隆重举行，我因身体原因不便出户，无法躬逢盛会，半月前听剑虹同志面陈详情，不禁心向往之，喜上眉梢。近几年来，世界各国的敦煌学研究工作，在敦煌学国际联络委员会的精心组织、协调、指导下，开展得扎实有效，我们中国敦煌吐鲁番学会的众多后起之秀，也齐心合力，与日俱进，取得了令世人瞩目的成绩。敦煌学百年历程，是一场万千学人投身学术新潮流的接力赛跑，后浪推前浪，新人追老人，而今提出以继承与发展为主题的创新与转型，我认为正是适逢其时，所以举双手赞成。这次会议的另一个中心题目是纪念潘重规先生的百年诞辰，我同样顶礼以贺。潘先生作为华夏国学章黄学派的杰出传人，半个多世纪里不仅在我国港台地区的教育园地辛勤耕耘，培养了大批文史俊才与优秀的敦煌学专家，而且积极推进两岸及国际学术交流，德高望重，深受学界敬仰。潘先生虽已骑鹤仙逝，但丰碑高耸，英名永铸。此会当是明证。我衷心祝愿会议取得丰硕成果，祝福全体与会代表健康愉快！

季羡林

2006年8月22日于北京

（刘进宝、［日］高田时雄主编：《转型期的敦煌学》，上海古籍出版社，2007年）

《敦煌学述论》韩文版序言二篇

　　说明：《敦煌学述论》1991年由甘肃教育出版社出版，1995年以《敦煌学论述》为名由台北洪叶文化事业有限公司出版中文繁体字版，2003年又改名《何谓敦煌学》，由韩国Acanet出版社在韩国出版了韩文版。韩文版译者全寅初先生，生于1944年，韩国江原道襄阳人，文学博士，主要从事中国古代文学、敦煌文学研究。翻译本书时，任韩国延世大学人文学院教授、延世大学人文学院院长兼国学研究院院长。

作者序

　　敦煌资料包罗万象，其中除了汉文外，还有古藏文、回鹘文、突厥文、希伯来文等文字，敦煌文物也被收藏在许多国家的图书馆、博物馆中，敦煌学的内容更是博大精深。因此，作为一门以地名学的敦煌学来说，从其一开始就具有国际性。但由于种种原因，当我国的敦煌学研究曾一度落后时，20世纪80年代初某国一位学者曾说"敦煌在中国，敦煌学在某国"，由此引起了一场有关国格、民族情怀的论争。

这种说法固然使刚刚迎来春天的中国学术界无法接受，并感到羞辱。但反过来看，它又不能不说是一剂清醒药，而且是当时一种比较客观的现实，起码反映了敦煌文献研究某些方面的客观事实。这正如中国敦煌吐鲁番学会会长季羡林先生所说："回顾建国前的几十年和建国后相当长的时间内，在敦煌学这一块在海外一些国家中已成为显学的沃土上，我们国内只有几位先知先觉者在辛勤耕耘，人少力薄，不可避免地招来了外国某些人的揶揄。"[1]因此这一说法与当年的"团结起来，振兴中华"一起，反而变成了国人自强不息、奋起夺回敦煌学中心的号角，激励国人不断奋进，做出扎扎实实的工作。

1983年8月，在兰州召开了中国敦煌吐鲁番学会成立大会暨全国首次敦煌学术讨论会，自此以后，中国敦煌学界在资料整理、人才培养等方面做出了巨大工作。经过二十多年的努力，中国的敦煌学者，出版了大批高质量的敦煌学论著，令世界同行刮目相看，中国自然而然也成了国际敦煌学研究的

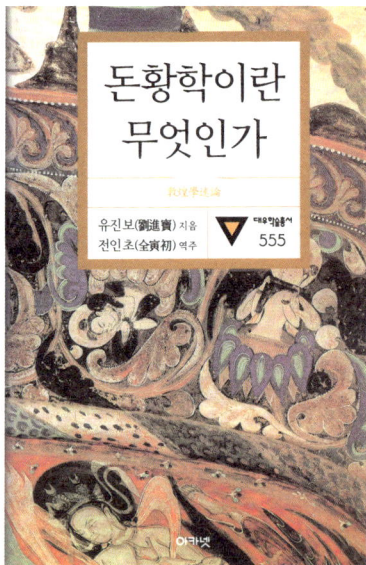

돈황학이란
무엇인가
敦煌學述論
유진보(劉進寶) 지음
전인초(全寅初) 역주
대우학술총서
555

韩文版《敦煌学述论》封面

---

①季羡林：《柴剑虹〈敦煌吐鲁番学论稿〉序》，浙江教育出版社，2000年。

中心，起码也是一个非常重要的中心。

当我们在敦煌学研究的许多方面取得一定的成绩，并且在一些领域走在世界前列时，我们并没有宣称"我们已夺回了敦煌学研究中心"，"敦煌在中国，敦煌学也在中国"。而是说"敦煌在中国，敦煌学在全世界"，这既是一种自信，也是客观实际的反映。

与英国、法国、俄罗斯、日本等国相比，韩国既没有收藏大量的敦煌文献，其敦煌学研究的起步也比较晚，还没有在世界上形成一个中心。但根据我与韩国学者的接触，对韩国有限的感性认识，我认为韩国学者在敦煌学研究方面会取得成绩。因为韩国研究中国文化的学者，大都有在中国留学或学习的经历，并能熟练地运用汉语，阅读中国古籍。尤其是韩国人奋发向上的民族精神和团队意识，就很值得我们学习，1988年汉城奥运会和2002年韩日世界杯的成功举办，就是一个很好的例证。

现在韩国敦煌学会已经成立，并于1997年创办了会刊《东西文化交流研究》，积极参加国际学术会议，参与国际合作与交流，主办有关国际会议。这样下去，必定会使韩国的敦煌学研究在世界上占有一席之地。

拙作《敦煌学述论》能够在韩国出版韩文版，完全依赖韩国延世大学人文学院院长、韩国中国中语学会会长全寅初教授。四五年来，全寅初教授为此书的翻译出版花费了许多心血。由于版权等各方面的问题，虽然中间有过波折，但全寅初教授抱着对学术的追求，为了韩国敦煌学教学的发展和研究工作的深入，一直从事这一工作，其锲而不舍的精神的确令人感动。

另外，中国敦煌吐鲁番学会秘书长柴剑虹先生对本书的翻译出版也给予了热情的关注，全寅初教授的高足琴知雅小姐也做了一些具体工作，对此我表示衷心的感谢。

如果本书的出版能对韩国敦煌学教学与研究有所帮助，则是笔者最大的欣慰。

刘进宝

2002年6月12日

译者序言：我为什么、如何翻译此书？

1997年秋，我的同事郑晋培教授在赴台北参加学术讨论会归国时，觉得我可能会需要，送给我一本台北洪叶出版社出版的名为《敦煌学论述》的书。这本书是由刘进宝原著、甘肃教育出版社出版的《敦煌学述论》（1991年12月），经过极少部分的修改，以繁体字的形式在台北出版的。

通过对本书内容的浏览，我了解到本书是对敦煌学的整体内容做了比较详细而系统论述的研究书籍。由于我国目前尚无关于这一方面的研究书籍，我认识到将本书译成韩国语，介绍给国内学术界的工作是极其必要的。因此，我向大宇学术财团推荐此书作为"翻译对象书"候选书目，后来我又被幸运地选为译者，使我能够尽享翻译此书的荣光，对此我感慨万分。但是，从开始计划翻译本书到此项工作的完成，这期间经历了艰难的历程。

首先，在与著作权持有人之间的协商上遇到了相当大的困难。我最初看到的《敦煌学论述》是在台北出版的，由于我要利用此书着手进行翻译工作，所以要先与台北洪叶出版社和民音社的代理人进行磋商，但由于台北的出版社还要与大陆的作者进行协商，因而协商进展得并不十分顺利。另外，此事不仅涉及作者，还与甘肃教育出版社有关，联系起来有诸多困难，而解决他们之间的利害关系更非易事。就这样，1998年悄然而逝。1999年7月，我作为台北国家图书馆汉学研究中心的访问学者，在台北生活了半年。在此期间，我试图通过洪叶出版社与大陆的作者及其所属的出版社进行接触，但仍无很大进展。一年就这样又过去了。2000年7月末，我在参加"纪念敦煌藏经洞发掘100周年国际学术会议"时，见到了本书的原作者刘进宝教授，他同意在韩国出版此书，并赋予我与此事相关的所有义务和权限。至此，历时3年的有关翻译版权的协商才告一段落。在此之后，在2001年第一学期，通过名为"敦煌学"的研究生讨论会完成了对甘肃教育出版社《敦煌学述论》各章的初译。我们又在2002年第一学期以初译的内容为基础，继续利用讨论会，对误译和不通顺的地方进行了修改。

其次是翻译上的困难。从本质上说，"敦煌学"是一门具有地域学特点的学科。这一学科的特殊性决定了翻译上的困难。例如，从1900年最初发现17号藏经洞，开始从里面发掘出文物以来，1907年5月匈牙利籍英国人考古学家Mark Aurel Stein（1862—1943）最早将其中的相当部分文籍非法带到英国。法国的汉学者 Paul Pelliot（1878—1945）紧随其后，再后来日本、俄罗斯、美国的探险队或发掘队等又步其后尘，掠夺了那里的文物。事实上，与此相关的人物不计其数，按国别了解他们原名的工作相当困难。其中代表人物的国籍和原名虽然比较确切，但探险队的成员以及助手们的名字基本上是作者从其他书中再引用的汉语音译名，确认这些人原名的工作极其烦琐。此外，他们的国籍也多种多样，有日本、德国、匈牙利、波兰、俄罗斯、瑞典、西班牙、法国、英国、美国等。从 Stein 被标记成"斯坦因""史丹因"的事例便可以预知可能遇到的困难。我们虽然利用已经出版的《敦煌学辞典》及《丝绸之路辞典》解决了部分问题，但无法解决全部问题。作者所提供的一些再引用人名的原名，对部分问题的解决提供了一定的帮助。关于日本学者和人士的人名标记因为得到了京都大学金文京教授的帮助而得以圆满解决。通过此事，我了解到在京都有一个名为"有邻馆"的小型私立博物馆，同时也使我树立了只要追查到底，困难定会一个个被克服，最终所有问题都将会被圆满解决的信念。我想这也许是我通过此项翻译工作而得到的一大收获吧。

第三，前面已经谈到，"敦煌学"属于边疆地域学，有关地区的地名根据时代的变化有很大的差异，需要了解现在的地名是从何时开始使用的。与此书相关的地名的范围非常广。仅在亚洲就涉及了越南、印度、日本及丝绸之路周边国家。具有代表性的地名"敦煌"在不同时代就曾被称为"沙州""瓜州"。在中国数千年的历史上，与匈奴的地域相接壤的"敦煌"地区相关的地名、人名、民族名非常之复杂，考查和整理这些地名的工作实非易事。现在，在"敦煌"的夜市上还可以看到很多少数民族身着固有的服装向游客们兜售其传统食品。与敦煌相毗邻的新疆地区至今仍有40多个少数民族在天山山脉的山麓上过着游牧生活。它们中相当一部分少数民族至今仍保持其固有的文字和语言文化。按照他们原来的发音标记地名、人名及民族名的工作所面临的困难可想而知。仅就生活在新疆维吾尔自治区一带的比较大的少数民族维吾尔族而言，汉字就用"回鹘"标记，如果按其发音的话是"Huihu"，但应将其读为"Uygur"。所幸的是，这些障碍在这几年的摸爬滚打中都被我们一个个扫清了。

接下来，让我们再来探讨一下这本书将对我国学术界带来哪些帮助，也可以将其归结为本人翻译此书的原因。

第一，有利于对"敦煌学"整体的把握。"敦煌学"已经成为一门独立的学科，并已发展成为世界性的地域学。为了有利于对这一领域做系统的理解，本书论及了"敦煌学"的全部内容。如前所述，尽管敦煌学是一门重要的学科，但在我国迄今为止不仅没有有关"敦煌学"的专门研究书籍，甚至没有一本像样的译著。因此，通过翻译有助于整体而系统地了解这一学科的研究书籍，对"敦煌学"进行研究也具有极其深远的意义。同时，这种做法也是理解中国古代边疆文化的一条捷径。通过了解"敦煌"这一地区的特殊性，可以切身体会代表中国的中原文化与华戎交融的边疆文化的不同特点，仅凭这一点来看，翻译此书就具有十分重要的意义。

第二，本书是了解中国边疆历史的重要研究书籍。尽管从先秦至唐代，西北的匈奴和戎族的侵犯一直没有停止过，但他们的力量并没有涉及历代古都长安地区。王朝的国力强大时，匈奴的首领纷纷投降，自愿朝贡，而当王朝因内乱而国力渐微之时，他们便随时伺机入侵。每每此时，"敦煌"地区的统治权经常被改变。因此，中国历代王朝都将对敦煌的统治以及防止这一地区遭受外来侵略看作是与政权安危密切相关的问题，他们试图通过对"敦煌"行使切实的统治权来奠定王权的权力基础，希望敦煌成为往来于西域之间的关口。因此，他们从天竺国（印度）接受了佛教，并且建造了佛教艺术的华美结晶——莫高窟。中国历史发展到了北宋时期，统治者虽将都城迁至位于中原地区的开封，但并未能阻止辽的入侵。南宋时期，又迁都至杭州临安。但因不敌金国的侵略，又将中原地带的土地拱手相让，最终向蒙古族交出了一代王朝，接受了其他民族的统治，敦煌的政权变迁与中原的这段历史具有一定的可比性。另外，东北不仅没有与敦煌相同的地区，也不存在像敦煌一样体现华夷文化交流的地方。据此，我们有必要认真审视"敦煌"所具有的地域学意义，通过这种审视，我们可以更加深入地理解中国的历史。

第三，确立了"敦煌学"作为世界性学科的地位。有关英国人Stein及法国人汉学者Pelliot等来自许多国家的人掠夺敦煌的文物，将其带至世界各地的做法反而促进敦煌学成为一门世界性的学科的说法似乎也有一定的道理。因为对文物的研究往往始于拥有它的国家。不论是谁，要想研究敦煌的变文、佛经及佛画，就不能不阅读英国大英图书馆和法国国立博物馆收藏的敦煌遗书。敦煌的文物散存于日本、美国、俄罗斯等世界各国，敦煌学也就很自然地成为世界性的学科。乐僔法师于公元366年创建莫高窟，其监室内的佛像和壁画被保存至今，仍具有很高的艺术价值。世界各国的学者纷纷来此进行研究，新的研究成果亦层出不穷。在2000年7月下旬召开的国际敦煌学学术大会上，一名美国的研究人员用电脑绘图将其中一个石窟内被损坏的壁画进行复原，并称其是该壁画原来的面貌。这一发言给我留下了深刻的印象。从现存的佛教美术文化资料的场所——500多个石窟及被称为藏经洞的第17号石窟中发掘的大约五万卷经典以及敦煌遗书，至今仍向人们提供无穷无尽的研究资料。新罗僧人慧超所著的印度纪行文《往五天竺国传》就是从这一佛窟中出土的。他可能也是通过此地往来于新罗与天竺之间的。

除此之外，对敦煌学的理解不仅在中国历史上具有十分重要的意义，在我国的佛教文化交流史上，也应该探讨与敦煌的关系。在大量接受唐朝佛教的三国时代，中国佛教文化的"顶峰"——敦煌是我国首先需要了解的地区。在对丝绸之路的研究上，理解利用敦煌与西域进行贸易往来也具有一定的价值。

在2001年第一学期的敦煌学讨论会上崔正燮、李在弘、金京娥、李有镇，在2002年第一学期的讨论会上韩载桓、申珍我、朴晟惠、金殷嬉、金真哲等硕士生、博士生积极参与，帮助校正译稿、添加补充注释。本人将不会忘记校对全文、修改了很多部分并帮助本人与作者联系的姜姈妹博士所付出的辛苦。琴知雅博士负责了译稿的最后修改和整理工作，并与作者联系修正有疑问的内容，还往来于出版社之间选定图版的照片，如果没有她的协助，此项工作恐怕至今仍无法最后完成。另外，郑灿学君随时帮助查找我所需要的资料，对不明确的部分予以修正。在此，对帮助我完成翻译工作的所有人致以诚挚的感谢。

在对本书翻译内容的审查评价中，我们得到了"选定了我们切实需要的书籍，进行了忠实于原文的翻译"评价，达到了最初所期待的效果，这证明我们在此期间所付出的努力并没有白费。同时，我们还接受了有部分语句不通顺的意见以及评审者有关用语使用的意见。这所有的过程都是为了使本译著的内容更加充实而进行的，对此也表示感谢。

本书原来的书名是《敦煌学述论》，在台湾以《敦煌学论述》为名出版，本人认为如果按原名翻译的话，在我国不十分恰切。因为本书的内容是关于"敦煌学"的总体性论述。因此，为了理解上的便利，特将书名定为《何谓敦煌学》。在我国仅有几篇以外国资料为依据的关于"敦煌变文"的博士论文，尚无敦煌学专家一致认可的研究人员。国立中央博物馆中有相当一部分被推测为日本帝国主义时期留下的敦煌遗书，但至今仍未得以公开。望本书的出版能够成为大力推进"敦煌学"研究的契机。

在对本书历时 6 年的翻译工作即将结束之时，本人还想对不顾大宇财团的困难境况仍予以翻译资助的韩国学术协议会金容骏理事长、Acanet 出版社的金锭濠社长，以及出版组长郑渊载先生致以深深的谢意。

全寅初于雪岳山房

2003 年 6 月 22 日

后　记

甘肃简称"陇"，我的家乡就在陇山以西的定西、兰州交界处，行政区划属于兰州市的榆中县，我出生并长期生活在陇原大地。1979年我考入甘肃师范大学（1981年恢复原名西北师范学院，1988年更名为西北师范大学）历史系，来到了省会兰州，1983年毕业留校工作。我在兰州学习、工作了23年。

黄河流域是中华民族的摇篮，甘肃的彩陶、简牍、敦煌文书、长城、石窟寺文化独具特色，这些文化又由丝绸之路将其串联起来，构成了灿烂的古代甘肃文化。受雄厚的陇文化熏陶，在此期间我不仅获得学士、硕士、博士学位，从助教升为讲师，并被破格提为副教授、教授，奠定了我在敦煌学、隋唐史、丝绸之路、西北史地方面的学术基础。在甘肃（陇上）工作期间，讲授的课程以敦煌学为主，研究的重点是敦煌学、隋唐史和西北史地，承担了国家社科基金和教育部项目，在《历史研究》《中国史研究》《中国边疆史地研究》《中国经济史研究》等刊物发表了论文，出版了《敦煌学论著目录（1909—1983）》（甘肃人民出版社，1985年）、《敦煌学述论》（甘肃教育出版社，1991年）、《敦煌文书与唐史研究》（新文丰出版公司，2000年）、《敦煌学通论》（甘肃教育出版社，2002年），与金宝祥先生等合著了《隋史新探》（兰州大学出版社，1989年）。在老师们的提携下，我还参与了《中国历史上的改革家》（甘肃教育出版社，1986年）、《悠久的甘肃历史》（甘肃人民出版社，1988年）、《甘肃古代史》（兰州大学出版社，1989年）、《敦煌文学》（甘肃人民出版社，1989年）、《敦煌文学概论》（甘肃人民出版社，1993年）、《河西开发史研究》（甘肃教育出版社，1996年）等书稿的撰写。

2002年我调入南京师范大学，2013年从南京师大调入浙江大学，又21年了。江苏、浙江原为吴、越之地，文化底蕴非常深厚。自明清以来，在经济发展的基础上，学术文化独树一帜，不论是古代的状元、进士，还是现当代的两院院士、文科名家、社会活动家等，都在全国占有很大的比重。

从西北到了东南，从陇上到了吴越，虽然自然环境和文化截然不同，但我研究的重点还是敦煌学与丝绸之路，讲授的课程也以敦煌学和敦煌吐鲁番文书为主，即坚守了在陇上的选择。承担了国家社科基金重大项目、重点项目等；主办了"转型期的敦煌学：继承与发展""丝路文明传承与发展""唐代中国与世界"等国际学术研讨会，还主办了"敦煌学学术史研讨会""文明交往的意义——以'一带一路'为中心的历史与现实思考"高层论坛等；主编了"中亚与丝路文明研究丛书""浙江学者丝路敦煌学术书系"等，创办并主编《丝路文明》学刊；主持的"中亚与丝路文明研究中心"入选国家民委"一带一路"国别和区域研究中心；出版了《唐宋之际归义军经济史研究》（中国社会科学出版社，2007年）、《丝绸之路敦煌研究》（新疆人民出版社，2010年）、《敦煌学术史：事件、人物与著述》（中华书局，2011年）、《敦煌文书与中古社会经济》（浙江大学出版社，2016年）、《敦煌学通论（增订版）》（甘肃教育出版社，2019年）、《西北史地与丝路文明》（甘肃教育出版社，2023年）。主编了《转型期的敦煌学》（上海古籍出版社，2007年）、《百年敦煌学：历史·现状·趋势》（甘肃人民出版社，2009年）、《丝路文明的传承与发展》（浙江大学出版社，2017年）、《丝路无疆："丝绸之路文化论坛·新疆"论文集》（浙江大学出版社，2019年）等。

我出生在甘肃农村，早年上学读书、工作也在偏处西北的兰州，由于有先天的不足和缺陷，工作后除了力争每年到外地参加一次学术会议外，还长期订阅报刊，扩大知识面，以弥补自己的不足。平时的休息，我也主要是泡一杯清茶，阅读报刊和专业以外的书籍。

在学术研究的同时，我也注重学术普及。1991年出版的《敦煌学述论》，最早的雏形就是在《兰州晚报》开设的"通俗敦煌学"专栏。在敦煌藏经洞发现100周年之际，协助甘肃人民出版社编辑"敦煌文化丛书"，完成了普及读物《敦煌历史文化》和《藏经洞之谜——敦煌文物流散记》的撰写任务。到了南京后还撰写了通俗性读物——《遗响千年——敦煌的影响》（甘肃教育出版社，2007年）。

从以上的学习、研究经历可知，我在甘肃（陇上）选择了敦煌学、丝绸之路、隋唐史作为教学和研究的重点，到江苏、浙江（吴越）后，仍然坚守当年的选择，并没有因地域、单位的变化而改变教学和研究的方向。

在平时阅读学习和专业研究的间隙，或自愿，或应友朋和一些报刊的邀约，我还撰写了一些与专业相关的普及性学术短文、书评、怀念文章等。此前曾结集为《我们这代人的学问》（浙江大学出版社，2019年）、《敦煌学记》（浙江古籍出版社，2021年），出版后都得到了读者的喜爱。现将近年来的一些随笔性文字再次结集，因我在兰州学习、工作23年，到江苏、浙江又21年了，故题名《从陇上到吴越》。

本书所收的文章，大部分都在《光明日报》《中华读书报》《中国社会科学报》《敦煌研究》《文史知识》《敦煌学辑刊》等报刊上发表过，非常感谢以上报刊和编辑的信任与支持。书稿的文字录入、校对和图片的整理、扫描基本上是张晓莹老师承担的，在此表示衷心的感谢。

刘进宝

2023年5月6日